国家社会科学基金西部项目（18XMZ009）最终研究成果

桂滇边境地区沿边村寨建设对守土固边的影响机制与实施路径研究

向　丽　等著

中国财经出版传媒集团

经济科学出版社
Economic Science Press

·北京·

图书在版编目（CIP）数据

桂滇边境地区沿边村寨建设对守土固边的影响机制与
实施路径研究／向丽等著． -- 北京 ： 经济科学出版社，
2025. 1. -- ISBN 978 - 7 - 5218 - 6194 - 5

Ⅰ. D676.7；D677.4

中国国家版本馆 CIP 数据核字第 2024526JM3 号

责任编辑：李晓杰
责任校对：靳玉环
责任印制：张佳裕

桂滇边境地区沿边村寨建设对守土固边的影响机制与实施路径研究

向　丽　等著

经济科学出版社出版、发行　新华书店经销

社址：北京市海淀区阜成路甲 28 号　邮编：100142

教材分社电话：010 - 88191645　发行部电话：010 - 88191522

网址：www. esp. com. cn

电子邮箱：lxj8623160@ 163. com

天猫网店：经济科学出版社旗舰店

网址：http：//jjkxcbs. tmall. com

北京季蜂印刷有限公司印装

710 × 1000　16 开　16. 5 印张　300000 字

2025 年 1 月第 1 版　2025 年 1 月第 1 次印刷

ISBN 978 - 7 - 5218 - 6194 - 5　定价：66. 00 元

（图书出现印装问题，本社负责调换。电话：010 - 88191545）

（版权所有　侵权必究　打击盗版　举报热线：010 - 88191661

QQ：2242791300　营销中心电话：010 - 88191537

电子邮箱：dbts@esp. com. cn）

前　言

　　乡村建设是乡村振兴战略的重要内容，已被纳入国家现代化建设体系。党的十九届五中全会正式提出实施乡村建设行动，2021年以来的中央一号文件均强调乡村建设的重要作用，并对乡村建设行动进行了系统部署。这一系列政策性文件的出台，为沿边村寨建设提供了新的战略指导和政策保障。加快实现农村农业现代化，扎实推进沿边村寨建设，助力乡村全面振兴，是实现边境地区农村农民共同富裕的必然要求。保障沿边村寨人口安全，是深入开展兴边富民行动进而推动乡村振兴战略实施的重要环节，也是激发沿边村寨内生动力的先决条件。边民安居乐业是边境地区稳定发展的内在要求。边民抵边定居、居边发展关系到"以家固边"机制的有序运行与功能发挥。

　　桂滇边境地区是我国重要的国土安全屏障和少数民族聚居地，在乡村振兴战略背景下加快推进沿边村寨建设，不断增强边民就地城镇化意愿，促使其安心生产生活和守土固边，对于实现边境地区和平稳定与经济社会发展具有重要的理论意义和实践价值。本书以桂滇边境地区沿边村寨建设对守土固边的影响为研究对象，通过梳理与总结国内外相关文献资料，构建桂滇边境地区沿边村寨建设对守土固边的影响机制与实施路径的理论框架，得出桂滇边境地区沿边村寨建设与边民守土固边之间的内在作用机制。基于实证分析结果，构建桂滇边境地区沿边村寨建设对守土固边的影响机制的制度顶层设计，从七个方面创新性地提出桂滇边境地区沿边村寨建设促进守土固边的实施路径。

　　在理论意义方面，本书从沿边村寨建设角度探究桂滇边境地区边民守土固边的实现路径提供了一个新的综合分析框架，通过在理论上分析桂滇边境地区沿边村寨建设对守土固边的影响机制，并构建实证模型定量研究桂滇边境地区沿边村寨建设对守土固边的影响效应，有助于推进该领域研究的深化和细化，进而丰富和完善边境安全及乡村建设的理论体系，并可为桂滇边境地区开展沿边城镇带建设的政策实施效果评价及政策调整提供理论依据。

　　在实践价值方面，本书通过定量研究明确桂滇边境地区人口安全问题区域类型与特征，并辨识沿边村寨的优势条件、空间潜力及空间格局重构核心要素，有利于地方各级政府科学合理地编制并实施沿边村寨布局规划；通过生计风险感知和生计恢复力双重视角对沿边村寨边民就地城镇化意愿的影响因素进行定量测度，且基于沿边村寨建设水平感知对边民守土固边的影响效应检验结果探讨具体实施路径，有助于国家针对桂滇边境地区城镇化政策的制定，同时有助于地方各级政府因地制宜地制定实施沿边村寨建设的政策措施，确保当地居民安心生产生活和守土固边，并可为其他边境地区相关政策的制定提供参考。

向 丽

2025 年 1 月

目 录
Contents

第一章

绪　　论

一、研究背景与问题提出

（一）研究背景

我国陆地边境线长达 2.28 万千米，毗邻 14 个国家，包含 140 个边境县（市、区），总人口 2300 多万，其中少数民族人口约占一半。长期以来，边境地区受到历史、地理等因素影响，区域经济社会发展水平整体偏低。党的十八大以来，以习近平同志为核心的党中央把边疆治理摆在治国理政的重要位置，提出"治国必治边"的战略思想。促进边境地区经济发展、改善沿边地区人民群众生产生活成为各级政府关注的焦点。以"振兴边境、富裕边民"为目标的兴边富民行动于 2000 年在 9 个边境县启动试点，并于 2009 年实现边境县全覆盖。兴边富民行动实施至今已超过 20 年，在不断探索实践中已经成为对边境地区经济社会发展影响最深远且持续时间最长的专项系统工程，边境地区经济社会发展取得显著成效，各族人民群众"民生三感"不断增强（梁双陆等，2021）。

2017 年 6 月，国务院办公厅印发《兴边富民行动"十三五"规划》，将边境乡村作为重点推进对象，提出要综合考虑守土固边需要和具备发展条件两方面因素，着力推进沿边村庄建设，因地制宜推进边境地区城镇化建设。2017 年 10 月，党的十九大报告明确提出，要加快边疆地区发展，确保边疆巩固、边境安全，促进区域协调发展。同时首次提出实施乡村振兴战略，明确要坚持农业农村优先发展，加快推进农业农村现代化。2018 年中央一号文件对实施乡村振兴战略进行了全面部署。2018 年 9 月，中共中央、国务院印发的《乡村振兴战略规划（2018—2022 年）》指出，我国人民日益增长的美好生活需要和不平衡不充分的发展之间的矛盾在乡村最为突出。并围绕产业兴旺、生态宜居、乡风文明、治理有效、生活富裕5个方面提出了22项重点指标，明确了乡村振兴的重点任务。习近平总书记指出，农民农村共同富裕是实现全社会共同富裕的重要组成部分。实施乡村振兴战略是有效破解"三农"问题，促进农业发展、农村繁荣和农民增收的治本之策（张挺等，2018）。

乡村建设是乡村振兴战略实施中的重要内容，早已被纳入国家现代化建设体系。党的十九届五中全会正式提出实施乡村建设行动，2021年和2022年中央一号文件均强调乡村建设的重要作用，并对乡村建设行动进行了系统部署。2022年5月，中共中央办公厅、国务院办公厅印发《乡村建设行动实施方案》，明确提出乡村建设的12项重点任务，目标是持续改善农村人居环境，完善农村公共基础设施，提升农村基本公共服务水平，加强农村精神文明建设，不断增强农民的获得感、幸福感和安全感。这一系列政策性文件的出台，为沿边村寨建设提供了新的战略指导和政策保障。加快实现农业农村现代化，扎实推进沿边村寨建设，助力乡村全面振兴，是实现边境地区农民农村共同富裕的必然要求。

边境地区的城镇化有利于繁荣边境地区经济、促进民族团结和维护边境稳定（王新哲、何彩园，2015）。因受制于特殊的地缘政治环境、多元的民族文化背景以及失衡的经济发展水平，边境地区城镇化体系建设整体仍较滞后（孙久文、崔雅琪，2022）。作为我国未来城镇化的重要形态，就地城镇化是实现城乡统筹发展的重要手段。农业转移人口发展的平等性、全面性和持续性是就地城镇化建设的基础条件（杨卫忠，2018）。对于西部边境地区而言，需要统筹推进乡村建设与人口就地城镇化（李健等，2016；吴碧波、张协奎，2019）。边境地区具有明显的地理特质、地缘属性和人文特性，边境安全与国家整体的安全、稳定及发展密切相关。当前边境安全的主要形态表现为非传统安全问题，边民是边境安全的重要保障，戍边文化对于凝聚边民守边固边力量和边境安全治理具有积极作用（夏文贵，2021）。保障沿边村寨人口安全，是深入开展兴边富民行动进而推动乡村振兴战略实施的重要环节，也是激发沿边村寨内生动力的先决条件。边民安居乐业是边境地区稳定发展的内在要求。边民抵边定居、居边发展关系到"以家固边"机制的有序运行与功能发挥。边民家庭生产生活的可持续发展，将有助于边民守土固边行为的形成（孙保全、常玲，2021）。桂滇边境地区是我国重要的国土安全屏障和少数民族聚居地，在乡村振兴战略背景下加快推进沿边村寨建设，不断增强边民就地城镇化意愿，促使其安心生产生活和守土固边，对于实现边境地区和平稳定与经济社会高质量发展具有重要理论意义和实践价值。

（二）问题提出

随着非传统安全威胁的不断增多，我国边境地区安全面临前所未有的困境和压力，呈现出境内与境外高度关联、民族性与宗教性并存、多元安全问题交叉重叠、问题应对的长期性与复杂性等特点。我国少数民族村寨大都位于边境地区，村民为跨界民族。桂滇边境地区属于典型的边缘区域，自然地理条件恶劣、民族关系错综复杂、生产方式较落后，经济社会发展水平明显滞后于全国其他地区，且城镇化水平偏低（王新哲等，2017）。边境地区人口安全在国家地缘安全中发挥着重要作用。沿边村寨边民承担着守土固边的职责，而大量青壮年群体外出务工，导致当地出现大量的留守儿童、妇女及老人，甚至出现"空心村"；较多境外势力利用当地民众较低的认知辨识能力制造社会矛盾；近几年跨境贩毒、走私活动等案件的数量仍然较多，这些不稳定因素的存在对边境地区民族关系的维护、和谐社会的构建及安全工作的推进都相当不利（孙晓霞、杨扬，2014）。尽管在一系列边境政策推动下，桂滇边境地区经济社会发展不断加快，边民生产生活条件得到明显改善，但要解决发展不平衡不充分的问题仍然任重道远（何山河、李赵北，2023）。因此，如何加快实现沿边村寨的创新性发展，促进当地边民安心居边发展和守土固边，是我国边境地区建设中亟待解决的现实难题。

本书以桂滇边境地区沿边村寨建设对守土固边的影响机制、影响效应及实施路径为核心研究对象，从文献梳理的理论角度重点分析桂滇边境地区沿边村寨普遍存在的"人口外流、村庄规划缺失、基础设施滞后、产业基础薄弱、生态环境恶化、基本公共服务体系不健全"等问题的制度背景、原因和发展趋势。首先，从理论层面探讨桂滇边境地区沿边村寨建设的效应，厘清桂滇边境地区沿边村寨建设促进守土固边的动力机制，阐述桂滇边境地区沿边村寨建设对守土固边的影响机制的理论依据，进而构建理论分析框架。其次，从理论结合实际的角度出发，建立多元实证分析框架，综合运用空间自相关、修正的城镇引力模型等实证分析方法，对桂滇边境地区人口分布格局演化及影响因素、城镇经济联系强度的空间格局及其演化规律，以及县域乡村空间发展水平及其格局展开研究，从而为桂滇边境地区沿边村寨建设促进守土固边的政策系统设计提供理论与现实依据。再次，利用实地调研数据，从生计风险感知和生计恢复力双重视角，构建二元Logistic 模型考察沿边村寨边民就地城镇化意愿及其主要影响因素，并通过构建结构方程模型，检验桂滇边境地区沿边村寨建设水平感知对边民参与守土固边意愿的影响及代际差异，以此从微观层面得到桂滇边境地区沿边村寨建设影响守土固边的现实背景、症结和未来走向。最后，提出滇边境地区沿边村寨建设促进守土固边的实施路径。研究成果既可为国家层面引导桂滇边境地区发展、巩固与安全政策的制定提供决策依据，也可为桂滇边境地区各级政府制定和实施沿边村寨建设的政策措施，确保边民安心生产生活和守土固边提供决策依据。

二、文献回顾

（一）乡村建设问题研究

当前国内学术界围绕乡村建设问题的研究成果主要集中在乡村重构、数字乡村建设、美丽乡村建设、法治乡村建设、乡村文化建设等 5 个方面。

1. 关于乡村重构问题的研究

早期国内有关乡村空间研究的成果主要围绕乡村物质空间、乡村聚落、村镇布局以及土地利用等方面展开（胡晓亮等，2020）。随着乡村空间功能的日益多样化，部分学者开始关注乡村空间的混杂性、多元分化等问题，研究视角由功能主义向政治经济学和社会建构主义转变，研究对象由物质领域向社会文化领域拓展（杨忍、陈燕纯，2018；戈大专、陆玉麒，2021）。随着我国经济和社会结构的转型发展，乡村地理空间功能在政治、经济和社会驱动下实现演变发展（李骞国等，2015）。因此，对乡村空间演变机制的效应和构建策略展开研究显得尤为重要。空间重构是指空间结构演变后在经济、人口以及社会结构等方面重新塑造的过程，是内外驱动力作用下的结构调整过程，也是城乡统筹发展背景下乡村现代化的重要路径。乡村空间重构是乡村重构的重要表现形式，乡村"三生"（生产—生活—生态）空间重构理论体系（龙花楼，2013）、"三位一体"（物质—社会—文化）的乡村空间系统（李红波等，2018），以及基于乡村空间权属治理与组织治理的乡村空间综合治理体系（戈大专、龙花楼，2020）等相继被提出。学者们从乡村空间分布（郭晓东等，2013；杨刘军、朱战强，2013）、空间格局（肖国泓，2018）、空间演变特征（熊浩等，2019）、驱动机制（闵婕、杨庆媛，2016；王成、黄宇航，2022）、空间形态和结构（胡最等，2018）等方面进行了大量有益的探索。研究尺度涵盖国家级（郑光辉等，2020）、省级（余瑞林等，2018）、市级（徐冬等，2018）和县级（李涛、王明康，2021）。

2. 关于数字乡村建设问题的研究

作为实现乡村振兴的关键途径，数字乡村建设问题引起了大量学者的关注。目前国内相关研究成果主要集中在数字乡村建设的内涵和主体、要素结构、现实意义、数字乡村建设与乡村振兴的关系等方面。

2019 年，中共中央办公厅、国务院办公厅印发的《数字乡村发展战略纲要》指出，乡村建设是指信息化、网络化、数字化在农村经济中的应用模式，也是农民信息技术提升和农村现代化转型的过程。数字乡村建设已经有了明确的含义，但一些研究学者通过梳理与总结，认为数字乡村建设是推动乡村经济降本增效的方式、是推动农村业态创新的过程、是推动乡村多元智慧融合的状态（王廷勇等，2021）。从静态视角来看，数字乡村建设是一种乡村的新秩序和新类型，显著地区别于农业文明和工业文明的乡村；从动态视角来看，数字乡村建设是乡村通过数字化的升级过程（涂明辉、谢德城，2021）。

数字乡村建设的对象涉及乡村的产业、经济、生活等各个方面，而数字乡村建设的主体是谁？在其中发挥着什么样的作用？部分学者认为国家是数字乡村建设的引导者、创新者和维护者，在乡村建设中发挥着主导作用。数字乡村建设过程中，应坚持国家指导吸收社会各界力量，提高干部觉悟，加强问题追责等（邢振江，2021）。数字乡村建设需要广大村干部和各类基层组织等基层人员共同努力，应营造良好的数字乡村建设文化氛围，加大群众培训，健全和完善相关组织以增强保障、激活数字乡村建设主体（尹广文，2021）。也有学者从数字乡村经济、数字基础设施、数字生活、数字治理4个维度，构建农民数字乡村建设参与度的评价指标体系。结果表明，农民的数字基础设施使用度最高，而数字治理参与度最低。为此需要设计一定的奖励措施来激发农民参与数字乡村建设的热情（苏岚岚、彭艳玲，2021）。

数字乡村建设的要素结构反映了其应具备的条件和因素。现有关于数字乡村建设要素结构研究的主要切入点有：数字平台、数字技术以及法律机制等。数字乡村建设的重点领域包括数字生产、数字生活、数字生态以及数字治理，是一个自我循环、感知、完善的自适应性系统（崔凯、冯献，2020）。只有建立健全高效且简约的乡村治理机制，乡村治理变革下的技术治理的正向效应才能得以最大限度地发挥（韩瑞波，2021）。数字乡村建设还应加强法律体制机制的构建、多主体协同合作，以及数字化产品与服务供给（谢文帅等，2022）。通过逐步缓解供给效率困境、小农户衔接困难等现实困境，加快形成多主体共建机制、新平台共享机制等相关机制（陆益龙，2022）。

数字乡村建设对乡村建设的影响具有持久性和前进性。数字乡村建设有利于带动乡村消费（汪亚楠等，2021）、促进乡村产业创新（吴捷等，2021），加速乡村生产效率提升（陶涛等，2022）、推动乡村产业兴旺（李本庆等，2022）。从宏观视角来看，数字乡村建设能够提高农产品质量、推动乡村文化发展与融合、畅通乡村通信等。这就需要从顶层出发完善法律法规、加大技术投入，以此助推数字乡村的整体发展（文丰安，2022）。从数字乡村建设与人口红利来看，数字乡村建设应以当地人口结构特征为基础，充分吸引年轻人回乡就业创业，催生新的人口红利机制（杨江华、王玉洁，2022）。作为农村主要的产出，粮食对农村经济发展具有重要作用。粮食能否稳定供应是关乎我国国家安全的重大议题。随着数字乡村建设不断下沉，物联网农业、温室暖棚等先进的数字技术在农村的使用更为普及，这在很大程度上提升了粮食供应韧性，促进了粮食供应的稳定（郝爱民、谭家银，2022）。数字乡村建设在推动农业生产、乡村治理、农村生活智慧化、城乡一体化建设方面也发挥着重要作用（唐文浩，2022）。

数字乡村建设还能通过智慧农业产业、精准基层治理、城乡公共服务均等化以及增强文化自信对乡村振兴进行赋能。因此亟须完善数字基础设施建设，推进数字技术创新供给，强化乡村居民数字素养（董志勇等，2022）。数字乡村建设对乡村振兴的具体作用路径包括：从模式变革和业态创新赋能产业振兴；从外源连接和本土培育赋能人才振兴；从媒介兼容和语态进化赋能文化振兴；从常态感知和系统决策赋能生态振兴；从流程再造和空间重塑赋能组织振兴（吴文旭、吴业苗，2022）。相关实证研究得出，数字乡村建设不仅能够对乡村振兴产生显著的直接促进作用，而且能够通过乡村经济数字化和乡村生活数字化显著促进乡村振兴，但乡村数字基础设施与乡村治理数字化对乡村振兴的积极影响并不明显（刘灵辉，2022）。也有研究发现，数字乡村建设对乡村产业兴旺的促进效果尤为明显。但农业全要素生产率和数字普惠金融在数字乡村建设与乡村振兴的关系中并未发挥显著的正向作用（周兵等，2023）。有学者提出，要将数字乡村建设优势成功转化为乡村振兴高质量发展的实际效益，顶层设计是前提条件，系统集成是基础，关键在于技术支撑，目标旨在应用创新。亟须建立与数字乡村发展要求相匹配的制度规范，健全相应的保障机制（沈费伟、叶温馨，2021）。

3. 关于美丽乡村建设问题研究

作为城乡协同发展的战略起点，美丽乡村建设有助于改善乡村居民环境，是生态文明建设的重要内容。学术界主要从先进技术赋能、具体产业协同、村落景观规划以及不同地区的美丽乡村建设等方面展开研究。

先进技术是美丽乡村发展的重要助推器，只有掌握先进技术才能更科学、高效地推进美丽乡村建设。当前有诸多先进技术运用在美丽乡村建设中，如包括成套装置、厌氧为主、就地处理、园艺化等的 PASG 技术。三维模型、TDOM、DSM 等无人机倾斜采样技术应用也较广泛，但在实际操作中却无法直接使用所测得的 DEM 数据。个别学者分析对比了同一地区的密集匹配点云、激光雷达点云信息等（黄皓中等，2022）。在该技术基础上，有学者尝试结合机载 LiDAR 和倾斜摄影技术应用于村落信息采集。两种技术的融合具有很高的云层穿透性，可以很好地收集地面房屋等信息，同时具有很强的 3D 空间建模技术。将这两种技术引入美丽乡村建设，可为美丽乡村信息采集提供技术保证（王云凯等，2021）。

也有学者使用 BIM 技术对乡村住宅进行建模，通过对实体模型的可视化和参数化，分析 BIM 建模技术在美丽乡村建设中的优缺点，以此提出美丽乡村建设的实现路径（崔凤等，2022）。

美丽乡村建设也是推动农村供给侧结构改革和城乡统筹发展的重要途径。美丽乡村建设如何促进具体产业的发展，进而助力居民收益提升这一议题具有重要的现实意义。有学者就草根体育组织在美丽乡村建设中发展进行研究，并从发挥政府的引导功能、营造组织孵化环境、拓宽筹资渠道等方面提出了实践路径（郑柏武等，2016）。休闲农业为美丽乡村建设提供了坚实基础，而美丽乡村建设的推进又为休闲农业的发展提供了完善的基础设施、技术、管理等支持，二者相互促进（何成军等，2016）。乡村旅游作为乡村产业中的重要支撑，对提高居民生活质量具有重要作用。都江堰乡村旅游业与美丽乡村建设耦合的障碍因子从经济类向管理类转变，农村景观改造、农村建筑的协调率等是影响二者耦合的重要因素（何成军等，2019）。随着美丽乡村建设的推进，乡村旅游也出现了一些问题，比如生态常有被破坏的现象、居民对乡村旅游理解有偏差造成资源浪费、监管机制不够完善、特色不足同质化现象普遍等。因此，在发展乡村旅游时应当充分发挥政府的主导作用，突出乡村特色，加强开发规制，并注重运用现代技术（孙士银、程俊峰，2021）。除以上产业外，学者们还对农村果树产业、森林康养产业与美丽乡村建设的关系进行了研究。森林康养是指围绕森林资源开发的旅游、养老、休闲等以促进人体健康的一种新兴产业。但目前森林康养存在投资力度不足、盈利模式单一、缺乏创新、准入门槛较低与美丽乡村建设不匹配等问题，应从加大政府支持、建立标准化和品牌化产品、加大人才培养力度以及大数据共享等方面予以解决（李国辉、王心，2022）。

合理规划村落景观是提升当地居民生活质量、加快美丽乡村建设进程的重要手段。乡村景观规划应当从功能定位、空间布局等相关途径对乡村进行规划整治（樊亚明、刘慧，2016），并且需要以遵守保护生态、遵循可持续发展、尊重地域文化特色等三大原则为前提（田韫智，2016）。由于传统村落资源具有稀缺性，对其保护能在一定程度上改善居民生活质量（李菁等，2018）。村落景观改造是改善整个乡村风貌的关键步骤，也是美丽乡村业态形成的基础。但现有乡村景观艺术成分涉及较少且缺乏当地特色。在乡村景观规划过程中，要以保护为主、提升色彩、协调整体（安显楼，2021）。针对村落景观规划中存在的设计不合理、调研工作不到位、设计人员能力差异大、资金存在短板等问题，应当培养科学的设计理念，在设计中融入当地的文化特色与风土民情。同时需要政府加大投入，培养相关专业人才（王博峰，2022）。制定宜居性、宜业性、宜游性以及宜文性的策略，充分发挥美丽乡村建设对乡村景观规划的带动作用，进而提升乡村的整体价值（段韶华，2022）。

美丽乡村建设存在一定的地域异质性，不同地区的美丽乡村建设的形式、方案及结果都不尽相同。因而，针对不同地区的美丽乡村建设进行研究是十分必要的。张国磊和张新文（2015）以广西壮族自治区钦州市为个例进行研究，发现建设美丽乡村的措施包含宣传政策、强化基层干部责任意识，而美丽乡村建设的困境在于民约的局限性、过度依赖财政资金以及第三方治理的缺失等。一些学者对西部地区的美丽乡村建设也开展了相关研究。如以江西省黄马的凤凰沟、高安的巴夫洛等田园综合体为例，指出江西美丽乡村建设尚处于初级阶段、经验不足等问题，提出"生态农业—休闲旅游—田园社区"等发展模式，促进美丽乡村建设（季凯文、周吉，2018）。也有学者发现江苏省美丽乡村建设存在缺乏"新理念"、"新动机"以及"新机制"有待改善等问题，提出应当从三个"新"入手，结合实地情况来解决这些问题（刘君、许才明，2022）。还有学者对北方地区的美丽乡村建设也进行了一定的研究。如以陕西左权县为例，通过实证分析得出经济发展、人居环境、公共服务、社区参与等感知价值对美丽乡村建设满意度存在正向影响，且这种影响强度不断减弱；而地方依赖在这些感知价值与美丽乡村建设满意度之间发挥着中介作用（巨英英、程励，2021）。

4. 关于法治乡村建设问题研究

围绕法治乡村建设的研究，可以分为两大主题：一是作为中国法治建设特殊领域的基层法治或农村法治的研究；二是关于"三治融合"体系中"法治"子系统的研究。法治乡村建设是在社会政治以及乡村变迁过程中的互动而形成的。从政策上来看，法治乡村建设有赖于国家颁布相关法律法规提供基础保障，同时需要地方乡村的积极配合；从理论来看，法治乡村建设是建立在乡村居民法律同构和创新法治重构基础上（徐铜柱，2016）。法治乡村建设具有促进乡村整体进步、凝聚村民法治意识、增强村民法律秩序意识等功能（刘碧莹，2018）。但当前法治乡村建设还存在现实问题，如乡村法治不平衡不充分、乡村居民法律意识薄弱、法律体制建设较滞后、运行机制不够畅通、法律服务援助不完善等（李牧、李丽，2018；王东，2020）。在法治乡村建设的推进过程中，乡村固化思想将会与国家法产生一定程度的碰撞和冲突（夏丹波，2021）。这就需要充分考虑乡村文化思想的多元性，始终把村民放在法治乡村建设的主体位置（贾翠花，2018），并重视民约在法治乡村建设中的基础性作用（赵凌，2019）。我国乡村法治建设包括国家层面和村组织层面的法治建设。目前村组织层面还存在主体虚化、效果散化等问题。因此，亟须从主体、规范、运行三方面的融合出发，推进法治乡村建设（高其才、张华，2022）。

"三治融合"是指法治、自治、德治的融合。只有将这"三治"结合起来，才能有效发挥乡村活力，推动现代法治乡村建设。不少学者对"三治融合"发展现存的问题以及解决方案进行了深入的研究。乡村"三治融合"中乡村政府法治目标不够明晰、部分干部法办能力亟待提高、法律更新不够及时等问题亟待解决（孟莉，2019）。但在实践上仍然具有一定难度，村规民约程序还存在不规范、不合理、不民主等问题，限制了"三治融合"的深度与广度（张艳芳，2020）。为此应当发挥基层组织在法治乡村建设中的关键作用，树立法治目标，完善法治体系。"三治融合"有利于推动乡村经济发展、法治乡村建设、先进文化发展（刘昕悦，2022）。但地域的差异性会导致法治乡村建设的效果存在不同，因而"三治融合"的实施必须加强普法力度，激发村民守法意识（袁方，2022）。也有学者对不同地区的"三治融合"进行了分析。如朱政（2021）以湖北宜都的"三治融合"为例，阐述了"三治融合"在乡村中的运用情况，提出了"分级试点""锦标赛制"两种乡村法治驱动力。个别学者运用内容分析法、深度访谈法等对我国 M 镇的低保动态管理进行了探讨，发现村干部在道义逻辑与生存伦理驱动下成为乡村建设的守义人（李晓飞，2021）。

5. 关于乡村文化建设问题研究

在复杂国际环境背景下，乡村文化建设对乡村经济转型乃至国家安全等均有重大影响。乡村文化建设主要有两种方式："行政包办"和"激活社会"。"行政包办"是指忽视村民具体需求而主观配置资源，引起供需不匹配进而造成资源浪费的乡村文化建设方式；"激活社会"则是指通过优秀文化唤起村民文化意识，创造村民之间的文化联结，促进村落协同发展（毛一敬、刘建平，2021）。乡村文化建设是满足乡村精神需求的重要手段（袁志香，2022），对于群众提升科学文化素养、推进乡村繁荣等具有积极作用（姜广多，2022）。许多学者对乡村文化现存问题以及解决措施进行了深入的研究。从文化生态视角来看，有学者提出应从研究单元转型、建设理论转换、跨学科协作等多方面设计乡村文化建设方案（郭寅曼、季铁，2018）。但当前文化建设存在文化基础设施不完善、文化服务供给与村民需求之间不匹配、文化传播方式创新性不足等问题（时伟，2022）。为此，需要加大乡村文化基础设施建设投入，传承特色乡村文化，发扬社会主义先进文化，创新乡村文化传播方式，不断推动乡村文化建设（徐秦法、刘星亮，2021）。鉴于乡村文化建设关系到国家治理绩效水平，有学者提出应从国家治理现代化的组织、机制、价值以及主题等维度出发建设乡村文化（任成金，2020）。党建引领是乡村文化建设的现实依据，主要从先进文化、资源整合、治理体系三方面作用于乡村文化建设。只有保障主体参与、提升治理赋能，才能促进乡村文化稳定发展（黄嫣、蔡振华，2022）。乡村文化建设中存在"实体"和"关系"两种思维定式。随着经济的快速发展，我国乡村文化建设基础发生了重大改变，"实体"性思维易引起乡村文化建设的"空心化"（傅瑶，2021），在这个过程中要准确把握乡村文化建设存在的短板，将传统文化与现代文化相结合，打造特色乡村文化（庞莉、陆路，2021）。

（二）就地城镇化问题研究

在近代经济社会发展的进程中，城镇化问题始终是学术界研究所关注的重点之一。区别于欧美国家的城镇化模式，中国的城镇化的基础在于人口具有大规模聚集的特征，且农村人口尤为明显。近年来，针对我国城镇化进程中存在的阶段性问题，国家出台《新型城镇化规划（2014—2020）》，其中着重强调了大中小城市及城镇的协同发展。就地城镇化是具有鲜明中国特色的城镇化道路。在乡村振兴战略以及国家"十四五"规划背景下，关于就地城镇化的研究主要围绕就地城镇化的内涵、动力机制、模式及地区性实践等方面展开。

1. 城镇化的内涵

经济学视角下优先关注的是城镇化的生产要素，是农村经济向城市经济转移的过程中实现社会化大生产的过程（沃纳·赫希，1990）。城镇化的表现形式是在原有产业结构上经工业化驱动转化为工业现代社会。从人口要素的分化和迁移出发，传统的城镇化表现为农村人口向城市地区的逐步转移的过程，此过程中人口要素的迁移同样可以被视为生产要素的配置优化（王桂新，2019）。空间要素则体现了人地关系的演变，城镇化的过程伴随着人类活动与自然环境的交互以及生活空间的需求和调节（李小云等，2018）。社会学视角下的城镇化则综合考虑了社会层面上的社会结构、价值传播等多个指标，并关注城镇化的整体质量以及社会生产生活水平的提高（何平、倪苹，2013）。该视角下的城镇化是人口在向城市集聚以及城市生活方式和文化价值观向农村扩散的双向过程。此外，马克思主义城镇化理论提出了"城乡融合"这一重要观点，并肯定了城镇的先导作用。社会分工是城乡分离的基础，但城乡关系最终将由对立走向融合。城乡融合是未来趋势，工业化进程中的城镇化为其奠定了基础。

国内学者在早期相关研究中，从不同层面界定了城镇化的概念及内涵。其中，广义的城镇化被认为是包括城镇化的目标、实现途径在内的总称（曹宗平，2011）。狭义的城镇化表现为由乡村向城镇转化的复杂过程。从人口流动来看，城镇化是农村人口向城镇积聚的过程，整个过程可以解构为物化的城镇化以及无形的城镇化，后者包括生产生活方式的转化。城镇化扩大了城市数量和规模（董大敏，2005），最终目的是实现城乡生态、空间、产业等多层次的一体化（李艳，2010）。改革开放后，农村生产要素的快速溢出伴随着人口的大规模迁移，推动了乡村转型发展（佟伟铭、张平宇，2010）。在乡村振兴战略背景下，我国已经进入乡村转型发展的快速阶段。针对长时间以来客观存在的城镇化问题，我国对应出台了《新型城镇化规划（2014—2020）》，要求推动大中小城市及城镇实现协同发展。

新型城镇化是城镇化发展的新阶段，是特色城镇化适应发展阶段的新要求与全球经济变化新趋势的必然选择（张荣天、焦华富，2016）。国内相关研究中对新型城镇化的内涵的表述存在一定差异。部分学者提出新型城镇化是具有城市优先到城乡协调、数量到质量等指向性的转型发展（仇保兴，2012），其本质特征是外延扩展和内涵优化两个进程的和谐统一（王发曾，2014）。而相对于传统城镇化的侧重点，有学者认为新型城镇化是以人口城镇化为核心的城乡发展道路（倪鹏飞，2013）。通过梳理新型城镇化以人为本的民生、经济和改革逻辑，可以佐证人口城镇化是我国经济得以发展及深化改革的突破口（王伟同，2015）。总的来说，新型城镇化的内涵较为丰富，在不同的环境背景下呈现不同的实践形式，但其本质在城乡协同发展、改善村镇居民生活质量，加强经济文化建设方向上是保持一致的。

由于我国城镇化建设存在区域差异，在西南地区尤其是沿边村镇的城镇化建设仍一直处于相对滞后的状态（宋周莺、祝巧玲，2020）。边境城镇作为边境区域的社会活动区域，大多以少数民族为主跨境居住分布，对边境发展和治理具有重要意义（黄健英，2010）。着眼于边境区域的交通建设发现，边境地区存在交通线路密度较低、经济空间分散、要素流动不畅等问题（李灿松等，2010）。这将使人口要素向大城市积聚的能力受限，边境城镇体系的单中心结构特征明显（孙久文、崔雅琪，2022）。因此，边境地区城镇化建设需要依靠所在地的人口城镇化来逐步实现。

目前关于沿边城镇化的研究成果较少，研究对象普遍集中于西南的广西、云南边境地区和城镇。在以广西边境地区的城镇化为对象的研究中，王新哲、何彩园（2015）通过"城市首位率"理论探寻边境城镇化发展的路径，提出借助"点—轴"发展模式，实施就地城镇化。关于云南边境地区的城镇化研究，谭立力（2022）主要选取25个边境县（市），根据经济、民生、社会、城乡统筹和开放与安全5个维度，构建包含30个指标的评价指标体系，验证了邻国经济产业结构与地区协同程度的重要性以及经济发展的核心作用。陈振华、郁秀峰

（2017）通过对云南红河州的实地调研，进一步证实了少数民族地区具有更强的就近就地城镇化趋势。涂同玲（2021）以百色华润小镇对其城镇化"六位一体"优势的分析，明晰了就地城镇化中企业出资、政府引导、群众参与的模式。谢学兴、秦红增（2019）通过研究发现，中越边境凭祥市的城镇化演进可分为三个阶段，即边关小镇、"岸城守望"以及"前岸中区后市"，口岸贸易在其中发挥着重要作用。随着"一带一路"倡议的提出，边境地区与国际市场的互联互通逐渐加强，关于沿边城镇化模式与机制的研究将备受关注。

2. 就地城镇化的内涵

就地城镇化是基于城乡二元结构的背景产生的概念，反映了乡村人口积聚或移转至城镇的过程（李强等，2015）。在城镇化的主体中，城市与乡村是一体两面的存在，二者关系基于时空、主体矛盾等进行建构（黄旭东、冉光仙，2020）。关于中国城镇化模式的讨论一般以城市规模区分，主要包括大城市论、中等城市论、小城镇论以及多元发展论等。其中，小城镇论的观点认为，小城镇在人口流动中发挥"蓄水池"作用，在连接城乡的同时通过积蓄人口缓解大城市人口的过度集中问题（费孝通，1984）。小城镇论主张以县域中心为主的小城镇的适度发展（辜胜阻、李永周，2000），县域经济带动对新型城镇化发展具有重要意义（张建华、洪银兴，2007）。随着城镇化内涵的不断丰富，城乡界限逐渐淡化，城镇要素以地理单元不同程度的积聚作为区分，乡村居民点具备了实现城镇化转型的要素条件，"就地"的概念由此产生。就地城镇化是有别于异地城镇化方式的特色城镇化道路（辜胜阻等，2009）。

在中国城镇化的研究中，就地城镇化现象最初出现在部分城镇化发达的东南沿海地区。在该区域工业化和城镇化进程中，部分乡村人口未向城镇进行大规模迁移，而是实现了就近就地城镇化（Zhu Y，2004）。部分学者通过分析就地城镇化的现象和城镇化发展中的问题，认为就地城镇化是乡村人口向所在地集中为主取代向大城市以及中心城市迁移的城镇化模式，其范围一般限制在原住地以及周边地区的特定范围内（马庆斌，2011）。通过有效调整产业结构、加强基础设施建设等方式（杨世松，2007），实现农民非农就业、生活方式的现代化和思维观念城市化的转变（潘海生、曹小锋，2010），拉近乡村居民收入与城市居民收入的差距（张万录等，2010）。

学者们在界定就地城镇化的概念时，主要从空间和内涵双视角进行诠释，即集中于"就地"和"城镇化"两个层面。在空间指向下，就地城镇化和就近城镇化二者的关键特征都在于守地发展（刘文勇、杨光，2013），但人口集中的范围方向存在一定差异。"就近"可以概括为将近郊农村空间内作为城镇化的范围。

就近城镇化是以一定的人口容纳规模为基础，将范围内近郊的农村地区与作为核心的中小城市进行匹配，纳入城市的总体规划，拓展城市边界就地建设城市的过程（谭炳才，2013）；"就地"则突出了农村的就地改造，意味着乡村人口无须扩大迁移的范围，而是在原有居住的乡村地区完成城镇化转型。就地城镇化是县、镇、村多层立体的发展模式（马海韵、李梦楠，2018），是产业、土地、人口城镇化的融合发展体系（高强等，2022）。新型城镇化在小城镇战略逻辑框架内是乡村振兴和新型城镇化双重驱动的实践创新（田鹏，2019）。"城镇化"的具体内涵是强调人口城镇化的社会要素，是产业就业结构的改变使乡村居民的生产生活方式逐步与城镇市民标准相适应的过程。就地城镇化强调以人为本，需要充分考虑农民意愿选择的多种影响因素，才能最终实现"人的城镇化"（胡恒钊，2019）。其现实基础是人口流动特征、农民意愿以及国家政策。通过减少过量的异地流动，推动劳动力就近转移，进而承接产业的转移和调整，是解决就地城镇化问题的关键（杨传开，2019）。基础设施建设和公共服务供给优化是实现就地城镇化的重要条件（李军、吕庆海，2018）。

3. 就地城镇化的动力机制

关于城镇化动力机制问题的探讨，过去大量的研究集中于经济增长和工业化进程。在城镇化和工业化被等同归为社会现象之后，学术界开始关注不同形式流通的资本对城镇化的作用（Harvey D，1987）。20世纪90年代，中国处于市场经济制度逐步建立的转变时期，包括政府、企业、个人在内的多元化经济运行主体积极参与城市化进程，形成了多元城镇化动力的机制（宁越敏，1998）。近年来，城镇化动力机制的研究不再受限于城市规模，出现了包括制度与要素、内生动力与外生拉力作用（仝德等，2013），自下而上推动城镇化（顾朝林、吴莉娅，2008）等以动力机制解释空间模式特征的观点。部分学者以此展开了相关动力机制的探讨，如外向型经济推动（薛凤旋、杨春，1997）、城镇化进程的政府主导（徐琴，2004）、政府导向（陆铭、陈钊，2004）、创新驱动机制（辜胜阻、刘江日，2012）等。在新型城镇化背景下，动力机制是推动新型城镇化所必需的动力因素，其中产业结构是城镇化动力机制中的核心要素。国外学者在研究城镇化与产业结构的关系时提出，产业结构变迁所导致的城镇化效率变化，其本质是由产业属性差异引起的。消费结构通过产业结构作用于城镇化（Kuznets，1966）。工业化带动城镇化水平上升，是产业结构优化调整成果的体现形式之一（Chenery，1986）。

近年来，国内学者从不同视角开展了包括就地城镇化在内的新型城镇化动力机制研究，并认识到产业结构调整对新型城镇化及经济增长的重要作用（于斌斌，2015）。有学者从动力类型出发构建指标体系，提出新型城镇化的核心动力是产业结构转换，其中第二、三产业是根本动力和后续动力；直接动力是劳动力、资本、技术等生产要素流动；内生动力是聚集经济效应；特殊动力是政府推动作用（卫言，2012）。综合考虑政府、市场和农民多方协同的推进作用，政府作为是主导动力，在处理好其与市场、农民的功能边界的基础上，三方分工合作有助于系统推进新型城镇化（杨发祥、茹婧，2014）。针对就地城镇化的直接动力问题，有研究指出农业现代化对就地城镇化具有促进作用，具体通过提高农业现代化水平促进第一产业发展质量提升，进而推动产业结构优化调整（焦晓云，2015）。第三产业尤其是生产性服务业、绿色及高新技术产业的发展能够带动新型城镇化发展，同时推动经济结构转型（黄祖辉，2018）。还有一些地区性的影响因素和产业类型被应用于新型城镇化动力机制模型构建中，如人口、资源和环境的定量模型（张丽琴、陈烈，2013）；新型工业化协调发展（丁翠翠等，2020）、旅游特色产业与新型城镇化的耦合（冯珊珊，2018）等。当前关于城镇化和产业发展关系的研究主要基于传统城镇化视角展开，未来研究需要结合实际案例进一步关注第二、三产业发展在就地城镇化过程中的核心驱动力。

4. 就地城镇化的影响作用

城镇化的发展模式是社会和经济结构转变过程中的实际发展状况、动力机制等内容的总和（周榕，2004）。面对实际发展中的问题，需要在明确动力机制的基础上选择合理的城镇化模式，以实现城镇化建设的目标作用。城镇化的实现一般分为拓展城市规模与增加城镇数量两种方式：一是以城市地域经济和人口聚集而呈现出的扩展型城镇化（刘科伟，2004）；二是将已有的农村地域转化为城镇地域，就地吸纳转化为非农生产的乡村劳动力（张正河、武晋，2001）。就地城镇化属于第二种城镇化方式。选择城镇化模式的关键在于应用该模式能够在哪些层面产生哪些作用。在新型城镇化的现实路径选择的讨论中，有学者将就地城镇化的作用概括为四个方面，即利于解决"三农"问题、拉动内需，并有助于产业转型升级和保护传统文化。具体实践层面的作用则分别对应了提升农民收益、改善消费环境、创造就业机会以及实现经济社会的可持续发展（廖永伦，2015）。可以看出，就地城镇化涵盖了经济结构、城乡关系等方面的内容，并深层次地影响着乡村人口的收入和生活质量。

就地城镇化体现为农民集中居住，但不仅是一个空间聚集过程，也是一个社会重组过程（刘传明，2022）。有学者通过对比传统城镇化的模式，并引入带有时变参数状态空间模型展开实证研究发现，1995～2015 年就地城镇化对农村居民家庭人均纯收入的影响更显著（庞新军、冉光，2017）。相关研究也进一步验证了就地城镇化能够显著地促进非农籍村民收入提升（车蕾、杜海峰，2018）。相似的研究还有针对创业建立的时空分析，结果同样表明就地城镇化对创业的成效有显著影响（张祥俊，2018）。不同城镇化模式对农民收入的影响存在差异，其中就地城镇化的农民增收效应体现为农业收入和非农收入的差距，在东部呈扩大态势，而在中西部则相反（高延雷等，2019）。除提升居民收入外，就地城镇化还影响村民的生产生活方式（赵定东、张慧，2017）。原本的农村人口外流机制演化以农业人口市民化为终点的三个阶段对应了就地城镇化的非农人口转化（郭远智，2020）。就地城镇化还有助于优化产业模式和完善基础设施建设。农业产业化是就地城镇化的发展基础，是农民"迁移进城"的可行性替代选择（邱婷，2022）。只有真正以农民为主导的农业产业化，才能带动村庄的转型发展。要以农村发展为目标推进农业产业化，才能激发农民就地城镇化的预期和行为实践。

城镇化环境下居民的生产生活方式虽然发生了积极的变革，但就地城镇化是一个持续的过程，原有的乡村文化和城镇生活之间仍然存在一定程度上的矛盾，容易引发居民隔离等问题（张万录等，2010）。空间流动特征对平均心理健康也存在一定的影响。就地城镇化通过减少人口流动，有利于减少人口心理健康不平等现象的发生（苗丝雨、肖扬，2021）。城镇化过程势必对农业土地造成影响。整体上看，人口城镇化缓解了一部分耕地压力，但就地城镇化模式显著增加了耕地压力，需要进一步考虑粮食安全问题（高延雷、王志刚，2020）。相较于异地城镇化的路径依赖，就地城镇化的实践路径和发展理念具有以人为本、协调发展的特征，较好地匹配了城镇化发展实际，并规避了部分传统城镇化模式带来的社会经济问题。就地城镇化发展的过程必须以群众的需求为导向，充分发挥政府政策引导作用，从而实现城乡一体的协调发展。

5. 就地城镇化地区性实践研究

中国国土面积辽阔，人口众多，且具有复杂的地理环境和人口特征，这在一定程度上导致了各地区之间发展的不平衡。城镇化的进程和模式与区域之间的经济情况、城乡差距等因素存在关联。区域之间发展的不平衡也致使就地城镇化呈现出多元化的态势，在实践中需要尽可能做到依托当地基础设施条件和资源，因地制宜地发展产业，实现就地城镇化。关于就地城镇化的区域性实践研究主要以地理区位角度进行划分，目前主要分为东部和中西部地区。东部地区集中在沿海以浙、闽、粤为代表的经济发达省份；中西部地区随着经济的快速发展，城镇化发展环境较好，近年来也逐步开展了就地城镇化的实践探索。

（1）东部沿海地区的就地城镇化实践研究。

在东南沿海地区工业化和城镇化的进程中，学术界最初以人口迁移的视角关注到乡村人口就地城镇化的现象，这种现象也被部分学者认为是城乡边界模糊背景下人类聚落系统改变的例证（Champion & Hugo，2004）。有学者针对晋江地区高密度人口地区快速发展的问题，首先提出了一种新的城镇化模式"in-situ urbanization"（Yu Zhu，2000）。在此基础上，相关研究围绕晋江市就地城镇化的过程展开讨论，如通过分析就地城镇化发展的特点与近期演变的动力机制，总结公共政策、交通、产业等要素对晋江市就地城镇化发展模式的影响（吴梅华，2006），并关注到该地区就地城镇化过程中在耕地细碎化（曾金伟、刘辉，2020）、建设用地时空格局演变（杨义炜等，2020）等方面出现的新特征；通过调研福建省含晋江在内等 8 个城市存在的城中村问题发现，就地城镇化发展中存在的诸如土地房屋资源利用无序、利益关系难以协调等问题（吴春飞等，2014）。在对省会城市厦门农村就地城市化的调研中，研究者认为就地城镇化优化了城乡产业结构，改善了居民生产生活环境，实现了城市文明向农村的扩散（游中敏，2009）。

东部沿海城镇化的另一个代表性区域是江浙地区。浙江省义乌市以农民自主创业、投资城市建设等方式推动城镇化，快速提升了生产力发展水平。同时，有效解决了非农就业等问题，成为有效调整产业结构、以乡村工业化驱动城镇化的经典案例（何燕丽等，2015）。义乌在县域空间上展开的就地城镇化，完成了城市性质的快速转变，并有效降低了城镇化成本。江苏省南部地区则立足于地区实际发展状况，以县城发展为核心，助推就地城镇化与异地城镇化的协调发展（崔曙平、赵青宇，2013）。苏南地区的城镇化是阶段性的过程，在小城镇建设的同时注重宜居宜业，在新农村建设中关注环境综合治理与基础设施建设，实现了高质量的就地城镇化发展。

近年来，东部城镇化转型过程中也出现了一些新的现象和问题，通过梳理汕头市中部四镇的发展历程发现，就地城镇化从非农化起步到工业引领再到"再城市化"，催生了新的治理关系（罗捷等，2021）。珠三角地区过去因为香港及澳门特区特殊的经济区位优势，外来投资通过经济驱动促进了就地城镇化过程中的产业升级，在人口、产业等要素上表现出了"就地转移"的城镇化特征，形成了"小集聚，大分散"的集约化城镇空间格局（许学强、李郇，2009）。珠三角的相对发达地区则是基于"人的城镇化"，通过农村青年就地城镇化的实践推动了个体价值与经济社会的均衡发展（朱战辉，2019）。

（2）中西部地区的就地城镇化实践研究。

与东部沿海地区的城镇化进程相比，中西部地区的城镇化起步相对较晚，发展环境存在差异。尤其在部分西部经济欠发达地区，自然环境复杂，基础条件有限，工业化城镇化发展欠协调，相较同期其他地区存在低度城镇化倾向（李国平，2008），既有城市的人口承载能力较弱，具备乡村就地发展的人口要素支撑不足（吴碧波、黄少安，2018）。中部地区城镇化同样存在城镇化质量空间差异，高质量城镇化区域集中于省会及周围城市，但集聚中心弱化（杨璐璐，2015）。安徽省的农村人口就地城镇化模式表现为就近拆迁和就地改造两个方面，形成了大城市扩容、中小产城一体化、中心集镇建设的模式（唐红萍、谭珊，2021）。近年来，中部地区的城镇化水平发展较快，其中河南省就地城镇化水平整体提升，空间演化特征明显，空间聚类效应显现，热点区域分布格局出现较大变化（赵德昭、许家伟，2021）。通过分析河南省 45 个村庄的田野调查数据得出，当地回流农民工的城镇融入是就地城镇化的重要力量（郭雅琪等，2022）。

政策驱动是中西部地区就地城镇化的主要动力。产业梯度伴随资源倾斜快速转移，经济快速增长，区域整体发展趋向平衡。以河南省为例，产业发展有效改善了就地城镇化发展的环境，为后续就地城镇化的发展提供了保障（宣超、陈甬军，2014）。在河北省村庄案例的调研中，研究者在传统政府、企业和村民的推动模式的基础上引入了人村集体作为桥梁纽带，调和政府与市场的不足（刘悦美等，2021）。目前西部省会城市之间的新型城镇化发展水平各异，且区内区际差异较大（邹亚锋等，2022）。西南部分地区的就地城镇化则根据自身资源因地制宜地发展电商、旅游等特色产业。在无法照搬工业模式推进就地城镇化的情况下，重庆山区的永新镇积极探索依托旅游资源的就地城镇化路径，验证了旅游业促进城镇基础设施建设的可行性（潘雨红等，2014）。在乡村振兴战略背景下，有学者通过对昆明、伊犁、玉树、拉萨和锡林郭勒盟等的适应性分析得出，就地城镇化几乎是必然性的选择（吴碧波、黄少安，2018）。产业结构调整为就地城镇化提供了驱动力，并从多个层面促进社会结构调整，进而为当地因地制宜地实践城镇化道路奠定了基础。

（三）乡村振兴与城镇化关系问题研究

城乡关系是最基本的经济关系，城乡问题研究一直受到学术界的广泛关注。由于经济基础和社会体制的差异，世界各国农村发展进程并不相同，但在发展过程均出现过诸如农村青壮年劳动力持续流失、农业经济地位持续下降、农村基础设施落后等共性问题（张军，2018）。刘和李（Liu & Li，2017）提出在全球城市化进程中亟须重视乡村振兴问题的论断，并指出世界大多数国家都在加快城市化进程以促进经济发展，但对城市发展导致的农村衰退问题关注不够。城市和农村并非割裂的个体而是统一的有机体，理应共同实现可持续发展以相互支撑。

1. 乡村振兴问题研究

乡村振兴一词于党的十九大报告中首次提出，在此之前学者研究城市化进程中乡村发展问题主要围绕乡村复兴这一议题展开。张尚武和李京生（2014）认为保护乡村发展活力是城镇化进程的重要战略任务，实现乡村复兴是缩小城乡差距、维护城镇化稳定发展的必要手段。早期学者们对于乡村复兴的解读大多是从乡村内部挖掘乡村复兴的动力和机制，并在此基础上阐释乡村复兴的内涵。部分学者认为，乡村复兴是在过度城市化导致乡村衰落的局面下，通过疏导城市化问题重新展现乡村传统景观特质和本土风情的生命力，并借助政府和社会力量的外力作用带动村民主体作用的发挥（何慧丽，2012；赵晨，2013）。张京祥等（2014）指出乡村复兴是对传统乡村转型概念的提升，可概括为乡村实现在经济、治理和民生等方面的自给和繁荣，进而与城市实现平等互补。朱霞等（2015）强调现代化建设进程中要通过国家、市场和社会各方面的外在因素推动生产要素向乡村回流，实现乡村内部的结构重组和乡村自我造血，并在城乡一体化进程中寻找与城市对等的自身稀缺价值。

学者们大多认为实现乡村复兴在于解决内生动力不足的问题，激发乡村自身发展活力需要调动村民对于乡村复兴的积极性，尊重村民作为乡村发展主体的意愿。因此，乡村复兴的导向需由"地"转为"人"，重建村民及其组织的主体性（余侃华等，2015；李昌平，2017）。乡村复兴是快速城镇化过程中乡村发展缺乏活力与传统发展模式的反思，通过重构乡村发展规划激发乡村发展活力，实现乡村可持续发展（李智等，2017）。过去中国乡村发展陷入了乡村追赶城市的发展误区，过分追求城乡发展的同质化，忽略了对乡村本身价值的关注。乡村复兴概念内容应是复杂多样的，需要从城乡关系演变、乡村产业、空间、治理、文化等多方面加以研究（申明锐等，2015）。整体来看，学者们对乡村复兴进行了大量有益的探讨，这与改革开放以来中国在乡村发展上取得的历史经验密不可分。在过去的农村改革中，乡镇企业的发展带动了农村产业、经济发展及农民就业。但随着"城乡二元结构"的弊端开始展现，城乡发展差距逐渐扩大，乡镇企业与城市企业相比发展滞后（钟宁桦，2011），以往的农村发展模式已经不再适用。随着新时代中国社会发展的主要矛盾发生转化，发展不平衡不充分的问题成为中国迈向高质量发展的主要障碍，而且集中体现在乡村发展方面（魏后凯，2018）。党的十九大提出的乡村振兴战略正是解决中国发展不平衡、不充分问题和实现"两个一百年"奋斗目标的重大战略。

乡村振兴是新时代"三农"工作的新要求，是中国全面建设社会主义现代化国家、实现中华民族伟大复兴不可或缺的一个部分（廖彩荣、陈美球，2017）。乡村振兴是国家认识到城乡关系变化和农村发展变化的基础上，对"三农"工作的阶段性梳理和调整，是应对农村空心化、农村人口老龄化和缓解城镇化进程中

"城市病"的重要部署，其不仅涵盖了农民对美好生活的需要，也是回应城市居民对美好生活向往的重要举措（宁满秀等，2018；孙乐强，2021）。党的十九大报告对乡村振兴的内涵进行了科学解读，指出"要按照产业兴旺、生态宜居、乡风文明、治理有效、生活富裕的总要求，建立健全城乡融合发展体制机制和政策体系，加快推进农业农村现代化"。这是对乡村振兴的集中论述，是涉及经济、政治、文化、社会和生态的农业农村振兴。党的二十大报告提出要全面推进乡村振兴，强调乡村振兴要与巩固脱贫攻坚成果有效衔接，助力共同富裕。2021 年 1 月中共中央、国务院发布《关于全面推进乡村振兴加快农业农村现代化的意见》，提出推进农业农村现代化的七项举措，明确了农业农村现代化在乡村振兴中的核心地位。

国内学术界围绕乡村振兴的内涵展开了较深入的探讨，乡村振兴的内涵得以丰富和完善。乡村振兴的内涵包含七大根本性转变，即：由城乡一体化发展转向坚持农业农村优先发展；由推进农业现代化转向推进农业农村现代化；由生产发展转向产业兴旺；由村容整洁转向生态宜居；由乡风文明转向乡风文明；由管理民主转向治理有效；由生活宽裕转向生活富裕（蒋永穆，2018）。乡村的特有功能包括：乡村保障农产品供给和粮食安全、保护生态环境、传承发展中华优秀传统文化。乡村振兴的核心要义是增强乡村特有功能，是对社会主义新农村建设的升华，从原有的局部推进拓展到全方位的推进，其包含的内容更为充实，是以改革创新的思路扫清农业农村优先发展和城乡融合发展的阻碍，不断为农业农村发展注入新的活力（李周，2018；叶兴庆，2018）。

乡村振兴是由产业振兴、人才振兴、文化振兴、生态振兴以及组织振兴五个关键要素构成，其中，产业振兴是核心，人才振兴是支撑，组织振兴是保障，文化振兴是灵魂，生态振兴是要求。农民是乡村振兴的价值主体、实践主体和评价主体（于爱水等，2023）。破解城乡二元结构，建立城乡一体、城乡融合、城乡互促共进的体制机制，应成为乡村振兴和乡村现代化的必要条件（黄祖辉，2018）。也有学者基于新时代的共同富裕目标对乡村振兴的内涵进行了界定，认为全体农民既是乡村振兴的建设主体，也是乡村振兴成果的受益主体；农民脱贫致富的内生动力是乡村振兴的动力源泉；农业农村农民现代化是总目标，高质量乡村振兴与合理的利益分配机制是实现路径（张琦等，2022）。高质量乡村振兴是对乡村发展规律认识的再深化，是以全力巩固拓展脱贫攻坚成果为前提，加快完善乡村基础设施和公共服务，大力促进城乡融合发展，不断深化创新乡村制度改革（张琦、庄甲坤，2023）。还有学者指出新发展格局下乡村振兴亟须以改革促进高质量振兴，其发展定位为精准化振兴，内生动力是本土化振兴，实践路径是协同促振兴（严宇珺、龚晓莺，2022）。

2. 乡村振兴与城镇化的关系问题研究

乡村振兴与城镇化的融合发展事关国家现代化建设进程。在经济发展和城镇化发展到一定水平后，各国都探索实施一系列措施以促进乡村发展和维持城乡发展平衡。以西方发达国家为例，如法国经历"光荣三十年"（第二次世界大战后1945 年至 20 世纪 70 年代石油危机前后），基本完成了国家的工业化、城市化和农业现代化。在快速推进城市化的过程中，法国的农业也保持着快速发展，通过推动农业科技发展和农业生产机械化、培育新型农业人才、发展非农经济、制定乡村土地保护政策、加大政府补贴力度等一系列措施，法国有效避免了城乡发展过度失衡（刘健，2010；汤爽爽，2012）。英国在工业革命的进程中，由于"重工轻农"的思想风潮盛行，导致很长一段时间内农业发展水平停滞不前。英国对农业农村政策进行了及时调整。首先，在政策制定方面，农村的发展战略更注重地方和社区的农业发展需求，注重农村的综合发展；其次，注重所制订发展计划的长远性和可持续性，以减少农村发展对外部资助的依赖性；最后，重视法律和市场手段的应用，通过立法统筹城乡发展和加强城乡一体化的社会保障体系，利用市场的资源配置功能优化乡村资源的再配置（Woods，2004；Cullingworth & Nadin，2006）。德国最早在乡村发展战略中强调乡村原有价值，"城乡等值化"的发展理念贯穿于城乡发展规划中。德国农村发展战略的核心在于土地整治，其目的一是通过土地流转实现规模化生产，提高生产效率，提高非农生产在乡村发展中的比重，实现多样化生产；二是实现城乡空间的有效利用，通过将工农业生产、生活、生态各区域分离开，提高各区域的内在价值，实现乡村和城市的有序协调发展（孟广文、Gebhardt，2011；黄璜等，2017）。

西方发达国家推进城乡发展的历史经验可以为中国提供有力借鉴，但由于文化、地理等多方面的差异，其做法并不一定适合中国。而作为亚洲发达国家的日本和韩国，其在推进城乡融合发展的做法可以成为中国城乡一体化建设的"他山之石"。日本在 20 世纪前半叶大力发展工业一度导致工农收入和城乡差距拉开巨大距离，但日本通过根本性制度调整，避免了城乡差距进一步扩大，实现了农业现代化和城乡均衡发展。一是在制度安排上，通过立法保障城乡居民在住房、社会保障和政治权利等方面能享受平等的待遇，避免由于人为原因造成城乡差别（汪先平，2008）。二是通过政策保障资源和人口能在城乡之间自由流动，同时在政策上对落后地区和农村给予倾斜，保障农户收入，推动农业和农村发展。三是注重城镇化进程中的城乡整体布局，尽量避免出现城乡接合部和贫民窟的出现，通过合理的规划使大城市可以带动周边的区域发展，缩小城乡收入差距（藤荣刚等，2009；Nonaka & Ono，2015）。

韩国作为新兴工业化国家的典型代表，在 20 世纪 70 年代城市工业化水平快速提升，韩国经济社会体制导致城乡二元化问题开始出现，城乡差距逐渐拉大。为解决这一问题，韩国政府开始实施"新村计划"，由政府主导经济发展模式推动农村发展，农村和城市居民收入差距和生活水平差距不断缩小，基本实现了城乡一体化。韩国的城乡一体化表现出三大特点：一是坚持农业和工业协调发展。在城乡差距初现之时便迅速调整政策方针，改善城乡和工业发展失衡的现象；二是农业发展坚持国家适度干预。在不同的发展阶段，韩国政府采取了灵活适度的干预方式，通过制定规划、出台政策、立法等形式对农业发展进行适度干预，进而促进了城市和乡村、工业和农业的协调发展，实现了城乡发展一体化；三是积极实施工业反哺农业政策。强大的工业基础对经济发展至关重要。农业由于其特点在经济发展中位于弱势地位，韩国在工业基础强大后，积极推动农村产业转型，助力现代农业发展，鼓励一些企业在农村展开项目合作，形成工农合作共赢局面（张沛等，2014；Doucette & Müller，2016）。

城镇化是人口和产业在空间的集聚过程，是一个国家迈向现代化发展的必经之路（陈斌开、林毅夫，2013）。在城镇化快速推进的过程中，城市出现了巨大的"虹吸效应"，大量农村劳动力、资本和土地资源流入了城市，而城市得到发展后却很难将自身优势辐射到乡村，这一近乎单向的发展模式导致城镇化进程中乡村发展不断衰退（何仁伟，2018）。为解决这一现实问题，中国提出了乡村振兴战略，并强调坚持农业农村优先发展是实施乡村振兴战略的总方针（韩长赋，2019）。但实现乡村振兴并不意味着乡村发展要与国家城镇化进程相排斥，要放慢城镇化战略的脚步。乡村振兴必须建立在城镇化进程不断推进的基础上，置于城乡融合、城乡一体的架构中推进（叶兴庆，2021）。城市化建设是中国现代化建设的主要发展动力，城市群建设是未来中国发展的主导方向，因此乡村振兴不能偏离国家的发展方向，城市化为乡村振兴提供了资源和机会，是解决"三农"问题实现乡村振兴的主要动力（唐亚林，2018）。申端锋和王孝琦（2018）认为以城镇化带动乡村振兴的关键在于实现城乡平等和城乡融合。黄祖辉和马彦丽（2020）提出实现乡村的现代化发展，必须跳出乡村视野，重视城乡互动和城镇化进程对乡村发展的带动作用。乡村振兴本质上是乡村价值变化规律与乡村价值实现，要把握其与城镇化进程的相互关系，是以城带乡、城乡融合及其互动发展的过程。城镇化带动乡村振兴需要准确认识城镇化的本质，即人口和产业在空间的集聚过程。这一过程既体现为城市人口和产业的集聚发展，也表现为人口和产业在乡村的相对集聚发展（刘彦随，2021）。

实施乡村振兴战略的基本逻辑在于认识到乡村和城市是一个命运共同体，需要实现互荣互助、共荣共生的良性循环。因此，重塑城乡关系、推动城乡融合发展是实现乡村振兴的基本路径（刘彦随，2018）。实现乡村振兴的过程也是不断推进城镇化建设的过程，是人口和产业在城乡之间的优化再配置、城乡融合发展的过程。协调处理乡村振兴和城镇化的关系是中国实现高质量发展的重要导向（姜长云，2018）。陈丽莎（2018）提出城镇化带动乡村振兴的主要着力点涉及两个方面：一是利用城镇资源助力贫困地区全面脱贫。城镇经济的发展不能再将农村有限的资源无限制地向城镇转移，而是需要为农村发展留下必要的可支配资源。在此基础上，城镇还应将自身发展优势和资源辐射到农村贫困地区；二是提升乡村生活对青年劳动力的吸引力。首先要利用城镇经济带动农村经济发展，推动非农产业发展，创造适合年轻人的就业岗位；其次是提升农村生活质量。城镇的教育、卫生、公共服务都优于农村，导致劳动力大量流入城镇。只有推动城乡均衡发展农村才能留住青年劳动力。朱纪广等（2022）利用"中国劳动力动态调查"数据，实证分析了城镇化对乡村振兴的影响效应。研究结果表明，城镇化对乡村振兴具有显著的促进作用，城镇化与乡村振兴的密切关联依次体现在经济、人口和土地上。加快城镇化发展对提升乡村宜居水平、文明程度、治理成效和农民富裕方面有重要作用。学者们认为乡村振兴与城镇化二者之间的关系存在一个基本逻辑：实现乡村振兴和农业农村现代化建设需要不断推动城镇化进程。城市要素是乡村振兴的重要动力来源；乡村振兴是加快城镇化发展的重要支撑。实现城镇化迈向高质量发展的重要环节是乡村人口与资源的良好融入（方创琳，2018；张琛、孔祥智，2021）。

"新型城镇化"是在"城镇化"基础上进一步展开的。由于各行业、各领域研究的侧重点不同，目前在国内比较认可的新型城镇化的内涵解读包括两类：一是党的十八大首次提出"新型城镇化"，并在2012年中央经济工作会议中正式提出"把生态文明理念和原则全面融入城镇化全过程，走集约、智能、绿色、低碳的新型城镇化道路"；二是学术界基本认可新型城镇化是以民生、可持续发展和质量为内涵，以不牺牲农业和粮食、生态和环境为前提，着眼农民，涵盖农村，实现城乡基础设施一体化和公共服务均等化为核心的崭新的城镇化过程（单卓然、黄亚平，2013；方创琳，2019；何江等，2020）。自党的十九大提出乡村振兴战略以来，有关乡村振兴与新型城镇化的关系问题成为学术界讨论的热点，相关研究成果主要包括以下两方面：

第一，新型城镇化与乡村振兴的耦合协调研究。学者们普遍认为，新型城镇化和乡村振兴是中国解决"三农"问题、实现现代化建设的重要途径，两者之间具有互动联动、相互促进的紧密联系，但二者的战略耦合机理、过程、驱动因素及驱动机制等方面的研究还很薄弱。尤其是乡村振兴和新型城镇化战略耦合机理需要进一步完善，必须从政策制定协同、执行协同和目标协同三个层面，联合发力找到乡村振兴与新型城镇化的战略耦合的"最优解"，以系统化的协同路径推进新发展阶段的城乡融合发展（李梦娜，2019；张合林、申政永，2021；张明皓，2022）。大量学者尝试对两者之间的耦合协调关系进行研究分析，结果大多表明新型城镇化与乡村振兴耦合协调发展总体呈逐步上升的态势，但表现出发展不平衡的特征。其中，东部大部分地区均属于乡村振兴与新型城镇化高度耦合协调地区，中西部省份多为初级协调和濒临失调类型，动态演进显示向上转移的区域主要集中在中部地区（徐维祥等，2020）。吕萍和余思琪（2021）通过测算发现地区差异出现缩小趋势，但中西部发展表现出较弱的增长态势；谢天成等（2022）发现乡村振兴与新型城镇化协同发展的空间差异逐渐缩小，且具有显著的空间正相关性，但省份间的联动效应及高值区的辐射带动作用不强。除基于全国整体的新型城镇化和乡村振兴耦合协调关系进行分析外，学者们对欠发达地区（谭鑫等，2022）、西部地区（马长发、朱晓旭，2021）、浙江省（俞云峰、张鹰，2020）、河南省（马广兴，2020）、陕西省（杨佩卿，2022）、甘肃省（徐雪、王永瑜，2022）、黑龙江省（郭翔宇等，2022）、京津冀城市群（李慧燕，2022）、武汉市（Zhu et al.，2020）等地区进行了深入分析，得出了众多有益结论，且大多指向新型城镇化与乡村振兴战略的协同推进对促进城乡融合发展具有重要意义。

　　第二，基于新型城镇化与乡村振兴背景的城乡融合研究。理想的城乡关系下，现代城镇产业会推动城乡二元结构表现出城乡劳动生产率平均化和产业现代化转型的城乡融合特征。随着农村剩余劳动力的不断转移，城乡融合特征将更为明显（Rains & Fei，1961）。在新时代背景下，将乡村振兴与新型城镇化的两大国家战略有机结合，是未来中国城乡融合和发展的切入点（韩俊，2018）。作为新型城镇化和乡村振兴两个研究领域的交叉问题，城乡融合发展研究受到普遍重视。蔡继明（2018）提出要同步推进新型城镇化和乡村振兴，实现城乡融合发展，就要让市场在人口和土地资源上发挥决定性作用，优化人口和土地配置。刘春芳和张志英（2018）从城乡要素流动的视角，探讨了城乡融合发展及城乡关系的构建，认为城乡融合的本质是在城乡要素自由流动、公平与共享基础上的城乡协调和一体化发展。丁静（2019）认为要对体制和政策进行改革创新，实现资源要素由单向流动向双向流动转变，推动城乡融合发展。城乡融合既需要考虑城乡发展的多尺度性与复杂性，也要贯彻多学科交叉整合的研究思路，深入探析城乡空间、经济、社会结构特征。实现城乡融合的难点和重点在于打通理论与实践的关系（叶超、于洁，2020）。因此，学者们从多个角度进行了有益探讨，如李等（Li et al.，2018）就新型城镇化背景下提出了未来农村发展可能面临的问题，尤其是乡村特性和文化如何保存问题，认为乡村发展应与新型城镇化规划相匹配，以实现城乡共同发展。杨嵘均（2019）对实现城乡融合过程中的梗阻进行了分析，指出历史上形成的城乡二元结构在时间维度、空间维度以及时空双重维度上所产生和遗留的政策梗阻增加了实现城乡融合的难度。还有学者从政治经济学角度对中国城乡融合道路进行了分析，认为中国城乡融合发展道路是对马克思、恩格斯城乡融合思想的拓展，但在实践中仍需要学术界进行深入研究，探索具有中国特色的城乡融合发展道路（苏小庆等，2020；周文，2022）。

（四）边境安全问题研究

第二次世界大战后，世界各国大力开展经济建设，不少国家开始探讨国家边境地区的贸易合作问题，最初的研究案例是荷兰与联邦德国建立的官方跨境区域。布赞等（Buzan et al.，2003）最早从国际关系视角研究边境安全问题，并在对国际关系、新安全论和结构现实主义等理论的论证中强调，在全球化背景下应当关注区域（"安全复合体"中的特殊子系统）和区域中的边界地区。早期学者们对边境安全的研究更多地关注于资源争夺问题、气候环境问题和国家安全问题。随着国际关系逐渐由紧张走向和平，对立、冲突的传统关系转为合作、对话与共赢，边境地区的大环境也随之发生改变，逐步由混乱、对立的封闭禁区转向国家之间贸易与交流的和平通道。20世纪80年代，随着国际形势的剧烈演变，和平运动、苏联解体的影响对边境安全的学术研究产生重要影响，边境安全研究的范围逐渐扩大，如伊恩·曼纳斯（Ian Manners，2013）将边境安全发展概括为五个维度：拓展、实践、深化、厚重化和状态化。其研究将边境安全研究主客观性、存在主义及本体论等阐释得较为清晰。进入21世纪以后，边境安全的研究不再简单拘泥于国家权力争斗下的安全问题。学者们将边境安全与其他安全研究联系起来，边境安全的研究成果在更为多元的情境中得以展现，如边境安全与移民化、边境安全与公民安全关系、边境安全与人口流动等方面的研究逐步深入（Huysmans，2000；Salter，2008）。边境安全研究已经跳出了传统的地缘安全或国际安全研究等领域，紧跟安全研究的进展与国际情势的变化，呈现出明显的阶段性特征。

与西方学术界的研究相比，我国对边境安全的研究起步较晚。随着边境开放的深入发展和安全问题的凸显，越来越多的学者关注到边境地区的独特价值，国内边境安全议题日渐受到重视。国内诸多学者探讨了边境安全的内涵并梳理了边境安全的相关研究维度，围绕边境领土安全问题、地缘政治安全问题、认同安全问题、跨国婚姻问题等较为突出的问题展开分析（夏文贵，2017），并探讨了边境安全问题及其治理建议（刘雪莲、杨雪，2021）。总体而言，国内外学者对于边境安全的相关研究存在几个共同点：其一，尽管国内外对于边境安全具体研究情境不同，但对边境安全的概念内涵阐述存在一定共性；其二，较为关注边境安全对于国家安全的重要性；其三，就边境安全不同研究维度探讨了边境安全治理的路径建议。下面依次从边境安全的概念及特征、相关研究维度、边境安全问题治理三个方面进行具体阐述。

1. 边境安全的概念及特征

从历史发展来看，边境安全的研究颇具动态性。边境及边境安全的研究最早是由西方学者开展。在界定边境安全的概念内涵之前，首先需要明确并区分边界、边境两个独立的概念。莱姆格鲁伯（Leimgruber，2003）认为边界的概念是从人类的感知开始，人类对于空间的感知和态度对边界概念界定有重要作用。边界是人类的创造物或者社会建构物，是一种分割人群的分界线（Barth，1998）。不管是哪种形式的分界线（地理、政治、社会、经济或者生存空间），都属于地理学家的传统意义上的解释。20 世纪 90 年代之后，地理学家开始由边界研究转向边境研究，将边界定义为线，将边境定义为场所，综合起来的解释就是不同社会空间的差异能够得以交流的场所（Houtum，2005）。这种基于社会空间差异进行交流的场所可以理解为国与国之间的交互，因此边境也被定义为国家之间的边界区域，研究重点关注边境地区居民的感知，从居民在边境地区的感知研究边境的实践构成和实践表征（Kramsch，2017）。而国内学者多从我国的行政单位角度出发，侧重于行政管理范围在边境概念中的角色。田俊迁（2021）将边境定义为国界线向国内领土纵深的地州或盟、县或县级市区域。并从边境安全问题角度，进一步将边境安全界定为：国家边境区域没有冲突、纠纷及其隐患的动态和谐状态。

我国拥有较长的国境线，边境安全具有多样性和复杂性的特征（周道静、徐姗，2021）。边境地区自然条件的多样性、多元的社会文化及生产生活方式使得边境安全的多样性特征突出。边境安全的复杂性则体现为其承担功能的多元与交叠。部分边境地区仍然位于国家治理体系的末端，经济社会发展较缓慢。边境地区的发展还与其周边其他国家的跨境合作高度相关。尽管跨境合作在很大限度上对边境地区的发展发挥积极作用，然而由于别国其他地区的问题导致我国边境地区仍然面临较高风险。与边境地区接壤的邻国的政治态势问题也使得我国边境地区问题的复杂性在扩大。学者们从国防安全（夏文贵，2017）、跨境平台交流（洪菊花，2017）等角度，对边境地区安全治理路径提出见解，以保障国家及区域的和谐稳定发展（刘雪莲、欧阳皓玥，2019）。

2. 边境安全的相关研究维度

（1）边境生态安全研究。

21世纪90年代，国际形势风云突变，地缘政治博弈、传统与非传统安全交互作用，边境安全问题已然成为影响国家安全与发展的突出问题。其中，边境生态安全是边境安全研究中较为突出和重要的议题，关乎国家整体安全环境的稳定和发展，引起了学术界的广泛关注。国外学者探讨边境生态安全问题，主要与冷战结束后各国加大了对地区资源争夺和国家经济发展过程中工业造成的环境恶化有关，重点关注这些因素对国家生态安全的威胁，具体包括经济发展与生态环境治理、边境稳定与社会和谐、生态安全管理与维护机制等方面。大气污染与边境生态安全问题也成为学者们关注的焦点（Apsimon & Warren，1996；Bollen & Brink，2014；Perrin & Bernauer，2010）。莱茵河流域的边境生态安全问题的研究成果不断丰富。部分学者还分析了大气资源和水资源下跨境资源环境问题，包括跨境水资源安全、跨境大气资源安全、跨境生物资源安全和生态环境保护等（Veeren & Lorenz，2002；Wieriks & Anne，1997；Chang & Leentvaar，2008）。

国内学者对边境生态安全问题的研究起步相对较晚，相关研究成果可概括为四个方面：一是跨境水资源安全问题研究，由于我国存在较多河流流向其他国家，尤其是越南、缅甸等国，现有研究多针对跨境水资源争端展开，为边境水资源稳定提供了参考依据（何大明等，2005；冯彦等，2013；胡桂胜等，2012）；二是生物入侵和生物多样性问题研究，我国与多国接壤的边境地区容易受到生物入侵尤其是植物入侵威胁，为保护边境地区生物多样性开展相关生态安全研究具有可行性（石龙宇等，2012；蒋晓唐，2007）；三是边境生态旅游问题研究，边境生态旅游研究主要包括陆疆和海疆两个方面，丰富的边境旅游资源为边境地区经济发展提供重要资源，相关研究主要针对边境生态旅游的市场和行业发展展开，多与旅游研究相关联（聂选华，2017；陈雪婷等，2012）；四是边境民族地区生态文明建设问题研究，针对部分边境地区丰富的自然资源未能得到有效开发，学者们重点关注利用边境地区丰富的资源开展生态文明建设，提出如产业结构转型升级、机理及路径分析等一系列生态文明建设路径（王莲琴、刘力，1999；普拉提等，2009；Hu et al.，2022）。尽管学术界从多个角度展开边境生态安全研究，但具体到研究对象、生态视角等仍然位于基础阶段，边境生态安全研究地区尚未完全覆盖，有关边境生态安全评价指标体系的研究尚不完善，边境地区生态安全治理与经济可持续发展等问题仍有待探究。

（2）边境旅游安全研究。

边境旅游安全的概念是在旅游安全概念体系基础上发展起来的。一般来讲，广义的旅游安全是指旅游现象中的一切安全现象的总称，而狭义的旅游安全是指旅游活动各相关主体的一切安全现象的总称（张红梅，2020）。边境地区具有丰富的自然环境资源和独特的人文社会文化，边境地区旅游逐渐成为热点话题，且边境地区旅游安全问题受到旅游业界和学术界的广泛关注。边境旅游安全的研究兴起于西方学术界，20世纪70年代至今，众多案例研究关注边境地区及其风险对当地旅游发展的影响（McPheter & Stronge，1974；Pizam & Fleischer，2002）。而后世界各国学者们以具体国家边境旅游数据对边境旅游的前置因素进行研究（Thapa，2003；Gelbman，2008；Botterill et al.，2014）。这些学者的研究极大丰富了边境旅游安全的内涵，为边境旅游行为、边境旅游地安全和谐发展提供了大量经验。我国学者对边境旅游安全的研究起步较晚，并且研究视角多为宏观视角。大部分学者探究边境旅游安全问题的界定与产生机理（杨芳、方旭红，2010；陈君武、王亚龙，2015）。也有部分学者研究了边境旅游安全治理与管理问题（李柏文，2007；吴臣辉、何光文，2008；王丹彤等，2012；叶力，2013）。这些研究基于不同视角深入探讨边境旅游安全的宏观管理问题，也在一定程度上针对边境安全治理提出了政策建议。边境旅游安全作为一种新型旅游安全问题，相关研究成果仍然较少，研究的重点是关注宏观视角下旅游安全治理。

（3）边境安全问题治理研究。

边境存在传统和非传统的安全问题，如何解决这些问题达到良好的治理效果成为学者们关注的方面。边境安全问题的概念内涵与研究维度均是西方学者率先提出并推进研究，边境安全治理也已在国外学者的研究中广泛出现。但在实践过程中，国外学者提出边境安全治理方式仍然存在一定的弊端，如边境安全过多被强调和发展之后带来的消极作用；边境问题被划分为有利和有弊两个简单维度；再边境化产生的困境等（刘一，2021）。边境安全被过度强调会给边境地区的安全治理带来威胁，边境安全治理并不能简单区分安全与威胁，这一点也被众多学者的研究证实（刘一，2019；Donnelly，2017）。边境地区在面对复杂多变的治理环境时，其治理手段被划分为有利和有弊两个维度，具体体现在军事化管理、边境管控等方面。再边境化是再国家化的必然趋势和具体表现形式，重新筑起边境防控成为诸多国家在面临复杂的全球化环境时普遍采取的应对措施。针对西方国家呈现出的边境安全治理问题，部分学者提出要对再边境化进行协调式治理，即为了应对发展迅速且多变的国际环境，国家与边境地区进行双边协同治理或管理

（Matthew Longo，2016；Beth，2021）。这一协调式的边境合作治理有可能成为解决上述边境安全治理问题的重要途径。

由于中国近几十年发展迅猛且自身位于新时代的大变局之下，加之中国边境地区及其周边邻国的地缘政治环境较复杂，西方某些国家频繁地在中国周边各国进行干扰和堵截，使得中国面临较为恶劣的地缘政治环境。盛举和张增勇（2021）认为中国边境安全面临着两类重大的风险挑战，即内生型边境安全风险和输入型边境安全风险。内生型边境安全风险是指由于国内法律政策的不完善和具体措施的执行缺失，导致边境地区出现潜在或显在安全问题的一切影响因素。根据边境安全治理客体的不同，影响因素可分两类：一类是来自边境地区自身的安全治理影响因素；另一类则是来自周边国家或地区自身的安全治理影响因素。输入型边境安全风险包括境外反华势力组织策划的渗透、破坏、颠覆、分裂等活动。为解决这类风险提升边境安全治理能力，学者们从不同研究视角提出解决路径。如白利友（2020）认为要从国家治理、责任能力、强边固防、组织建设、边民动员5个维度加强陆地边境安全治理；方盛举和张增勇（2021）提出要以总体国家安全观为指导，推进边境安全治理能力建设；姬广礼和戴永红（2022）基于中国和尼泊尔的边境安全威胁，指出要通过共同参与、多元协同治理的方式构建边境安全共同体。可见，边境安全问题的主体、议题和范围得到不断扩展，在西方已经形成较成熟的研究体系。而中国面临着特殊的背景与国情，不管是相关研究维度还是边境安全问题治理仍然需要学术界基于中国国情开展更为深入细致的研究。

（五）边境地区人口分布格局问题研究

人口分布格局是地域范围内在一定时间上人口的空间分布，是人类社会和自然环境的具体表现，是人口地理学关注的重要研究主题。人口作为社会物质财富的生产者和消费者，对地区经济发展和社会经济活动格局产生着深刻影响（蒋团标等，2020）。近年来，随着工业化、城镇化进程的不断加快，地区间经济差距不断扩大，进一步加速了劳动力流动，我国学者对人口分布格局演化及其影响因素的研究逐渐走向成熟。"十四五"时期，我国迈入高质量发展阶段，人口问题是区域经济社会发展的重要影响因素（张耀军、齐婧含，2022）。

地理学家胡焕庸在1935年发表的《中国人口之分布》一文中，首次揭示了中国人口分布规律，并明晰了中国人口空间分布格局的异质性特征。此后，学者们大多运用社会网络分析（盛亦男、杨旭宇，2021）、地理加权回归模型（袁锦标等，2020）、多元回归模型（刘夏、周超，2020）、探索性空间数据分析（谷国锋、吴英哲，2019）等研究方法，针对国家（李莎、刘卫东，2014；李佳洺等，2017）、省域（车冰清等，2017）、特定区域（高向东、王新贤，2018；童玉芬，2022）等不同区域，探讨人口分布格局的时空演变特征（马淇蔚、李咏华，2016；宫攀等，2022）、形成机制及影响因素（谷国锋、贾占华，2015；马志飞等，2019）、问题区域识别（王婧等，2017）、人口分布与经济空间耦合协调关系（官冬杰等，2017；夏四友等，2017；王雨枫，2022；吕东辉等，2022），以及人口空间分布调控（赵罗英，2022；王垚等，2022）等问题。

有关人口分布格局演化特征及其影响因素的研究成果旨在揭示区域人口流动规律，以此分析社会变迁与经济发展过程。人口及其影响因素在邻域间存在溢出效应，尤其在民族文化差异性较大的区域，空间溢出效应会更明显。学者们主要采用重心模型（闫东升、杨槿，2017；王智勇等，2022）、集中指数与不均衡指数（邓楚雄等，2017；蒋团标等，2020）、基尼系数（尹旭等，2022）、空间自相关（许庆红、王英琦，2022）等方法衡量区域人口分布指数，以考察不同区域的人口分布的空间关联和集聚特征。刘涛等（2022）学者基于全国第五、六、七次人口普查数据，分析了我国自2000～2020年人口分布的空间格局和集散态势。研究发现，我国的人口分布仍然持续东高西低的基本格局，沿海城市群具有强吸引力和高承载力的特点，成为沿海人口增长带。中部各省份之间人口竞争十分激烈，西北地区则面临人口收缩问题。在相对稳定的空间分布格局下，人口分布的空间集中化速度明显加快，这已经成为各地区的普遍趋势，以县城为中心的人口"就地"或者"就近"城镇化趋势也越加凸显。汤爽爽等（2022）以江苏省流动人口为例，探究了流动人口在城区、镇区和乡村分布的时空分异特征。研究结果表明，长距离人口迁移流动的规模和增速趋于缓慢，大城市周边、中小城市以及小城镇已经成为城乡融合发展的平台和承接流动人口的重要载体。

人口分布时空格局演变是多种因素在较长时间内综合作用的结果，地区人口分布格局的影响因素通常被认为包括自然地理因素、经济因素以及社会因素。其中，自然地理因素对人口分布格局的形成起到重要作用，经济因素和社会因素是塑造人口分布格局的关键动力。闫东升等（2020）在对长江三角洲驱动人口分布格局演变的研究中指出，空间相关性对于人口分布具有重要影响。其运用空间计量估计方法探究2000～2018年人口时空格局的演变驱动因素。结果显示，市场力量在人口集聚的过程中发挥着重要作用，区域一体化的推进也使得空间溢出效应不断增强。对于民族文化差异较大的区域而言，空间溢出效应尤为明显。许庆红和王英琦（2022）运用空间计量模型，分析了我国少数民族人口流动的成因，研究表明，经济因素是少数民族流动人口跨省流动的主要依据。少数民族流动人口一般优先选择距离其最近的经济发达的城市，以珠三角、长三角、京津冀等地区为主。人口分布影响因素的作用强度具有明显的空间溢出效应（刘涛等，2022）。李杰等（2022）在研究缅甸省域人口分布格局及其影响因素时发现，空间溢出效应对该地区人口流动的影响显著，且各省份之间存在较大的文化差异。

边境地区的人口问题在国家安全战略中具有重要地位（游珍等，2015）。我国边境地区长期与周边国家在经济、文化等方面进行交流与合作。鉴于少数民族聚居地及其特殊的地理位置，我国边境地区成为国家处理对外关系和民族关系的敏感区域（韩淞宇，2019）。自2010年以来，国家相关部门对边境地区的人口分布展开了动态监测工作，并逐步开展了边境地区的人口流动问题和影响边境地区人口流动的因素分析的探索研究。但是自2000年以来，由于人口不断外流，人口减少已经成为我国边境地区人口的主要特征（韩淞宇，2019；尤伟琼，2019）。对于边境地区而言，人口分布不均衡、集聚程度较低，将会面临劳动力不足、空心化（方天建，2018；杨明洪、王周博，2020）、边境国防安全等问题（游珍等，2015）。方天建（2018）以乡村振兴为研究视角，分析了桂滇边境地区的"空心化"问题。结果显示，中越边境桂滇交界地带已经出现了"空心化"，原因在于边境地区基础设施建设缺失，导致难以留住边民。段成荣等（2022）认为边境地区人口流动有助于促进该区域经济社会发展和生产要素的流动，进而有助于推动各国之间的文化交流。该研究在分析流动人口对边境人口安全的影响机制时发现，我国边境县域人口增速和增量出现持续下降趋势。其中，黑龙江、吉林、内蒙古以及广西部分边境地区进入人口负增长阶段；云南一半边境县域人口增速极低，甚至也出现负增长现象，人口净流出状况堪忧。

（六）沿边村寨建设与守土固边关系问题研究

1. 沿边村寨建设问题研究
（1）少数民族村寨问题研究。

早期针对中国村寨建设问题的研究成果主要以少数民族村寨为研究对象，涉及民族学、社会学、经济学、法学以及旅游学等多个领域，并形成了以下三个方面的研究成果：

第一，以民族文化资源为切入点，从少数民族村寨文化资源的开发利用、变迁演进及保护传承等方面展开研究。如张跃和舒丽丽（2009）以云南省楚雄彝族自治州大姚县昙华乡松子园村为个案，分析了该彝族村寨民族传统文化变迁的历程，并指出通过文化调适至适应状态的民族传统文化将实现"再生"。贺能坤（2010）的研究发现，民族村寨开发存在目标错位、开发主体越位、村民精神上的幸福感缺位等突出问题。认为民族村寨开发时应将民族传统特色保护置于首位，其次才是经济收益。吴忠军等（2017）基于空间生产理论，提出保护少数民族文化空间是保护少数民族文化的前提条件。文化空间的重构是文化再现的基础，有助于少数民族文化传承的完整性与原真性。郑文换（2016）探讨了西南地区某一民族村寨经济开发过程中，在政治、经济和文化等层面出现衰落的逻辑。并提出村民的自组织行动可能成为共同体的内生性力量。麻国庆（2017）认为生态博物馆建设中要重视对村寨物质与非物质文化遗产进行整体性活态保护。黄艳（2018）提出应从保障发展资金、巩固文化传承载体、更新观念等方面，着力解决生态博物馆理念嵌入民族村寨文化遗产保护中存在的困境。李军等（2019）的研究指出，民族村寨文化振兴要对传统文化进行选择性扬弃，强调本土文化与外来文化互动中的吸纳融合，以拓展和延伸传统文化功能。

第二，少数民族村寨建设中的社区参与及利益分配问题研究。罗永常（2003）认为民族村寨旅游开发必须确立参与式发展理念，让社区群众全面且有效地参与其中，提升社区的自我发展能力。同时要建立有效的利益分配机制，以此推进村寨可持续发展。保继刚和孙九霞（2003）以阳朔遇龙河风景旅游区为例，从为居民提供参与旅游规划和旅游发展决策机会、居民教育培训、信息交换平台建设，以及发挥村级组织和社团组织的管理作用和研究机构的咨询作用等方面，提出了旅游区居民参与旅游开发的策略。刘韫（2008）从理论研究、实践操作以及旅游发展等角度，分析了民族村寨旅游开发中社区参与不足问题的根源。建议要以市场为导向，突出社区参与的特色；以政府为主导，引导社区参与旅游利益分配和政策决策过程；以社区为核心，扩展社区参与的范围。此外，还应发挥非政府组织等外部力量对社区参与的推动作用。保继刚和陈求隆（2022）从资源依赖理论研究视角，以西双版纳勐景来景区为案例地，探讨了村寨型景区开发企业与社区关系动态演变的内在逻辑，研究得出，在政府干预和协调下，村寨型景区开发企业在与社区的利益冲突中会让步于社区。因此，需要构建合作互动与协调共建机制。

第三，少数民族村寨建设与生态环境问题研究。杨桂华（2003）以云南省迪庆藏族自治州香格里拉县霞给藏族家庭接待村为例，从旅游价值、经济价值、社会和生态价值三个方面验证了生态旅游接待村景观生态系统多维价值。肖琼（2009）认为旅游活动的外部不经济性、旅游环境的公共产品特性、忽视村民利益、旅游资源的过度开发与利用、利益相关者行为与目标的偏离等导致了民族村寨旅游环境问题。提出应加强政府的主导与规制作用，并建立村民自觉参与的激励机制、旅游利益相关者的协调监督机制。郑宇（2011）认为中国少数民族村寨是由生态环境、生计模式与社会文化制度共同构筑的经济社会共同体，其经济现代转型有赖于社会制度性约束的引导和制约。王超和王志章（2016）基于贵州案例研究构建了西部少数民族地区旅游包容性发展的动力模式。提出要合理构建旅游发展相关利益主体的"五化"关系，具体指政府服务化、旅游企业合作化、公民组织辅助化、村民参与化以及游客互动化。邢一新（2019）考察了黔东南苗族侗族自治州苗族村寨生态治理实践，认为生态治理亟须构建传统与现代规范、非正式与正式规范共存共治的格局。张娟等（2020）以红河哈尼梯田世界遗产区村寨为研究对象，定量评估了两个村寨生态系统服务价值及其变化。研究发现，增加旅游业态的多样性有助于提升村寨生态系统服务价值及人类福利。陈炜等（2022）基于广西程阳八寨传统体育的田野调查，提出文化生态与旅游的协同可持续发展可以通过文化基因库建设、文化生态修复、文化生态补偿、文化生态重构等路径实现。

自2009年国家民委启动少数民族特色村寨保护与发展试点工作以来，特色村寨建设的"固本扩边"理论的提出最具代表性（李忠斌等，2016）。学术界围绕少数民族特色村寨建设存在的问题、评价指标及运用、文化旅游与扶贫、保护与发展等问题进行了有益的探讨。相关研究结果表明，少数民族特色村寨建设中普遍存在保护和发展规划欠科学、民族文化异化、社区参与度低、利益分配不均、产业同质化、旅游产品平面化、生态退化等问题（段超，2011；李忠斌等，2015；文晓国等，2016；李杰等，2018；杨春娥、赵君，2020）。赵溢鑫等（2015）从经济发展、人居环境、生活质量、社会发展、民主管理、民族文化6个维度，构建了包含32项具体指标的综合评价指标体系，并应用于武落钟离山少数民族特色村寨建设水平评估。李忠斌等（2017）构建了少数民族特色村寨文化扶贫模式，并从民族文化传承与传播、民族文化知识价值的转化、民族文化产业化、民族文化事业发展、文化产业园建设等方面提出文化扶贫的具体路径。李忠斌和骆熙（2019）认为特色村寨文化产业高质量发展的内涵应包括6个方面，即产业定位精准、文化底蕴深厚、发展形态多元、竞争优势明显、村民广泛参与以及产业关联突出，该研究运用AHP层次分析法构建的综合评价指标体系由基础指标、文化指标、质量指标、创新指标、竞争指标以及效益指标6个准则层共29个具体指标构成。陈剑等（2020）分析了特色村寨文化产业业态创新与高质量发展的价值，提出应从提升民族文化旅游、建设民族文化产业品牌、促进文化生态产业发展等方面推动特色村寨高质量发展。赵玉奇和余压芳（2022）从文化空间的识别、解析与传承出发，构建西南民族村寨文化空间识别与应用技术体系，以此保护传承村寨文化遗产资源。

少数民族特色村寨的保护与发展应当遵循依法、政府主导、多方参与、积极、人本、完整、保护与发展、尊重习惯等基本原则（张显伟，2014）。部分学者以特色村寨与文化旅游发展为研究主线，对中国部分区域的特色村寨保护和发展问题展开案例研究。如姜爱（2012）总结了湖北少数民族特色村寨建设的主要做法和经验，认为突出特色和科学规划是前提，目标明确和抓住重点是基础，政府支持是保障，村民参与是关键，产业培育和市场运作是支撑，加强宣传和重点推介是条件。谭元敏（2016）通过对鄂西南地区石桥坪村的实地调研发现，政府对民族文化遗产保护重视不够、物质文化遗产保护责任不明、多数非物质文化遗产保护不到位。提出要加强文化遗产保护意识，做好村寨民族文化遗产的普查、记录和整理工作，加大专项资金投入，推进文化遗产保护专业队伍建设。盘小梅和汪鲸（2017）考察了广东连南南岗千年瑶寨的保护与发展现状，指出在遗产保护项目申报、文化传承与保护和旅游开发过程中，提升公共服务水平的"社区建设"与加强精神原生纽带的"家园遗产"保护二者缺一不可。张立辉和张友（2019）分析了贵州黔南州传统民族特色村寨保护与开发利用中存在的问题，提出应根据"创新、协调、绿色、开放、共享"的发展新理念，探索多规合一的体制机制，形成村寨文化资源保护利用长效机制。金红磊等（2020）以纳西族少数民族特色村寨玉湖村为研究对象，认为推进农村社会组织参与少数民族特色村寨，应根据责权划分清晰的组织边界，构建组织人才培养体制机制，建立民族村寨信息库，并完善组织评估机制。

（2）沿边村寨建设问题研究。

学术界有关中国沿边村寨建设问题的研究成果主要围绕村寨旅游扶贫研究、文化旅游业发展研究、"空心村"治理研究等展开。在村寨旅游扶贫研究方面，李燕琴和刘莉萍（2016）以内蒙古中俄边境村落室韦为例，探讨了民族村寨旅游扶贫的个体应对及冲突演进。研究指出，破解冲突亟须增强对社区生态的"非理性"认识，通过授权方式增强社区资本和综合能力，有效发挥村民主体能动性，并注重多元化发展与差异化管理。杨艳（2018）以滇西北独龙族为个案，分析了"一带一路"建设对于该地区旅游产业发展的影响。研究认为，应加快少数民族旅游产业集群化和民族旅游产品多样化发展，加强外部区域合作与部门联动。钟学进（2019）以西南边境桂西南地区11县（市、区）为研究样本，实证考察了该地区的旅游精准扶贫效率，其结果显示，由于旅游扶贫精准识别存在偏差，该地区旅游精准扶贫效率存在明显的区域差异，且旅游资源承载力有限，该研究指出，西南边境地区旅游精准扶贫工作提质增效，亟须加大旅游开发力度，提高旅游扶贫精准度，推进旅游产业供给侧改革和边境地区城镇化建设。穆学青等（2020）通过测度云南 25 个边境县（市）的旅游扶贫效率发现，该区域在地理空间上呈现出"离散—集聚"的变化历程，且整体表现为"东高西低，南北两翼低、中间高"的空间格局态势。该地区旅游扶贫效率的主要驱动因素包括：经济基础、产业结构高级化、交通通达性、市场规模以及政府干预。徐少癸等（2021）通过对广西边境民族地区的旅游扶贫效率的测算得出，广西边境民族地区旅游扶贫效率属于中等偏高水平，且存在较大的时空分布差异；整体旅游扶贫 Malmquist 指数呈现逐步衰退趋势，但空间集聚态势在增强；旅游扶贫效率类型涵盖了潜力型、发展型、成熟型和衰退型。

在文化旅游业发展研究方面，钱学礼（2017）基于"一带一路"背景，认为中越边境地区民族文化旅游合作具备内在基础和动力，该研究认为应从强化统筹发展意识、完善旅游交通系统、建设跨境民族旅游文化精品和品牌、健全跨境民族文化旅游合作机制等方面着手促进中越跨境民族文化旅游合作开发。焦世泰（2017）根据左右江红色旅游区旅游资源优势，提出将红色旅游与养生度假旅游、边境旅游、山水生态旅游以及民俗文化旅游有机融合助力红色旅游组团式开发。吕文利和张玲（2021）基于云南和广西边境的调研发现，当地文化传统、现代文化、戍边文化以及党建文化已经成为该区域文化建设的重要驱动力。

在"空心村"治理研究方面，胡美术（2016）的研究结果表明，中越边境地区广西东兴河洲村"空心村"通过互市贸易、产业发展、创业就业等多种形式开展治理取得了一定的实效，但边民互市贸易成效尚不明显，本地的产业化项目抗风险能力仍较弱，边民就业问题亟待解决，该研究建议将"空心村"治理纳入边境城镇带建设范畴，加强互市互助贸易建设，并建立健全风险管控和响应机制，以此提升中越边境"空心村"治理效果。冯雅婷（2018）的研究发现，西南边境地区"空心村"治理面临村民防范意识和能力较弱、流动人口引发治安问题、警力资源和设备不足、民族宗教因素影响较深等现实难题，该研究认为要注重发挥农村地区基层组织作用，加强边民安全教育，结合少数民族文化特点划片治理、灵活执法。崔哲浩等（2023）以吉林省延边朝鲜族自治州乡村为研究样本，将该地区乡村"空心化"概括为人口大量流失、人口老龄化问题严重、农村产业和社会保障空心化、民族文化传承受到威胁 4 种形式，该研究从边境安全角度，提出发展壮大农村龙头产业、优化边民财政补贴政策、加强边境地区社会管控、改善村民生产生活条件等解决措施。

整体来看，现有关于沿边村寨建设的研究区域集中在云南、广西、西藏等地区的沿边经济带和开放试验地。沿边经济带建设是促进云南沿边地区向中南亚辐射的重要内容，这是一个制度变迁的过程。但在整个沿边经济带建设过程中存在缺乏整体规范性、规则调整、民间法律制度监管、体系不完善等问题（许建伟，2020）。云南沿边地区应当加强运输基础设施建设、产业培育和生态保护等（杜琼，2017）。广西沿边地区与东盟国家贸易关系日益紧密，其经济带建设对我国对外贸易发展影响深远（杨磊，2015），亟须合理规划布局沿边经济格局，以点带面推动特色产业升级（杨磊，2016）。西藏沿边地区基础设施建设有一定进展，特色产业发展较快，外向经济有所提升，但整体水平不高（刘爱娇，2021）。西藏沿边地区建设对我国安全具有战略意义。推动西藏地区沿边地区建设要从国家顶层设计出发，加强沿边地区的特色文化、特色村寨建设，提升沿边居民维护国家安全意识（刘呈艳等，2018；黄德龙，2020）。

2. 边境安全与守土固边关系问题研究

边境安全问题具有多样性和复杂性的特征。面对着日益多元化的边境传统安全问题和非传统安全问题，学者们从众多视角探讨了边境安全治理的模式与路径。刘爱娇等（2020）以文献计量分析边疆建设与守土固边发现，边境地区、边境安全与守土固边是近年来比较热点的研究方向。传统的依靠边境的地方政府和驻军系统对边境地区进行治理已然收效降低。在边境安全治理的过程中，必须充分调动边境地区居民的力量。长期以来，边境地区居民在守土固边中发挥着重要作用。孙保全（2019）分析了边境地区居民意识的形成和传播机制，提出建构和升级守土固边的边民意识。在较为复杂的边境安全形势下，该研究将边境安全与守土固边联系起来，既是边境安全治理的一种治理模式，也是对守土固边研究的丰富。事实上，边境地区居民参与边境守边固边的现象和行为越来越受到人们的关注，中央和地方层面相继出台了专门的边民政策，大力支持边境扶贫工作，鼓励边民抵边居住、守土固边。孙保全和常玲（2021）提出家国共同体的概念，认为基于"家"和"国"关系而形成的家国共同体，是驱动边民参与守土固边的基础性因素。该研究进一步丰富了边民守土固边与边境安全研究内容。

3. 沿边村寨建设与守土固边关系问题研究

沿边村寨建设与守土固边作为边境治理相辅相成的两个方面，都需要以经济发展为支撑（刘爱娇、聂姣，2021）。随着中国经济发展进入新常态，中国边境地区整体状况位于历史最好时期，邻国与中国加强合作的意愿普遍上升。2013

年，"一带一路"倡议的提出，为加快中国沿边经济带建设提供了政策引领，为中西部地区、老少边穷地区经济增长提供了新动力，将推动构建更高质量、更有效率、更加公平、更可持续的区域高质量协调发展新格局（魏后凯等，2020）。"一带一路"建设与兴边富民政策的有机结合，对沿边地区基础设施建设、人口聚集、城乡协调发展、民族团结与边境安定、扩大对外开放具有积极的带动作用，有助于打造沿边地区新发展动力，增强沿边地区发展活力（周民良，2016；刘慧、程艺，2018）。依托口岸形成发展的口岸经济成为中国沿边地区经济发展的重要支撑和保障，"一带一路"倡议的提出将使沿边地区成为重要的国土开发新空间（涂裕春、刘彤，2016）。

村寨是联系过去和现代生活的纽带，也是世代生活在村寨里的村民历史文化沉淀的载体，因此文化建设是沿边村寨建设和守土固边的内在灵魂（李忠斌等，2016）。"一带一路"倡议的提出对于提高中国边疆的文化认同、民族认同和国家认同提供了一个极好的路径，能够推动广大沿边地区丰富的历史文化资源和独特的民族文化资源的认同上升至国家层面（傅才武、严星柔，2016）。国家给予"一带一路"沿线文化保护高度重视，对物质性历史文化遗产保护有一系列政策支持，国家非物质文化遗产保护已成为"一带一路"沿线区域民族文化保护的主体，在民族文化的保护与发展方面发挥着重要作用（吴秋林，2018）。崔海亮（2016）提出，要增进跨境民族境外部分与境内部分的文化交流与情感维系，增强对中国传统文化的认同，这对于沿边治理和"一带一路"倡议实施具有重要作用。丹珠昂奔（2017）认为民族文化"走出去"是对服务国家"一带一路"倡议的重要举措，而民族文化要"走出去"，就要切实增强文化认同和文化自信，这也是实现民族团结、加快沿边地区发展的迫切需要。

现有文献中仅有少数学者围绕沿边村寨建设与守土固边关系问题展开探讨。刘爱娇等（2020）采用文献计量研究法对有关滇藏沿边区域建设与守土固边关系的研究成果进行了可视化分析，结果表明，该领域的研究热点集中在边境地区经济建设与边防安全、沿边地区开放与跨境民族等方面，研究力量范围偏小，开放合作程度不高，同时提出"一带一路"背景下要加强对滇藏沿边地区等边疆问题的研究，为边疆安全、扩大沿边开放以及稳定周边外交关系提供参考。刘爱娇和聂姣（2021）分析了西藏察隅县沿边村寨建设与守土固边的发展历程及取得的成就。并指出沿边村寨建设与守土固边的根本是坚持经济建设，内在要求是坚持文化建设，关键要素是坚持社会秩序建设。何山河和李赵北（2023）从经济建设、政治建设、社会建设、文化建设和生态文明建设"五位一体"视角，归纳了云南怒江傈僳族自治州沿边村寨建设与守土固边的政策实施效果和存在的主要问题，该研究认为，"十四五"规划实施与"现代化边境小康村"建设背景下，云南沿边村寨只有加强社会治理体系与治理能力现代化，持续推进现代化边疆建设，不断铸牢各族边民中华民族共同体意识，才能切实提升边民守土固边意愿，确保边民安心居边发展和守土固边。

（七）文献述评

第一，关于乡村建设问题的现有研究中，通过对乡村建设相关文献进行梳理，可以发现学者对乡村建设背景与内涵的研究起步较早，研究结构相对完善。而数字乡村建设、美丽乡村建设、法治乡村建设、乡村文化建设四种不同形式的乡村建设仍存在一定的完善空间。例如，数字乡村建设的文献主要集中于对数字乡村主体和内涵的明晰、数字乡村建设现实意义叙述两方面；美丽乡村建设涵盖了先进技术赋能的美丽乡村建设、具体产业发展与美丽乡村建设、村落景观规划与美丽乡村、不同地区的美丽乡村建设对比四方面；法治乡村建设包括农村基层法治、"三治融合"两大主题；乡村文化建设部分则主要是包括乡村文化建设的方式、乡村文化建设的意义、促进乡村文化建设的路径等。现有的乡村建设研究多偏于旧理论和经验研究，实证研究成果较为匮乏。

第二，关于就地城镇化问题的现有研究中，学者们参考了城镇化和就地城镇化的相关文献，系统梳理了就地城镇化的内涵、动力机制、影响作用以及地方性实践等内容。可见，就地城镇化本质上是将所在地农村转化为城镇的过程。区别于传统的异地城镇化，就地城镇化考虑的是既定空间范围内人口要素的积聚而非向发达地区的迁移，其核心是当地原产业结构的优化，通过第二、三产业驱动产业结构调整实现农民非农化就业，进而推进生产生活方式和文化观念上的城市化。就业城镇化从一定程度上协调了城镇与乡村的关系，有利于城乡统筹发展，但是，现有就地城镇化模式问题仍需要进一步深入思考。首先，城镇化问题讨论是建立在普遍意义的基础上的，但现实中就地城镇化的具体实践是在一系列动力因素的推动之下才能够完成，对基础条件存在差异的区域的农村城镇化问题仍缺乏更为细致的研究。其次，现有研究样本的选取大多集中于东南沿海地区的典型案例，样布分布不均匀，关于中西部以及欠发达地区的讨论较少，尤其缺少对西南边境地区沿边村寨的城镇化研究。最后，关于人口城镇化的研究中，虽然强调了人口要素在城镇化过程的重要作用，但对住地村民异地和就地城镇化意愿情况的把控不足，需要匹配当地真实需求来进一步分析。已有研究往往只关注就地城镇化本身，尚缺少对多元城镇化模式综合发展的讨论。

第三，关于乡村振兴与城镇化的关系问题的现有研究中，国内外学者基于不同的研究背景、研究方法，出于不同的研究目的，对新型城镇化和乡村振兴的有关问题进行了分析与探讨。这为新型城镇化和乡村振兴相关问题的研究提供了大量的理论支撑和借鉴，拓展了相关学科的研究。但结合国外发展经验和中国实际国情来看，可能还存在以下不足：一是新型城镇化和乡村振兴的发展趋势是迈向城乡融合发展，且位于百年未有之大变局下的中国城乡融合发展具有深刻而现实的时代背景。当前的问题研究多局限于某一学科视角，缺乏学科之间的交叉融合。二是当前的研究并未明晰城市与乡村关系是一个动态变化的关系，多从静态的城乡流动的理论进行探索，因此缺乏从地方实际出发的新型城镇化与乡村振兴协同发展研究，且并未注意到对于不同尺度、不同区域的城乡关系分析是有所差异的。三是在生态文明建设与可持续发展导向下，对城乡平等基础上的要素流动、新型城乡关系变化缺乏更为深入系统的研究。因此未来的研究需要转变研究思路、方法，抓住新的研究重点，从理论与实践两方面对现今城乡关系的优化及未来新型城乡关系的构建展开探索。

第四，关于边境安全问题的现有研究中，国内外学者们已经意识到边境安全的复杂性是在边境走向开放后逐渐显现的，这种一致性使其在展开边境安全治理分析时都从边境安全的变化入手。学者们对边境安全的内涵、特征等展开阐述，研究大多聚焦于传统安全与非传统安全问题，重点关注了边境生态安全、边境食品安全、边境旅游安全以及边境安全治理等议题，在此基础上提出改进建议。但针对到每个具体的研究维度则仍有较多问题。具体而言，在边境生态安全方面，生态安全研究领域研究对象涉及陆疆的较少，生态安全评价理论框架和指标体系相对单一，生态视角的研究大多针对自然系统威胁因素或为生态文明建设理论探讨；在边境旅游安全方面，研究重点主要集中在旅游安全事故形态评述角度，而基于国际安全、国家内部安全和周边地区安全的宏观视角下研究比较匮乏；在边境安全治理方面，边境安全问题的主体、议题和范围随着时代发展已经有所扩展，并且在西方已经形成较成熟的研究体系，而基于中国特殊国情的研究仍需拓展。

第五，关于人口分布格局问题的现有研究中，学术界对地区发展的人口分布演化及其影响因素已经做出了探索性研究，对人口分布演化的研究具有现实意义。但学者们对我国人口分布演化的研究大多集中于主要城市群或者某一省份特定人口的流动，对边境地区人口分布格局演化的研究较少。人口分布格局的相关研究大多涉及全国或者省级尺度，以县级尺度展开的研究尚不多见。对人口分布的影响因素研究较多采用定性分析，部分定量分析侧重于整体空间变化规律，较少涉及区域内部局部空间自相关性。

第六，关于沿边村寨建设与守土固边的关系问题的现有研究中，大部分研究者将目光聚焦于西南边境地区，并围绕这些地区的经济建设、地区安全等主题从不同视角展开分析。在沿边村寨建设的研究中，学者们通过案例分析了沿边村寨经济建设过程中经济格局的变化。乡村振兴与"一带一路"背景下的沿边经济带建设依托就地城镇化模式，通过发展调整产业结构、地区协同发展等方式逐步进行村寨的经济文化建设。同时，针对多元化的安全问题，学者们关注了边境安全治理的模式和路径，对守土固边的现象中政策驱动、边民参与及意识进行简要分析，并进一步地总结出"家国共同体"等相关概念。沿边村寨建设和守土固边之间是一体两面、相辅相成的。尽管二者目标表现不同，但实现模式和路径是交互的，在人口结构、产业演变、生产生活模式等方面存在大量的共通之处。现有研究虽然展开了对人口、地理环境等影响因素的讨论，并认识到经济、文化、社会秩序建设对沿边村寨建设和守土固边的重要性，但缺乏对实践措施背后的环境、动力以及影响机制的深入思考。关于沿边村寨建设大多基于城镇化以及经济建设的研究脉络，大多研究没有深入挖掘沿边村寨建设中人口分布格局所发挥的作用。且对于边民抵边居住、守土固边的驱动机制以及影响效应的研究依旧不足，也缺少对边民就地城镇化意愿和守土固边意愿的实地考察，今后可以完善相关研究成果。

三、研究内容、研究方法及技术路线

（一）研究内容

第一章绪论。首先介绍本书的研究背景，其次分别对乡村建设、就地城镇化、乡村振兴与城镇化的关系、边境安全、边境地区人口分布格局、沿边村寨建设与守土固边的关系等问题进行文献回顾及述评，最后明确本书的研究内容及研究方法。

第二章桂滇边境地区沿边村寨建设对守土固边的影响机制与实施路径的理论框架。首先，通过界定桂滇边境地区沿边村寨建设的内涵与维度，分析桂滇边境地区沿边村寨建设的基本特征及其效应，总结桂滇边境地区沿边村寨建设的现实困境，其次，厘清桂滇边境地区沿边村寨建设促进守土固边的动力机制，探究桂滇边境地区沿边村寨建设对守土固边的影响机制的理论依据，最后建立桂滇边境地区沿边村寨建设对守土固边的影响机制的分析框架。

第三章桂滇边境地区人口分布格局演化及影响因素实证研究。首先，综合运用人口分布指数和空间自相关分析方法，实证检验桂滇边境地区人口分布格局演化特征。其次，基于 LM 和 LR 检验结果，运用空间杜宾模型分析桂滇边境地区人口分布格局的影响因素。

第四章桂滇边境地区沿边村寨空间格局重构实证研究。首先，通过构建城镇中心性评价指标体系，运用改进的熵值法和修正的城镇引力模型，对桂滇边境地区城镇经济联系强度的空间格局及其演化规律进行实证分析。其次，构建乡村空间发展水平综合评价指标体系，运用熵值法、分类量化评价指数、空间自相关等研究方法，实证考察桂滇边境地区县域乡村空间发展水平及其格局。

第五章桂滇边境地区沿边村寨边民就地城镇化意愿及影响因素实证研究。基于对桂滇边境地区 33 个县（市、区）沿边村寨边民就地城镇化意愿的调研数据，从生计风险感知与生计恢复力双重视角，运用二元 Logistic 模型分析方法，实证检验桂滇边境地区沿边村寨边民就地城镇化意愿及其主要影响因素。

第六章桂滇边境地区沿边村寨建设水平感知对边民参与守土固边意愿的影响实证研究。基于对桂滇边境地区 33 个县（市、区）沿边村寨边民参与守土固边意愿的调研数据，运用结构方程模型分析方法实证考察桂滇边境地区沿边村寨建设水平感知对边民参与守土固边意愿的影响效应及代际差异，得到桂滇边境地区沿边村寨边民参与守土固边意愿的关键影响因素，以此明确该区域沿边村寨建设的改进方向。

第七章桂滇边境地区沿边村寨建设促进守土固边的实施路径。根据前文的实证分析结果，从加快推进基础设施现代化、有序推进经济发展现代化、全力推动社会事业现代化、加大沿边开放力度、大力推进治理体系和治理能力现代化、深入实施边境防控现代化、稳步推进沿边村寨边民思想观念现代化七个方面，提出桂滇边境地区沿边村寨建设促进守土固边的实施路径。

第八章结论与展望。阐述本书的创新之处与主要结论，对未来研究方向进行展望。

（二）研究方法

1. 文献研究法

通过文献查阅、网络检索等方式归纳乡村建设、就地城镇化、乡村振兴与城镇化的关系、边境安全、边境地区人口分布格局、沿边村寨建设与守土固边的关系等问题的研究成果，并梳理桂滇边境地区人口政策与开发开放政策的历史沿革。

2. 调查研究法

通过对桂滇边境地区典型案例地区进行问卷调查，结合深度访谈法获得桂滇边境地区沿边村寨边民就地城镇化意愿及其影响因素、沿边村寨建设水平感知对边民守土固边意愿影响的微观数据。

3. 理论模型构建法

基于边境安全理论、乡村重构理论、"固本扩边"理论、推—拉理论、可持续生计理论等建立综合分析框架理论模型，探寻桂滇边境地区沿边村寨建设对守土固边的影响机制。

4. 实证模型构建法

综合运用空间自相关、修正的城镇引力模型、二元 Logistic 模型、结构方程模型等实证分析方法，验证桂滇边境地区人口分布格局演化及影响因素、城镇经济联系强度的空间格局及其演化规律、县域乡村空间发展水平及其格局、沿边村寨边民就地城镇化意愿及其影响因素，以及沿边村寨建设水平感知对边民参与守土固边意愿的影响及其关键影响因素。

5. 政策系统设计分析法

从加快推进基础设施现代化、有序推进经济发展现代化、全力推动社会事业现代化、加大沿边开放力度、大力推进治理体系和治理能力现代化、深入实施边境防控现代化、稳步推进沿边村寨边民思想观念现代化等方面，探讨桂滇边境地区沿边村寨建设促进守土固边的实施路径。

（三）技术路线

本书通过实地调研、统计分析、理论研究与实证研究相结合的方法，以桂滇边境地区沿边村寨建设对守土固边影响的现状剖析为切入点，建立桂滇边境地区沿边村寨建设对守土固边的影响机制与实施路径的理论框架，并基于桂滇边境地区沿边村寨建设对守土固边的影响机制的实证研究结果，提出桂滇边境地区沿边村寨建设促进守土固边的实施路径。桂滇边境地区沿边村寨建设对守土固边的影响机制与实施路径研究的技术路线如图 1-1 所示。

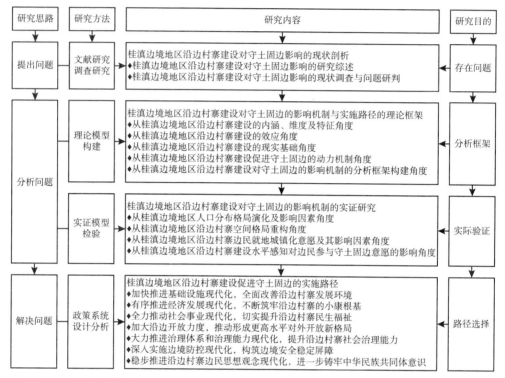

图 1-1 桂滇边境地区沿边村寨建设对守土固边的影响机制与实施路径研究的技术路线

桂滇边境地区沿边村寨建设对守土固边的影响机制与实施路径的理论框架

本章是关于桂滇边境地区沿边村寨建设对守土固边的影响机制与实施路径的理论框架构建。首先，界定桂滇边境地区沿边村寨建设的内涵与维度；其次，分析桂滇边境地区沿边村寨的基本特征；再次，厘清桂滇边境地区沿边村寨建设的产业融合效应、就地就业效应、生态环境效应、人居环境效应、社会文化效应及增收致富效应，阐释桂滇边境地区沿边村寨建设的现实困境，探究桂滇边境地区沿边村寨建设促进守土固边的动力机制；最后，分析桂滇边境地区沿边村寨建设对守土固边的影响机理的理论依据，从而构建桂滇边境地区沿边村寨建设对守土固边影响机理的分析框架。

一、桂滇边境地区沿边村寨建设的内涵与维度

（一）桂滇边境地区沿边村寨建设的内涵

桂滇边境地区包括广西8个边境县（市、区）和云南25个边境县（市）。其中，广西8个边境县（市、区）分布于3个市，具体是指百色市的那坡县、靖西市，崇左市龙州县、凭祥市、宁明县、大新县，防城港市的东兴市、防城区；云南25个边境县（市）分布于5个州和3个市，具体指文山州的马关县、富宁县、麻栗坡县，红河州的金平苗族瑶族傣族自治县、绿春县、河口瑶族自治县，德宏州的芒市、盈江县、陇川县、瑞丽市，怒江州的泸水市、福贡县、贡山独龙族怒族自治县，西双版纳州的景洪县、勐海县、勐腊县，普洱市的孟连傣族拉祜族佤族自治县、澜沧拉祜族自治县、西盟佤族自治县、江城哈尼族彝族自治县，临沧市的镇康县、耿马傣族佤族自治县、沧源佤族自治县，保山市的腾冲市、龙陵县。

基于前人的研究成果，本书将桂滇边境地区沿边村寨建设的内涵界定为以下内容：以铸牢边民中华民族共同体意识为主线，通过开展乡村基础设施建设、经济建设、社会保障建设、高水平对外开放、基层治理现代化建设、边境安全防控体系建设、边民思想观念现代化建设等一系列工作，推动桂滇边境地区沿边村寨实现基础设施现代化、经济发展现代化、社会事业现代化、基层治理体系和治理能力现代化、边境防控现代化、边民思想观念现代化，稳步推进人口就地城镇化，不断增强边民的获得感、幸福感和安全感，有效促进沿边村寨边民家庭可持续生计优化实现守土固边（胡恒钊，2019；夏文贵，2020）。

（二）桂滇边境地区沿边村寨建设的维度

随着经济的发展和人民生活水平的提高，人民日益增长的美好生活需要和不平衡不充分的发展之间的矛盾成为我国社会的主要矛盾。乡村建设的维度也由最初的居住场所、生产要素建设逐步扩大到基础设施建设、社会事业建设等多个方面。本书将桂滇边境地区沿边村寨建设划分为七个维度，即基础设施建设、经济建设、社会保障建设、高水平对外开放、基层治理现代化建设、边境安全防控体系建设、边民思想观念现代化建设。

1. 基础设施建设维度

基础设施建设是桂滇边境地区沿边村寨建设的关键一环，是提升村民生活质量和实现产业结构优化升级的重要保障。乡村基础设施与村民的生产生活息息相关，主要包括交通、农田水利等生产性和生活性设施。除了加强乡村道路建设外，解决村民的基本出行问题，水利、电力建设也是不可或缺的。从影响农业全要素生产率的角度分析，农村基础设施的完善有助于提高农业全要素生产率，进而促进经济增长（杨钧等，2019）。农村基础设施建设还能促进闲置土地的流转，提高农业生产效率。当能源基础设施、水利基础设施的投入越高，农村土地的经营回报率就越高，更能调动村民利用土地的积极性（王成利等，2022）。桂滇边境地区沿边村寨的建设不是一个单独个体的建设，而是村与村之间、城镇与乡村之间的共同发展，这种协调发展需要以农村基础设施建设作为桥梁。完善的基础设施能吸引企业投资，拉动村民消费增长。道路畅通、生产用水用电有保障才能消减企业生产发展的后顾之忧，外加政府投资优惠政策的吸引，才能吸引更多的企业进入投资建厂。此外，水电基础设施建设在提高农业生产效率的同时，也提高了村民的家庭收入水平。道路基础设施建设缩短了城乡距离，改善了村民消费环境，进而刺激农村消费需求（王向楠，2013）。

桂滇边境地区沿边村寨建设要在基础设施建设上持续发力，完善道路建设和公路养护，打通农村经济发展的经脉，使各村寨的特色农业、农产品加工业、旅游服务业更有活力。水是农业的命脉，也是村民健康生活的必需之物，要做好乡村供水保障工程，不仅要保护水源、稳定水供给，减轻旱涝等自然灾害对农业的冲击，还要保障水质，提高乡村自来水的普及率，使村民用得上水、用得好水。此外，还要在信息基础设施上下功夫，推进农村网络全覆盖，通过现代信息技术，促进乡村发展和产业融合。

2. 经济建设维度

经济建设是桂滇边境地区沿边村寨的根本性建设，经济发展水平的高低直接决定着其他六个维度的建设进程。党中央、国务院高度重视农村发展问题，自乡村振兴战略提出以来，农村经济得到了较快发展。一方面，随着农业生产水平稳步提高，水稻、玉米等主要粮食作物已基本实现自给自足，为边民的日常生活提供了基本保障；另一方面，村寨周边乡镇工业发展较快，满足了大批青壮年劳动力的就业需求，增加了村寨居民的可支配收入。要促进乡村经济快速发展，尚需解决如人口外流导致的农村空心化、生态环境治理与修复及农村产业结构不合理、技术水平及信息化水平低等问题（耿振善，2020）。因此，为了更好地促进桂滇边境地区沿边村寨建设，亟须探索出一条符合当地实际的特色发展道路，促使其由传统的经济体系向高质量、高效率、重视创新的现代化经济体系转变。

农业是经济发展的压舱石，农业经济的平稳增长对经济建设具有重要意义。虽然国家层面非常重视"三农"问题，并出台了一系列政策措施保障农业农村优先发展，但农业生产的规模化、技术化水平与现代农业的要求仍有较大差距（何忠盛，2022）。现代农业体系通过培育新型职业农民、以信息技术等智能化资本实现土地规模化经营，进而提高农业生产效率（王景利等，2021）。与美国、日本等农业高度现代化的国家不同，我国农业的生产方式主要以小农户的家庭生产经营为主，"人多地少"的现实特征需将农业生产与社会化服务相结合，将现代生产要素、高效的组织形式、企业家经验以服务托管等方式实现社会化分工，弥补小农户的资源局限（罗必良，2022）。农业生产社会化实现了农村土地经营规模化，这种现代化的生产方式刺激了农业产品的供给量并形成产业链不断发展壮大。在互联网信息化迅猛发展的背景下，要想延伸农业产业链，增加产品附加值，必须将互联网与农业生产紧密结合，利用互联网的资源与信息优势重构传统农业产业链，推动农业产业的现代化转型（牛亚丽，2021）。桂滇边境地区沿边村寨的农业生产经营是典型的小规模、分散化的经营方式，机械化水平低，生产效率提升缓慢。因此，突破传统的农业生产经营模式，需要加快推进农业与服务业融合发展，以服务业带动农业产业分工，促进农业专业化发展。同时充分利用当地特色资源优势，延伸产业链条，增加农业产品附加值，以特色农业提升产品竞争力。此外，还应学习和引入先进的管理经验和技术手段，充分发挥物联网、大数据的信息技术优势，强化现代农业技术的应用，提升农业发展质量，进而实现农业产业现代化转型。

在向农业现代化转型的过程中，乡镇企业应运而生。乡镇企业吸纳了大量的农村剩余劳动力，是农村工业化的重要载体。改革开放后，在国家的政策扶持下，乡镇企业得到了迅猛发展，产值年均增速居于高位，占据了农村经济的主体地位，并以自身发展支撑农业生产，增强农业发展后劲。在高速发展的同时，乡镇企业也面临着许多困难与阻碍。一是生产成本较高，经济效益不稳定。根据规模经济效应理论，企业在市场广阔、交通发达、基础设施完善的大城市集聚，其经营成本会比小城市低，故在偏远落后的农村地区，乡镇企业受外部环境影响大，经营效益不佳（郭熙保，2022）；二是产权模糊，结构布局不合理。目前许多乡镇企业产权制度不明确，出资人所有权与企业财产权混同。随着社会主义市场经济体制的发展与完善，这种政资合一的产权制度无法形成有效的激励机制，阻碍了其产业结构调整转型（许经勇，任柏强，2001）；三是环境污染等负外部效应加剧。随着乡镇企业产值大幅增加，企业污染物排放量的扩大也随之而来，某些地方政府为追求经济效益，对可能产生工业污染和生态破坏的乡镇企业监管尚不到位（周昭，刘湘勤，2008）。因此，乡镇企业的发展仍任重道远。桂滇边境地区沿边村寨的工业建设应结合乡镇企业发展的经验，与农业生产相互促进。通过大力发展农产品加工业，延长产业链，实现工农互补。在发展过程中要注重经济与社会环境的协调发展，根据当地资源环境状况制定可持续发展路线，严格限制高污染、高排放企业发展，既要实现金山银山，也要保护绿水青山。

伴随着产业结构的调整升级，服务业已成为经济建设的重要产业支撑，一二三产业融合发展是大势所趋。国家"十四五"规划将推动生产性服务业融合化发展作为重点。在新发展理念下，推动三大产业融合发展对促进区域经济增长、产业转型升级有重要意义（姜长云等，2022）。现代服务业与先进制造业的融合，不仅提升了制造业的产出绩效和技术创新力，而且催生出服务业的新发展模式，二者相互促进对地区经济发展产生正向影响（张明斗，代洋洋，2023）。现代服务业与现代农业的融合也能促进专业化分工，延伸农业生产价值链条的服务环节，创造出新产品、新工艺，有利于企业获取更大的收益（张义博，2022）。桂滇边境地区的经济建设要牢牢抓住产业融合的发展模式，才能创造出"1＋1＞2"的经济效应。桂滇边境地区旅游资源丰厚，自然风光和民俗文化是其他地区难以比拟的。因此，桂滇边境地区要充分利用自然资源和传统民俗，打造特色旅游产业。同时注重与先进制造业、现代农业融合，开发并推介极具当地民俗特色的手工艺品及茶叶、水果等农产品。

3. 社会保障建设维度

"两不愁、三保障"是农村贫困人口脱贫的基本要求和核心指标。我国虽于2021年取得脱贫攻坚战的胜利，解决了农村贫困人口的吃、穿问题，义务教育、基本医疗和住房安全也得到了基本保障。但脱贫摘帽不是终点，而是奋斗的起点。在推进乡村振兴的目标下，满足农民就业需求、促进教育均衡发展及改善医疗卫生条件等社会保障建设依然是建设重点，也是建设难题。现代化农业不仅提高了劳动生产效率，同时也解放了农民双手，带来大批剩余劳动力，且主要集中在青壮年人口。伴随着城镇化进程的推进，越来越多的农村青年涌入城镇，乡村出现产业空、青年空、住房空等"农村空心化"问题（何雪松、覃可可，2021）。青年人口持续外流，农村老年人的养老问题、留守儿童的教育问题在一定程度上影响了乡村的发展。受传统观念的影响，多数农村老年人不愿意到养老机构养老，其居家养老又面临着农村医疗条件相比城市较为落后、衣食住行等生活服务设施不完善等问题（高鸣，2022）。桂滇边境地区沿边村寨要想实现农村老年人"老有所养"的目标，解决农村青年人口就近就业问题、完善医疗卫生条件、提高沿边村寨公共卫生均等化服务水平均刻不容缓。

桂滇边境地区留守儿童的教育问题也较为突出。因经济条件等多种原因，一部分乡村孩童无法与其父母一同进城而滞留农村成为留守儿童。由于城乡教育资源存在差距、父母外出打工等原因，多数乡村留守儿童的行为规范和学业表现不尽如人意（赵玉菡等，2017）。留守儿童的成长缺乏父母的关爱，学习精力相对分散，父母进城务工对其子女的学习成绩很可能会产生消极影响（段颀等，2020）。桂滇边境地区沿边村寨要想实现留守儿童"学有所教"的目标，一方面，要拓宽边民就业渠道，鼓励边民就近就地创业；另一方面，要加大对教育领域的投入，提高沿边村寨教育资源服务均等化水平。

4. 高水平对外开放维度

桂、滇作为我国的边疆省区，地理位置优越，有先天的对外开放优势。然而，边境地区因其自身地理及经济等多种因素，在区域协调发展中面临着一些困难：一方面，因其人口密度和经济密度较低而无法发挥规模效应；另一方面，边境地区远离我国沿海发达城市且交通便利程度还不高，物流体系发展相对滞后造成区域间资源、商品、服务的流动成本增加。目前，党中央、国务院高度重视云南边境地区的对外开放建设，已在云南沿边8个州市建立了2个中国（云南）自由贸易试验区片区、6个边境经济合作区、19个陆路口岸，云南边境地区的地缘优势得以彰显。鉴于此，桂滇边境地区沿边村寨建设要转变发展方向，化劣势为优势，通过不断提高对外开放水平、发展外向型经济带动地方经济社会的可持续发展。如云南省普洱市是云南省唯一一个接壤缅甸、老挝、越南三国的地级市，其边境三县——孟连县、西盟县、澜沧县是云南省全方位开放战略的重要突破口，具有非常大的开放合作潜力。但无论是从经济发展水平来看，还是从对外贸易规模、外商直接投资金额方面看，普洱市的对外贸易并不活跃，其边境居民并未因边而富（唐聪聪、王宛，2021）。云南省临沧市位于中缅边境，有数十个乡镇与缅甸接壤，自古以来就是我国西南地区陆路通往印度洋的重要战略通道。中国—东盟自由贸易区、孟中印缅区域经济合作及孟中印缅经济走廊建设、大湄公河次区域合作、"黄金四角"经济合作、中南半岛合作区等次区域合作区建设都为临沧边境经济合作提供了良好的机遇。外加政府各项财税、投资金融政策的支持，使得临沧边境地区沿边开放开发速度不断加快。

边境地区沿边开发开放水平还受到多种因素制约，如对周边国家政府政策和合作意向的了解程度不深、开发口岸基础设施建设滞后、政府管理服务水平不高等问题，这给边境经济合作区建设带来了挑战（牛建宏，2016）。因此，桂滇边境地区沿边村寨建设要充分发挥自身地理位置的先天优势，充分利用国家层面给予的政策支持，逐项补齐沿边开发开放过程中的短板。同时，要加强对周边国家政策动向、政府意向的研究，加快完善边境经济合作区的基础设施建设，提高管理服务水平，全方位多层次地推进开放合作，以此促进边境贸易发展。

5. 基层治理现代化建设维度

基层治理是国家治理的基石。党的二十大报告明确提出要加强基层组织建设，完善基层直接民主制度体系和工作体系。学术界对基层治理现代化路向的理论已争论许久，从西方国家—社会关系理论的分析框架展开，包含了国家、社会"二元对立"的观点。前者强调以国家为主导。鉴于国家在政策制定和政治整合方面具有先天优势，可以通过鼓励引导、协调沟通等方式简政放权，给予基层更多的治理权限，切实发挥国家助推基层社会治理的能力；后者强调社会的自治力量。从古至今，从乡绅、宗族到地方性官员，他们作为统治阶级和百姓的中间层，以自治的形式维持着基层社会秩序，基层治理依赖的是社会自身的生产秩序（黄宗智，2019）。基于国情的特殊性，我国探索出一条"整合式共治模式"，即党组织统一领导、政府依法履责、各类组织积极协同、群众广泛参与的基层治理模式，这是基于中国情境和人民利益的中国路向，国家与社会、国家与人民"和合共生"（王湘军、康芳，2022）。

在乡村振兴战略背景下，党组织领导的村民自治是乡村治理体系的核心内容。中共中央办公厅、国务院办公厅印发的《关于加强和改进乡村治理的指导意见》指出，要加强党组织领导的农村基层组织建设，村民委员会要履行基层群众性自治组织功能。但因为有些地方村级组织权责规定不够统一、地方政府对村民自治组织的指导相对不足，村民自治法律体系有待进一步完善等，基层治理仍面临着一些问题（王海娟，2022）。桂滇边境地区沿边村寨要想推进基层治理现代化，必须重视对村民自治工作的指导，不断完善村民委员会自荐直选制度、村民议事制度及监督制度等村民自治规章制度，将"法治、德治、自治"相结合，构建科学的乡村治理体系，为边境居民守土固边提供制度保障。

6. 边境安全防控体系建设维度

桂滇地区地形复杂，地势起伏大，有雪域高原也有热带雨林，且少数民族大多沿边居住，边境治理难题较多、难度较大。此外，桂滇地区边境还面临着包括国际恐怖主义、跨国犯罪、疾病传播等因素在内的安全威胁，甚至对国家政治、经济、外交产生辐射效应，边境地区安全形势较为严峻，这些安全问题给当地社会稳定带来了困扰与威胁（朱雄关等，2022）。在经济全球化的浪潮之下，边境成为跨国贸易、商品流通的聚集地，边境的开放性、国际性和边境安全风险源的多样性共同造成了边境安全风险的流动性、跨境性和复杂性（李子元等，2019）。

治国必治边，边境安则国家安。要加强桂滇边境地区沿边村寨建设，必须做好边境防控工作，构筑边境安全稳定屏障。边境安全风险的复杂化需要构建一个现代化的边境安全防控体系，这是一项立体工程，涉及多地区、多部门共同协作。同时，立体化边境防控体系建设要充分利用大数据的技术优势，以加强边境管控智能化、数字化、信息化为主线，解决数据的海量采集与国家间数据壁垒的问题。此外，要建立健全边境管控的法治体系。法治手段是边境地区安全治理的根本手段，对边境突出违法犯罪活动进行严厉打击。立体化边境防控体系还可以利用中华民族共同体意识和民众的爱国情怀，充分发挥边民群防群治的作用，引导边民自觉履行守边固边的责任和义务。

7. 边民思想观念现代化建设维度

随着经济的快速发展，乡村现代化建设事业取得了重要进展。乡村的现代化不仅需要实现物质条件的现代化，更需要提高边民思想观念的现代化水平，使其树立正确的世界观、人生观、价值观，弘扬与时俱进、改革创新的时代精神，培育其主体意识、竞争意识、责任意识、法治意识、可持续发展意识等（刘宗永，2022）。思想是行动的先导，农民的思想观念现代化与农业现代化息息相关，桂滇边境地区沿边村寨建设要更重视边民思想意识的提高。要引导边民转变传统小农经济的思想观念，增强现代市场经济的竞争意识，树立科学观念、民主思想、权力监督意识、民主协商观念、法治精神等现代文明观念，教育引导边民成为爱农业、懂技术、善经营的新型职业农民，将先进的农业科学技术、农业设施以及现代化经营管理理念引入农业生产的各个领域，促进桂滇边境地区沿边村寨由传统农业向现代农业转变（倪叶颖，2021）。

二、桂滇边境地区沿边村寨建设的基本特征

（一）地缘政治环境的特殊性

桂滇边境地区接壤国家众多，具有极其重要的战略地位。广西壮族自治区边境8县与越南相接；云南省与缅甸、老挝、越南接壤，是全国边境线最长的省份之一，普洱市更有"一市连三国、一江通五邻"的区位优势。桂滇边境地区特殊的地缘政治环境，既为该区域沿边村寨建设带来了机遇，同时也带来了前所未有的挑战。作为国家实施对外开放战略的突破口，广西和云南建立了多个区域经济合作区，如中国—东盟自由贸易区、孟中印缅区域经济合作及孟中印缅经济走廊建设、大湄公河次区域合作、"黄金四角"经济合作、中南半岛合作区等，这些跨境经济合作区促进了双边人流、物流、资金流、技术流、信息流互联互通。国家沿边开发开放政策和"一带一路"倡议加快了两省（区）高水平对外开放的步伐，促进了桂滇边境地区沿边村寨经济发展。然而，当国与国之间的边境贸易越来越频繁，不稳定因素也随之滋生，如周边国家的政策导向、管控要求、西方势力的渗透和干预等安全问题都会制约桂滇边境地区沿边村寨城镇化建设（孙久文、崔雅琪，2022）。因此，桂滇边境地区沿边村寨建设要充分利用区位优势，推进区域贸易和投资便利化，增强边境贸易发展能力。同时要克服障碍，加强周边省市联动守土固边，构筑我国西南边境的安全屏障。

（二）民族文化背景的多元性

桂滇边境地区是我国少数民族聚居地，具有多元的民族文化。各民族的生活方式不同，风俗习惯也有较大差异，因而该区域在推进沿边村寨建设的过程中要充分考虑多元的民族文化。民族是由血缘、地域、共同心理素质结合而成的共同体，在迁移和流动的过程中，不同的民族相互合作开展贸易往来。每个民族不同的风俗习惯构成了民族文化多样性，西南地区民族特色文化的发展就是典型代表。该区域依托各民族的文化独特性推动了特色文化产业发展，并通过民族的迁移和流动实现了特色文化消费在空间上的差异化集聚，进而形成"西南民族特色

文化产业带"（胡洪斌、江宇，2022）。从地理角度分析，该区域经济具有天然的地域性和特殊性，将民族性特征的文化产业和地域性特征结合，与全国其他文化消费市场形成互补，必然推动区域经济发展，走出了一条新型城镇化之路（邢启顺，2016）。民族文化还能助推区域旅游产业发展。现代旅游形式已由纯自然景观转变为景观与文化旅游结合，偏重原生态文化旅游。对于多民族集聚的桂滇边境地区来说，独特的民族文化产业成为其新型城镇化建设的重要驱动力。应充分利用民族文化资源促进该区域经济发展、拓宽边民就业渠道，进一步提高边民可持续生计能力。要利用好广西、云南与周边国家地区的经济、人文、自然资源优势，加强区域间旅游合作，在互利互惠的基础上，将民族文化产业与旅游业有机结合，加快推动区域旅游经济发展。

（三）经济社会发展水平的非均衡性

虽然桂滇边境地区经济社会正位于高速发展的阶段，人均收入也不断增加，但该区域经济发展水平仍呈现明显的非均衡性，主要表现在两个方面：一是桂滇边境地区经济社会发展与其他中部、东部地区经济社会发展存在较大差距，与东部地区相比，桂滇边境地区位于我国西南部，无论是自然条件、资源禀赋、产业结构、市场化水平还是对外开发程度都位于劣势，生产总值、基础设施建设、教育医疗水平、城镇化率均远远落后于东部发达地区；二是桂滇边境地区县市与省内其他城市经济发展不均衡，桂滇边境地区县市是以传统农业为主，农业占比较高，第二、三产业发展滞后，产业结构不合理使其经济发展落后于省内其他城市。桂滇边境地区县市地理位置较偏远，公路、铁路等基础设施建设尚不健全，制约了城市间的交流与合作。人才、资金、技术都流向基础设施完善的大城市，导致该区域经济发展缺乏动力支撑（安平平、张择，2014）。如果该区域的经济社会发展水平不均衡问题长期存在，将会导致"发达地区更发达，落后地区更落后"的两极分化现象。人才外流、资源缺失不利于桂滇边境地区沿边村寨建设，进而将对边民守土固边产生不利影响。

（四）边民意识的建构性

边民意识是一种意识形态，它代表着边民对国家利益的认同，并自发地促进其将守边固边当作自身的责任。建构和强化边民意识是一个长期的过程，需要有家庭的传承、国门教育的培养、政府边民政策的实施等多种途径结合（孙保全，2019）。守土固边意识需要长时间才能形成。家庭作为基本的守边固边单元，只有家庭实现了可持续发展，才能为守土固边贡献力量。因此，促进边民家庭发展的政策需从长远角度出发，政策制定中以家庭可持续发展为目标，考虑环境变化的新要素，才能为边民家庭的可持续发展创造强有力的资源支撑（夏文贵，2020）。边境的稳固安定是边民家庭和谐与富裕的前提保障，边民家庭的发展又能反向促进其自觉守土固边。边民家庭发展政策首先要引导边民安心守边，在保障其基本生活后再为边民家庭提供新的资源支持，从而实现兴边富民。增强桂滇边境地区沿边村寨边民守土固边意识，需要推出可持续的边民家庭发展政策，提高其可持续生计能力，进而铸牢中华民族共同体意识，从而实现边民安心居边发展。

三、桂滇边境地区沿边村寨建设的效应

（一）产业融合效应

产业融合是指不同产业或同一产业不同行业相互渗透、相互交叉的动态发展过程，有助于促进传统产业创新，提升产业竞争力和生产效率。优化产业结构是桂滇边境地区沿边村寨经济建设的重要内容，乡村产业融合是促进乡村现代化建设和农民增收的关键。桂滇边境地区沿边村寨建设的产业融合效应主要体现为农业产业链的延伸，如农业与加工业、农业与旅游业的融合。桂滇边境位于热带、亚热带地区，地形以山地、高原为主，独特的地理环境使其拥有丰富的农林资源，可以利用资源优势着力发展茶叶、中药材、橡胶、咖啡等山地、高原特色产业，推动普洱茶、临沧滇红茶、文山三七、西双版纳橡胶、保山小粒咖啡等特色农业的产业化、规模化发展。除了促进现代特色农业规模化发展，桂滇边境地区沿边村寨还可以大力发展优势农产品加工业，如积极推进高原特色农产品精深加工及副产品的综合利用，重点提升茶叶、食用菌、咖啡等产品的加工技术和水平，延长产业链，增加优势农产品附加值。农业和加工业的融合给村民提供了创收路径，增加了农民收入。文旅融合发展也是民族地区经济发展的重要方向，民族村寨汇聚了村寨建筑、传统工艺产品、服饰、饮食等文化要素，吸引了众多旅游者到访。民族村寨建设与旅游产业交融互促，民族村寨作为地区旅游产业发展的空间依托和基础支撑，旅游产业又是民族村寨建设和村民增收的核心驱动力，二者良性互动、相互促进（徐苇苇、李忠斌，2021）。

（二）就地就业效应

在异地城镇化的进程中，大量乡村人口向城市迁移，导致村寨的"空心

化"。要解决这一难题，就需减少村寨劳动力外流，最重要的就是要创造更多的就业机会，实现乡村地区就地城镇化，让边民在家门口就业。就地城镇化有利于解决乡村传统文化流失、村寨空心化、留守儿童等社会问题，是我国新型城镇化发展的重要路径。桂滇边境地区沿边村寨建设一方面促进了农业现代化发展，推动了乡村的产业结构升级，为绝大多数边民家庭劳动力提供了就地就业的机会；另一方面，农业与加工业、旅游业等产业融合发展，拓宽了边民就业渠道，产业优势转化为当地边民的就业优势。同时，村寨建设完善了基础设施，提升了村寨医疗教育水平，边民的生活质量提升，边民就地城镇化的基础将进一步夯实。可见，桂滇边境地区在其沿边村寨全面发展的过程中将逐步实现边民就地城镇化。

（三）生态环境效应

中国式现代化是人与自然和谐共生的现代化，注重同步推进物质文明建设和生态文明建设。生态文明建设和经济发展是相辅相成、辩证统一的，经济发展依赖于当地的生态环境，良好的生态环境有助于推动乡村经济发展（叶莉等，2022）。桂滇边境地区沿边村寨建设为乡村生态环境建设提供有利的发展契机，村寨建设推进了生活垃圾、生活污水的治理，推动村容村貌整体提升。乡镇政府和村委会积极引导村民种植果树、茶树等，提升了整个村庄的绿化水平。村寨生态环境的改善还促进了旅游业的发展，风光绮丽的山林湖泊、宁静美丽的田园风景，吸引了众多的游客，清新质朴的乡村文化变成了高价值的旅游资源，旅游收入迅猛增长，既实现了经济发展，也保留了绿水青山。

（四）人居环境效应

乡村人居环境指的是乡村居民进行生产、生活、消费和交往等活动的场所，是村民生存以及发展的基础，也是村寨发展的前提。乡村人居环境的整治可以实现乡村宜居宜业，培养文明乡风，提升乡村治理水平。乡村人居环境建设是实施乡村振兴战略的重点内容之一，准确把握当前乡村生态人居环境建设的质量水平是优化乡村生态人居环境的关键。桂、滇两省区以山地高原为主，有些乡村房屋修建布局较为散乱，缺乏科学合理的布局规划。桂滇边境地区沿边村寨建设将通过改善村寨的基础设施条件，推进村寨公路、水利、电力、通信等基础设施和教育、养老、医疗、文化等公共服务场所的建设；以生活污水垃圾治理、村容村貌提升为重点，持续开展村寨清洁行动，有助于提升村寨绿化覆盖率，改善村寨的公共环境（张永江等，2022）。

（五）社会文化效应

乡村传统文化是村民情感、凝聚力的寄托，乡村建设要想增强村民守土固边意愿，须振兴优秀传统文化。当中华优秀传统文化得到传承和发扬，村民的凝聚力和乡村认同感将显著增强，乡村振兴就会获得持续的动力支持。桂滇边境地区沿边村寨建设先保障了边民的基本生存问题，政府再通过加大对社会公共事业的资金支持，完善公共文化服务平台，满足边民的社会公共服务需求，促进文化建设与村民精神需求的有效衔接。桂滇地区少数民族众多，村寨建设能充分利用少数民族民间文化资源，开发具有民族特色的民间工艺项目、民间艺术和民俗表演项目，提升村寨边民的文化自信，增强其对传统文化的认同感，丰富其精神文化生活。

（六）增收致富效应

提高沿边村寨边民的可支配收入，是乡村振兴战略的重要任务，也是扎实推动农民共同富裕的客观要求。首先，村民收入的增加，直接调动了他们参与村寨建设的积极性、主动性和创造性。乡村特色产业与村民增收致富息息相关，乡村特色产业越兴旺，村民务工的机会就越多，其工资性收入增加的机会也就越多。其次，特色产业带动了乡村农产品加工业、特色旅游业的发展，村民增加经营性收入的机会不断增多；同时，特色产业的发展还提升了乡村的资源价值，村民获得财产性收入的机会增加，乡村特色产业成为村民增收致富的有效载体（万俊毅，2022）。桂滇边境地区沿边村寨通过发展茶叶、热带水果等村寨特色产业，将现代农业与特色农业有机统一，利用丰富的林业资源，加快发展农林产品加工业，拓宽村寨边民增收致富的渠道。最后，通过物联网、云计算、大数据等信息技术的应用，加快电子商务进农村综合示范项目建设，探索乡村电商新模式和新业态，使乡村居民人均可支配收入成倍增加。

四、桂滇边境地区沿边村寨建设的现实困境

（一）基础设施有待完善

基础设施建设是推动产业发展和夯实经济基础的重要保障。桂滇边境地区沿边村寨建设离不开完善的基础设施。首先，公路可达性是我国扶贫开发工作的重点内容。因地理条件的限制，桂滇边境地区公路建设较落后。如滇西边境山区的

高速公路通车里程不足 1000 千米，干线公路网络化程度较低，部分行政村和自然村未通硬化路和公路（陆欢等，2019）。其次，电力是工业发展的关键因素，在桂滇边境地区沿边村寨建设的过程中发挥着举足轻重的作用。近年来，广西、云南边境县市全社会用电量不断攀升，电力缺口较大。根据《中国区域经济数据库》2011～2017 年的数据可知，广西 8 个边境县（市、区）全社会用电量由2011 年的 253327.49 万千瓦时上升至 2017 年的 785164.08 万千瓦时，增长率高达 210%。电力能源的供应保障是该区域沿边村寨经济发展的重要前提。要解决电力供需矛盾问题，除了保障电力能源供应外，还应充分利用桂滇边境地区的风电、光伏发电等绿色能源优势，加快能源产业结构优化升级。云南文山州、红河州等边境县市拥有丰富的太阳能、风能资源，且风电、光伏项目建设具有周期短的特点，是缓解用电需求迅速增长的有效措施。适度开发利用新能源，有助于进一步发展绿色能源产业，将该地区的能源优势转化为经济优势，培育新的增长点和动力源。

随着互联网、大数据的普及，数字信息技术的发展为实现乡村产业兴旺带来了新机遇。数字技术不仅能摆脱乡村资源匮乏等困境，解决农业发展过程中出现的生产效率低、交易成本高、产业链条短等现实问题，还具有产业融合的作用，有助于拓宽农业发展空间（李本庆等，2022）。与东部和中部乡村地区相比，桂滇边境地区沿边村寨的信息产业基础仍较薄弱，产业信息化程度不高，部分村落固定光纤宽带和 4G 移动通信网还未覆盖，成为数字经济发展的"沙漠地带"。因此，桂滇边境地区发展信息产业、建设数字乡村的任务仍较艰巨。

（二）经济基础有待夯实

产业兴旺是乡村振兴的动力，农业、工业和服务业三大产业的发展融合是乡村经济可持续发展的关键。近十年来，桂滇边境地区各县市的地区生产总值实现了成倍增长。根据《中国区域经济数据库》《中国统计年鉴》2012～2022 年的数据可知，广西 8 个边境县（市、区）、云南 25 个边境县（市）的 GDP 分别由2011 年的 475.69 亿元和 500.56 亿元，提高至 2021 年的 847.25 亿元和 2984.80亿元。尽管桂滇边境地区 GDP 总量不断增长，但各县区之间的发展呈现非均衡态势。2021 年，广西百色靖西市 GDP 为 158.96 亿元，而那坡县 GDP 仅为 47.35亿元；云南省西双版纳景洪市 GDP 为 350.50 亿元，而普洱市西盟佤族自治县GDP 仅为 30.27 亿元，地区间发展差距悬殊。可见，桂滇边境地区三大产业发展尚有优化和提升的空间。

第一，桂滇边境地区农业机械总动力不足，农业现代化水平不高。广西 8 个边境县（市、区）、云南25个边境县（市）2011年的粮食作物种植面积分别为159354公顷和809600公顷，2021年分别减少至150586公顷和728900公顷；2011年，粮食总产量分别为622734吨、2275223吨，2021年分别增加至626951吨和3128900吨，增长率分别为0.6%和37%。2011年，广西和云南的农业机械总动力分别为150万千瓦特、438万千瓦特，2017年提高至193万千瓦特、595万千瓦特，增长率分别为29%和36%。桂滇边境地区粮食总产量虽保持增长，但增长速度较慢，主要原因在于农业机械总动力不足，农业机械化程度不高。

第二，桂滇边境地区规模以上工业企业仍较少，工业效益不高，固定资产投资额有待提升。广西8个边境县（市、区）、云南25个边境县（市）2011年的规模以上工业企业分别为188个、333个，2021年增加至241个和572个；2011年，工业企业总产值分别为220.49亿元、296.54亿元，2021年增长至255.53亿元、886.00亿元。截至2021年，广西边境县（市、区）、云南边境县（市）全社会固定资产平均投资额仅分别为121.18亿元和115.64亿元。与本省区其他县市相比，桂滇边境地区各县市的规模以上工业企业数量、企业总产值及全社会固定资产投资额均仍有待提升。

第三，桂滇边境地区服务业发展较缓慢，服务业对经济总产值的贡献度不高。广西8个边境县（市、区）、云南25个边境县（市）2011年的第三产业产值分别为140.57亿元、313.83亿元，占当地生产总值的比重分别为29.55%、37.17%，2021年分别增加至392.77亿元、1409.65亿元，占当地生产总值的比重分别为46.36%、47.23%。从消费水平来看，2011年广西8个边境县（市、区）、云南25个边境县（市）平均社会消费品零售总额分别为12.24亿元、10.76亿元，2021年分别提高至28.89亿元、46.63亿元。整体而言，桂滇边境地区第三产业产值较低，居民社会消费水平不高，第三产业还有很大的发展空间，亟须优化产业结构。应充分利用当地丰富的自然资源和民族文化优势，促进该区域旅游业等第三产业发展。

（三）社会民生发展水平有待提升

民生是人民幸福之基、社会和谐之本。民生稳，人心就稳，社会就稳。加快推进桂滇边境地区沿边村寨建设，促进守土固边成效提升，应当在边民收入、就业创业、教育、医疗、养老等领域持续增进民生福祉，不断增强边民的获得感、幸福感、安全感。近年来，桂滇边境地区人均地区生产总值不断增加，但不同县区的人均地区生产总值、城镇与农村的人均可支配收入差距在拉大。根据《中国区域经济数据库》《中国统计年鉴》2012～2022年的数据可知，2011年广西8个边境县（市、区）、云南 25 个边境县（市）的人均地区生产总值分别为 23230元、12331 元，2021 年分别增加至 40082 元和 45722 元。分县区来看，不同县市区域发展差距较大。2021 年，广西凭祥市的人均地区生产总值为 65241 元，而那坡县的人均地区生产总值仅为 27612 元；云南德宏州瑞丽市的人均地区生产总值为 62757 元，而怒江州福贡县的人均地区生产总值仅为 23800 元。从城镇与农村的人均可支配收入来看，2021 年，广西 8 个边境县（市、区）的城镇居民人均可支配收入为 37196 元，农村居民人均可支配收入仅为 16140 元；云南 25 个边境县（市）的城镇居民人均可支配收入为 34153 元，农村居民人均可支配收入仅为 13227 元。城乡收入差距过大、农村居民人均可支配收入偏低，直接挫伤了边民生产劳动的积极性，不利于农业发展与社会和谐稳定。因此，桂滇边境地区沿边村寨建设还需持续提高边民人均收入，缩小城乡居民收入差距。

桂滇边境地区要实现守土固边，就要切实解决好边民就业问题。如果没有稳定的农业收入，年轻人进城打工的意愿将会日渐强烈，进而将加重沿边村寨"空心化"问题。根据《中国区域经济数据库》2013～2019 年的数据可知，2013 年广西 8 个边境县（市、区）、云南 25 个边境县（市）年末第二产业从业人员分别为 164741 人、220109 人，增加至 2019 年的 216355 人、295716 人；2013 年末第三产业从业人员分别为 175958 人、562360 人，增加至 2019 年的 247700 人、997748 人。从年末第二、三产业从业人员占比来看，截至 2019 年，广西 8 个边境县（市、区）、云南 25 个边境县（市）第二产业从业人员占比为 11.54%、4.20%，第三产业从业人员占比为 13.22%、14.16%。广西、云南边境县市居民仍以传统农业为主，从事第二、三产业的人数占比不高，桂滇边境地区沿边村寨建设需推动农业与加工、旅游等第二、三产业融合发展，拓宽了边民就业渠道，创造更多的就业机会，实现乡村地区就近就地城镇化。

要提升沿边村寨边民整体素质，教育的地位举足轻重。在乡村振兴战略提出后，沿边地区农村教育不断发展，教育政策逐步向农村地区倾斜。广西壮族自治区人民政府办公厅印发的《广西边境地区教育提升工程实施方案》中明确"给予户籍地在边境 0～3 千米范围内的大学新生每生 2000 元入学补助。对在边境 0～3 千米范围内学校（含幼儿园、教学点）就读的学生，其学前教育阶段保育教育费、普通高中教育阶段学费由财政予以全额补助"。政府不断加大对边境地区的教育经费投入和资源投入，改善边境地区义务教育中薄弱学校的基本办学条件，确保了学生"上得起学"。根据《中国区域经济数据库》《中国统计年鉴》2011～2021 年的数据可知，2011 年广西 8 个边境县（市、区）、云南 25 个边境县（市）普通小学在校生人数分别为 185112 人、586876 人，增加至 2021 年的

212581 人、615857 人；2011 年普通中学在校生人数分别为 94719 人、351197 人，增加至 2021 年的 138301 人、406510 人，接受义务教育的学生数不断增长。但从学校数量和乡村教师数量来看，普通中小学学校数、专任教师数还不足。2011 年，广西 8 个边境县（市、区）平均普通小学、普通中学学校数分别为 122 所、14 所，2019 年平均学校数下降至 66 所、11 所；普通小学、普通中学平均专任教师数从 2011 年的 1353 人、805 人，分别增加至 2021 年的 1599 人、1107 人。推进桂滇边境地区沿边村寨教育的长期发展，还需激励广大教师扎根乡村、长期从教，打造一支"留得住、教得好"的乡村教师队伍。

病有所医是社会民生的底线。根据《中国区域经济数据库》《中国统计年鉴》2011～2021 年的数据可知，桂滇边境地区沿边村寨边民的医疗卫生条件在不断完善。2011 年，广西 8 个边境县（市、区）、云南 25 个边境县（市）医院、卫生院的平均床位数为 624 床、833 床，2021 年分别增加至 1548 床、1729 床。广西 8 个边境县（市、区）医院卫生人员数、执业医师数也在不断增加，其中，医院卫生人员数由 2011 年的 6482 人增加至 2021 年的 12806 人，执业医师数由 2011 年的 1950 人增加至 2021 年的 4202 人。桂滇边境地区沿边村寨建设应着力解决边民看病难、看病贵问题，扩充医院床位数、增加医疗执业人员数等，不断优化医疗卫生资源配置。

老有所养也是民生保障的重点。相比于城市养老，农村养老基本保障制度相对滞后，保障标准偏低，绝大多数乡村家庭养老储备不足。特别是在城镇化进程加快、青年劳动力外流的趋势下，失能、空巢等留守老人的养老服务问题更为突出。《中国区域经济数据库》2011～2019 年的数据显示，2011 年云南 25 个边境县（市）平均社会福利院数为 3 家，2019 年增加至 5 家；社会福利院平均床位数由 2011 年的 245 床增加至 2019 年的 355 床。因此，桂滇边境地区沿边村寨建设需不断完善养老服务体系，增加病床、巡诊等老年健康服务资源供给，以满足老年人的健康需求。

（四）对外开放水平有待提高

对外开放是经济持续快速发展的重要动力，桂滇边境地区沿边村寨建设也需主动顺应经济全球化潮流，建设外向型经济。近年来，广西和云南两省（区）政府积极推进边境对外贸易创新发展，通过建设沿边重点开发开放试验区、自由贸易试验区、边（跨）境经济合作区、边民互市区等开放平台，不断优化营商环境，加快推进沿边开放现代化。

建设沿边重点开发开放试验区是党中央、国务院做出的重大决策部署，是加快沿边开发开放、共建"一带一路"的重要举措，也是构建以国内大循环为主体、国内国际双循环相互促进的新发展格局的重要一环。自 2012 年云南瑞丽国家重点开发开放试验区、2012 年广西东兴国家重点开发开放试验区、2015 年云南勐腊（磨憨）重点开发开放试验区、2016 年广西凭祥重点开发开放试验区、2020 年广西百色重点开发开放试验区先后获批以来，广西和云南的沿边地区实现了国家沿边重点开发开放试验区战略全覆盖，为加快开放发展奠定了坚实基础（朱华丽，2021）。广西壮族自治区政府印发的《促进中国（广西）自由贸易试验区高质量发展的支持政策》提出，加强广西自贸区南宁片区、钦州港片区、崇左片区区域联动。云南省人民政府印发的《"十四五"中国（云南）自由贸易试验区建设规划》提出，强化云南自贸区昆明片区、红河片区、德宏片区，实现更高质量发展。自由贸易试验区建设将进一步推进投资、贸易、跨境资金、运输往来、要素资源、人员进出等方面的自由便利，以及数据流动安全有序，建成高水平制度型开放先行区和试验田。

建设边境经济合作区、跨境经济合作区是党中央、国务院就沿边开放做出的重要决策。广西于 1992 年设立凭祥边境经济合作区和东兴边境经济合作区，2014 年设立百色（靖西）边境经济合作区。云南于 1992 年设立瑞丽、畹町、河口 3 个边境经济合作区，2012 年设立麻栗坡（天保）、耿马（孟定）、腾冲（猴桥）、孟连（勐阿）、泸水（片马）、勐腊（磨憨）6 个边境经济合作区。同时两省（区）分别发布《广西壮族自治区人民政府关于促进边境经济合作区高质量发展的若干意见》《云南省边境经济合作区管理办法》等文件，推动边（跨）合区提升发展水平，打造沿边地区对外开放的重要节点和平台。

广西边境线上分布着 26 个边民互市贸易点，云南有 19 个边民互市贸易点，这些贸易点为广西和云南的进出口贸易发展和边境地区经济社会发展发挥着重要作用。2018 年，广西边民互市贸易进出口 541.5 亿元，占全区外贸额比重 13.2%。[①] 2019 年，云南省互市贸易进出口总额 272 亿元，占全省外贸额比重 11.7%，同比增长 12.8%。[②] 边民互市贸易已经成为边境贸易的重要组成部分，是推动桂滇边境地区经济社会发展的重要力量和形成高水平对外开放格局、实现兴边富民的重要抓手。但边民互市贸易中也出现了区域不正当竞争、售卖假冒伪劣产品、违法走私等问题。因此，边民互市贸易还需加强监管，走规范化、法制

[①] 庞革平. 2018 年广西外贸进出口总值突破 4000 亿元 [EB/OL]. https：//www.sohu.com/a/291526098_114731，2019 - 01 - 26.

[②] 2019 年云南外贸额首次突破 2000 亿 [EB/OL]. http：//yn.chinadaily.com.cn/a/202001/17/WS5e21b3c8a3107bb6b579a9c9.html？from＝timeline，2020 - 01 - 17.

化道路，真正发挥边民互市贸易促进边疆繁荣稳定和改善边民生活的积极作用。

为建设沿边金融综合改革试验区，我国政府大力推进金融综合改革方案。2013 年，央行联合多部委印发《云南省广西壮族自治区建设沿边金融综合改革试验区总体方案》《云南省人民政府关于建设沿边金融改革综合试验区的实施意见》等文件。其中，"试验区总体方案"是中国继上海自由贸易试验区之后批复的第二个区域性综合改革试验区方案，也是中国共产党十八届三中全会之后第一个获得批准的专项金融综合改革方案，成为多元化现代金融体系建立的基础。

（五）国防基础有待加强

边境安全是保证国家安全的战略屏障，党中央、国务院历来高度重视国防建设和立体化防控体系建设。随着边境地区经济社会的快速发展，境外局势的动荡不安，影响边境安全不确定和不稳定的因素增多。如涉恐活动频繁出现，境外恐怖分子"回流"入境、缅北战事不断、缅籍边民涌入等，影响了我国边境稳定，给边民生命财产安全带来威胁。此外，边境走私、"三非"人员管理问题等对立体化边境防控体系建设带来了新压力和新挑战。

云南边境地区毗邻三国，但边境防控体系还不完善，物防、技防和人防力量不足。如德宏州，边境线长达 503.8 千米，共有 146 条便道、渡口，但仅有 41 条物理拦阻设施，占便道、渡口总数的 28.08%，仍有 105 条便道、渡口未实施有效封堵，并且不法分子破坏拦阻设施的现象反复发生，导致拦阻设施无法发挥有效的阻断隔离作用。边境地区的技防设施还是以视频监控为主，电子围栏、人像比对、红外报警等预警性技防设施覆盖率较低。按照云南省公安厅的辅警配备标准：城区所 1∶2、山区所 1∶1，支队共需配备 444 名辅警。目前辅警人数仅115 名，配备率为 25.9%。按照边境线的配备护边员标准，德宏边境需配备 1509 名护边员，目前仅有 730 名，配备率为 48.37%，[①] 辅警配备率、护边员配备率不足严重影响了边境地区防护工作有效开展。桂滇边境地区沿边村寨的防控需加强军警民联防联勤联动人防体系建设，引导教育边民积极参与守边护边工作，着力构建"村村是堡垒、户户是哨所、人人是哨兵"的全民边防格局。

经济高质量发展需要有稳定的社会环境作为支撑，建立现代化的社会治安防控体系才能满足民众的安全需求。因地缘政治环境复杂，与越南、缅甸等国交往日益频繁，跨境违法犯罪活动频繁发生，使得桂滇边境地区沿边村寨的社会治安

---

① 王亚雄. 以党的十九大精神为指引　大力推进新时代立体化边境防控体系建设［EB/OL］. https：//www.dhzf.gov.cn/lyyt/content－16－35102.html，2017－12－22.

面临着严峻考验。该区域因经济发展较为落后，防控物资及警力人员均不足，数字化、信息化技术缺乏，边境网格化管理不健全，使得当地乡村公安局、派出所难以实现精准打击违法犯罪行为。基层治理欠完善、边民安全防范意识不强也阻碍了当地社会治安防控体系建设。此外，桂滇边境地区沿边村寨仍以传统的种植业、养殖业为主，常年高温潮湿的环境、落后的动植物养殖方式容易引发动植物疫病等公共卫生安全问题。随着边境贸易和人员交流的增多，活畜禽跨区域、长距离流通频繁，境外动物疫病传入风险增大，建立健全公共卫生和动植物疫病防控体系显得尤为重要。现阶段桂滇边境地区沿边村寨传染病救治医院较少、病床及应急物资储备仍显不足，且缺乏专业的检疫人员及执业兽医资格技术人员，检疫工作经费支持不足，动植物防疫支持保障体系尚未完全建立。

（六）思想基础有待巩固

兴边富民的实现需要沿边地区各族群众共同团结奋斗，要不断增强广大边民对伟大祖国、中华民族、中华文化、中国共产党、中国特色社会主义的认同。桂滇边境地区沿边村寨建设应巩固广大边民的思想基础，通过各项民族团结进步的创建工作凝聚边民的团结奋斗意识，以乡村共同体的理念推进沿边村寨发展。社会主义核心价值观是当代中国精神的内核，凝结着全体人民的意志和价值追求。要完成桂滇边境地区沿边村寨建设，需当地边民众志成城，坚定一致，聚力推进，这就要求凝聚起边民团结奋进的精神力量，激发全体边民的信心和热情。桂滇边境地区沿边村寨建设要以"富强、民主、文明、和谐"作为建设目标，以"自由、平等、公正、法治"作为价值理念，以"爱国、敬业、诚信、友善"道德准则，大力推进经济建设和基础设施建设，实现村富民强。同时，要加强基层组织建设，完善村民自治机制，形成良好的社会风气。

桂滇边境地区少数民族众多，民族团结至关重要。开展民族团结进步创建工作，是深入推进民族团结进步事业，协调民族关系，加快推进村寨发展的重大举措。尽管桂滇边境地区沿边村寨民族团结进步创建活动已经逐步开展，但部分边民尚未意识到民族团结进步的重要性，参与民族团结进步创建工作的积极性不高。目前桂滇边境地区沿边村寨民族团结进步创建活动的形式仍比较单一，未针对不同的地区、不同的人群、不同的民族关系发展情况制订针对性的方案和采取多元化形式开展。民族团结进步创建是一项长期的、经常性的工作，在桂滇边境地区沿边村寨建设中需对民族团结进步事业常抓不懈。

优秀的传统文化是维系民族生存和发展的精神纽带，丢掉了民族文化就等同于割断了精神命脉。广西、云南均为少数民族聚集的省份，云南少数民族人口占总人口的比例接近 1/3，边境民族山歌、民居、饮食、民间传说、节庆、服饰、刺绣、壮药、古壮字等民族文化资源丰富多彩。桂滇边境地区沿边村寨建设要把边境民族文化作为发展重点，优先打造文旅融合项目，将传承弘扬优秀传统文化和发展现实文化有机统一紧密结合，在传承中发展，在发展中传承。乡村振兴需要充足的物质力量，同时也需要强大的精神力量。随着经济的发展，边民日子过好了，对精神文化生活的需求也日益增长，但城乡之间、区域之间的精神文化生活质量还存在一定差距。桂滇边境地区沿边村寨建设需要物质和文明两手抓，着力提升公共文化服务水平，推进文化下乡，广泛开展边民乐于参与、便于参与的文体活动，孕育乡村社会好风尚，让边民享有更加丰富、充实和更高质量的精神文化生活。

五、桂滇边境地区沿边村寨建设促进守土固边的动力机制

桂滇边境地区沿边村寨建设促进守土固边，关键取决于国家战略导向、制度与政策供给、赋能、高标准市场体系等的有效协同。我国为了振兴边境、富裕边民，制定和实施了重大发展战略促进边境地区经济发展。无论是 20 世纪末国家民委联合国家发展改革委、财政部等部门倡议发起的兴边富民行动，还是十九大党中央提出的乡村振兴战略，都对桂滇边境地区沿边村寨建设及守土固边产生了极大的驱动作用。一系列以农业农村为主体的制度创新和政策出台，城乡资源要素流动加快、产业结构实现优化升级，高标准规范化的市场体系得到完善，推动了城乡经济循环畅通发展（涂圣伟，2021）。扩大对外开放能促进地区生产要素在更广阔、更深层次的领域实现优化配置，发展外向型经济也成为西部地区实现新型城镇化的动力之一（杨佩卿，2019）。结合其他学者的研究成果，本书将桂滇边境地区沿边村寨建设促进守土固边的动力机制归纳为政策、产业升级、社会需求、外向经济、科技创新五大驱动力。

（一）政策驱动力

1999 年，国家加大对边境地区的投入和对广大边民的帮扶，组织兴边富民行动以振兴边境、富裕边民。兴边富民行动对于桂滇边境地区的基础设施建设、经济发展、生态环境改善等均具有重要作用。边境旅游和兴边富民是一个有机的耦合整体，边境旅游促进当地的经济发展、劳动就业和社会进步，进而促进了兴边富民政策的实现。兴边富民行动的开展也为边境特色旅游产业提供了政策保障（傅玉等，2022）。兴边富民行动促进了边境地区实物资本的积累，对边境地区短

期的"增长输血"效应非常明显，大力改善了边民的生产生活条件（梁双陆等，2021）。为解决"三农"问题，中共中央、国务院做出优先发展农业农村的总体部署，全面推进乡村振兴战略。乡村振兴战略的实施有效解决了农业农村农民的相关问题，通过生产性服务业重组中间生产环节，降低市场交易成本，提高全要素生产率，实现生态农业生态效益和经济效益双赢，促进乡村的可持续发展（向红玲等，2023）。兴边富民、稳边固边行动、乡村振兴战略以及跨境经贸商务区的建设共同推进了桂滇边境地区沿边村寨建设。

（二）产业升级驱动力

产业升级能优化产业结构、提高产品质量和生产效率。农业产业升级是乡村振兴、实现农业农村现代化的必然要求。产业升级直接表现为产品附加值的提高，如以特色农业带动农产品加工业发展，延长产品产业链。农旅融合有利于农村劳动力转移，从而促进农村劳动力等要素在农村各产业间的合理配置。可见，农旅融合发展对产业升级也有促进作用（钟漪萍等，2020）。数字普惠金融能够使金融服务以较低的成本覆盖更广大的农户，降低农户获得融资贷款的难度。西部地区省市可以借助数字普惠金融对农业产业升级的推动效应，实现农业产业升级（罗政骐、宋山梅，2022）。就业作为经济增长动力的来源之一，产业结构升级必然会带来就业结构的调整，"一带一路"倡议的实施给西南地区省份的产业结构和就业结构带来了巨大变化，三大产业结构不断优化，尤其是第三产业比重稳步上升，产值也逐年递增，产业结构和就业结构的协调性有所提高（熊斌、陈柯霖，2021）。桂滇边境地区沿边村寨建设可以通过发展现代特色农业、培育先进农产品加工业、发展特色旅游业实现三大产业结构的重组和优化。在促进产业融合的过程中，应利用信息化、数字化工具，开拓电商发展新模式，进一步促进产业现代化升级。

（三）社会需求驱动力

消费需求作为拉动经济的三驾马车之一，促进消费对经济发展有着基础性作用，既能释放内需潜力、推动发展模式转型升级，又能保障和改善民生。然而，大多数农民收入水平低，消费需求不足。因此，相比于城市，农村的消费需求增长空间更大，边际效用更高。在乡村振兴战略背景下，各地政府都加大了对农村的投资建设支出，促进了消费需求的长期增长，西部地区投资支出效应尤其显著。限制农民消费的另一个原因在于公共产品投资不足、交通等基础设施不健全，造成农民增收困难，消费水平下降。行路难、购物难又进一步阻碍了农村的消费和生产（李同彬，2010）。随着农村居民收入不断增加，农村消费水平得到了快速增长，消费结构也从食品、居住等基础性消费转向教育、医疗等文教娱乐类消费。农村消费需求对地区产业结构转型具有正向促进作用。农村消费升级能显著带动第二、三产业的产值上升，扩大农村消费市场为旅游业等服务行业提供了更大的发展空间（陈丽、黎鹏，2021）。加大桂滇边境地区沿边村寨建设力度，重点在于加大生产性公共产品投资，完善基础设施建设，进而释放边民的潜在消费需求。此外，针对农村市场流通渠道不足、销售市场狭小及管理混乱等问题，可以通过创新流通技术，如将互联网信息技术注入农村流通中，进而提高农村消费市场管理水平，提高农民消费规模（任舒，2019）。

（四）外向经济驱动力

根据新古典增长理论，对外开放是促进经济增长的正向因素。英国学者罗伯特逊（Robertson D. H.）形象地将对外贸易称为"经济增长的发动机"。外向型经济能够提高全要素生产率，进而产生规模经济效应促进经济增长（Lucas，1988）。但基于因子分析法赋值模型发现，云南省对外开放水平对经济发展的贡献度较低，这说明该省对外贸易对经济拉动作用不明显，且其对外开放对经济的拉动作用仍有较大提升空间（李子成、李新武，2011）。外向型经济能进一步释放桂滇边境地区的经济潜力，通过沿边重点开发开放试验区、"一带一路"和长江经济带建设，桂滇边境地区沿边村寨可以充分利用其区位优势，加强地区之间互联互通，实现商品、资金、人才等要素自由流动，进一步推动区域产业协同发展。桂滇边境地区沿边村寨还可以立足当地实际，承接国际和邻省地区产业转移，加强与邻边国家多方位的经济交往和合作，注重经验学习、技术引进、吸引外资，不断增强对外开放对经济增长的驱动力。

（五）科技创新驱动力

在经济转型时期，科技创新能转变经济发展方式，推动产业结构升级，实现经济高质量发展。加快农村科技创新是全面推进乡村振兴的动力手段，也是实现农业现代化建设的根本出路。农业现代化的特征是科技农业、高效农业，依靠科技创新是发展现代农业的关键切入点。农村科技创新包括技术手段的创新和人才创新两方面。首先，技术手段创新是外在动力，通过现代化农业科技的应用提高劳动生产率。其次，农村科技人员是技术创新的实现者，是农业经济创新发展的内在力量，因而要完善农村科技人员的创业创新机制，不断促进科技成果转化为现实生产力（王培玲，2017），农村科技创新可以利用科技手段引导农民开展新型农业，以新型农业技术与实践经验提高农业生产力，实现农业高质量发展（武婕，2023）。桂滇边境地区沿边村寨建设应以科技创新作为核心驱动力，强化现代农业科技成果推广应用，加大对乡村科技人员的投入及创新经费的比重，提升乡村科技人员的创新能力。同时将科研成果与乡村的生产实际相结合，加强与村民的联系，促进科研成果的转化，利用技术现代化加快推动产业现代化发展。

六、桂滇边境地区沿边村寨建设对守土固边的影响机制的分析框架

（一）桂滇边境地区沿边村寨建设对守土固边的影响机制的理论依据

1. 边境安全理论

边境安全理论是政治地理学家和各国政府在探讨解决实际边境安全问题时总结的规律和指导方针。从结构主义的视角来看，边境安全是一个不断建构的过程，边境安全内容的复杂性取决于边境区域活动的不同群体活动的频繁程度（Gregory et al.，2009）。当边境区域活动的不同群体能够凭借自身的文化、社会关系和能动性很好地融入边境地区时，边境安全同时也被这些群体在潜意识中构建（Latham，2010）。

"边境兴，则边疆兴；边民富，则边防固"，这充分体现了边境安全对于边疆巩固与边境发展的重要地位。广西和云南两省（区）作为我国西南边境门户，有33 个边境县与缅甸、老挝、越南接壤，保障边境地区社会安全是实现兴边富民的前提。云南边境社会安全风险在不同时期呈现出不同的特征：自 1949 年新中国成立至改革开放前期，云南边境安全的影响因素主要是本省的内源性问题，如族群矛盾、流行性传染病等；改革开放后，随着对外开放程度加深，内源性与外源性问题并存，如黄赌毒问题、电信诈骗问题、"三非"人员问题等，这些复杂的社会安全问题对边境地区发展造成巨大威胁，也侵扰着边民的正常生活，将边境安全提升到国家政治战略高度十分必要（李俊清、刘应美，2022）。广西边境地区也存在着大量越南边民非法入境通婚、非法入境务工等问题。"三非"人员的急剧增加，给我国边境的社会治安和卫生防疫乃至整个国家安全带来了极为严峻的考验。不同于城市和内地乡村的安全，边境安全具有其独特性。首先，边境安全影响范围广，除传统的经济发展、社会和谐、文化传承、生态保护外，还包括边界冲突、跨境犯罪等特殊内容；其次，内外冲突爆发的概率高，如缅北冲突一旦发生，不仅严重影响边境贸易，而且会导致边民流离失所，给政府带来安置难民的压力（田俊迁，2021）。因此，保护边境安全就是保卫整个国家的安全，

其作用不仅只是保护边境居民，还保卫着城市和乡村的所有居民。

边境安全如此重要，其治理却困难重重。如何在深入推进沿边开放中实现边境安全引发了学术界广泛的探讨。要在开放中实现安全，必须了解开放背景下边境安全问题的新特点。沿边开放进程刺激了国家、边境社会、企业、公民等各层次主体的跨境流动，这就需要将这些主体都纳入边境安全体系中。沿边开放既带来了国家、民族、宗教间的文化互动，也因差异性产生文化互斥。文化互动促进价值观的转变，传统的保障生存的边境安全理论逐渐向安全与发展相结合的新型安全观转变。安全、稳定与发展三者密切相关且相互制约，边境地区的开放不是盲目放开一切，而是要以开放促发展（刘雪莲、杨雪，2021）。

2. 乡村重构理论

乡村重构是指为适应乡村内外发展的变化，通过优化资源要素配置和有效管理现有资源，重构乡村产业结构和空间利用格局，从而实现乡村地域系统内部结构优化、功能提升以及城乡地域系统之间结构协调、功能互补的过程。早期西方发达国家普遍经历了乡村地区的社会结构、经济形态、生态环境等方面的变化和重构。英国学者伍德斯（Woods，2011）对欧洲和北美国家的乡村重构历程进行分析，其认为工业化、城镇化进程加快导致农业的经济地位下降，在产业结构调整、乡村服务业兴起以及乡村产业融合发展、乡村人口涌入城镇等不同因素的交互影响下，乡村地区的社会经济结构实现了变化。我国学者通过研究发现，乡村重构与乡村发展转型内涵存在共性也有所不同，乡村重构是乡村地域系统内外发展要素相互影响的综合作用，是实现乡村发展转型的组成部分，而乡村发展转型又是乡村重构的最终成果。因城镇化推进导致乡村内部要素流失问题，乡村的人口结构、土地利用模式、产业发展亟须重构，这也是乡村振兴的核心要义。随着城镇化进程的推进，乡村将在空间、经济和社会三方面产生重构。乡村空间布局具有地广人稀的特点，村落分散、土地资源空置限制了生产要素的配置和地区经济发展。通过乡村空间重构，进一步优化乡村生产、生活、环境的空间格局，能够助推实现乡村地域空间的优化调整。乡村经济重构还能够为乡村经济发展增添新的活力。通过农业现代化产业体系建设，优化产业结构，培育特色产业，延长产业链，强化农产品品牌效应，积极探索农业与互联网产业、旅游业、教育文化、健康养生等新业态，实现文旅融合发展。基层公共服务性组织、村委会组织的建立，有助于提高村民对公共事务的积极性和参与度，提升乡村自治组织治理能力和治理水平。乡村空间、经济和社会的重构，共同推动乡村发展及城镇化进程（龙花楼、屠爽爽，2017）。

3. 固本扩边理论

固本扩边理论的核心是以民族文化为出发点，通过文化内部机制的建立和营造良好的文化外部环境实现民族文化的保护与传承。"本"是指少数民族地区的传统文化。村寨建设要以民族传统文化为出发点，建立健全民族文化产权配置机制，充分利用民族特色的文化资源，推动民族文化产业发展，实现民族文化的传承与发展。"边"是指促进民族传统文化保护与传承的外部运行环境建设。内外结合，"本""边"相连，才能共同推动特色村寨可持续发展，形成以村寨为中心的边界扩展圈形增长（李忠斌等，2016）。传统的固本扩边理论局限于研究某个特色村寨的发展路径，然而要实现长远的可持续发展，还需考虑相邻周边村寨的发展，实现整体的平衡。若没有邻近村寨的支持，特色村寨的发展也只是昙花一现。要打破特色村寨空间布局的孤立性，应以特色村寨建设为"本"，邻边村寨发展为"边"，"本""边"结合，形成民族特色小镇，实现从"点"到"面"的转换（李军等，2017）。桂滇边境地区是多民族聚居地区，各民族在长期生产生活实践中形成了丰富多彩的民族文化。加强对民族传统特色文化的保护与利用、传承与创新，是实现各民族文化持续繁荣的根本保障。桂滇边境地区沿边村寨可以将当地特色的生活习俗、民族艺术、自然风光作为乡村独特旅游资源，形成吃、穿、住、用、行等完整的旅游产业链条，实现文旅融合。在推动民族特色村寨建设的过程中，要考虑文化的整体性与系统性，有意识地整合周边村寨的民族文化，固本扩边，以特色村寨建设推动邻近村寨的发展。同时，通过保护邻近村寨的文化，逐步消除特色村寨建设过程中遇到的阻碍，实现各村寨发展的互补与共生，最终建成全域旅游发展模式。

4. 推—拉理论

英国社会学家拉文斯坦（Ravenstein）早在1885年就提出"人口迁移的七大规律"。其将人口迁移规律理论划分为：有关迁移数量的假设、迁入流和逆迁移流以及迁移具有较强的选择性三个部分，并指出人口迁移是迁入地因素、迁出地因素、中间障碍以及迁移者个人因素四种力量共同作用的结果。此外，他还提出了关于人口迁移数量的六点理论以及迁入流和逆迁移流的六条规律（郭贯成、韩冰，2018）。20世纪50年代末，博格（Bogue）基于运动学视角首次提出了系统的劳动力转移"推—拉"理论，其认为，人口迁移决策取决于迁出地的"推力"和迁入地的"拉力"两种力量相互作用的结果，在人口迁出地的推力因素主要包括：收入水平较低、农业生产成本增加、农村劳动力过剩导致的失业或就业不足、自然资源枯竭等；在人口迁入地的拉力因素来自较高的工资收入、更好的受教育机会和就业条件、完善的基础设施和生活环境等（许恒周等，2013）。迁移者往往是在充分考虑迁出地和迁入地的各类因素并对利害关系进行综合分析比较之后才做出最终的迁移决策。推—拉理论实际上包含了两大基本假设条件：一是假定迁移者做出的迁移决策是理性选择的行为；二是假定迁移者对迁出地和迁入地的各项信息都已经充分了解。迁移者从增加自身工资收入、获取更好的职业发展机会或是提升生活品质等方面出发，全面地比较迁出地和迁入地的实际情况，并由此做出最有利于保障自身利益的理性决策。

5. 可持续生计理论

作为可持续发展研究的重要主题，可持续生计问题逐渐成为解决人类发展中存在的代内与代际不公平问题的重要研究领域（张宸嘉等，2018）。可持续生计方法源于乡村发展语境，被广泛应用在扶贫、乡村发展、自然资源、环境管理等领域（Wu & Pearce，2014）。可持续生计是一种国际发展思想的范式转变，通过将"资产—可得性—活动"作为研究主线，以农村的穷人为发展中心，采用参与式和自下而上的研究方法对宏观管理、政策和制度的影响进行识别，旨在寻找农户生计脆弱的原因，并提供多种解决方案（Solesbury，2003）。世界环境与发展委员会（WCED）顾问小组于1987年最早提出可持续生计的概念，体现了生计多部门特征与多样化方式，更好地反映了贫困动态及复杂性，进而有助于讨论、观察、描述乃至量化（Conroy & Litvinoff，1988）。钱伯斯和康威（Chambers & Conway，1992）的研究明确了可持续生计的概念，认为可持续生计是一种基于能力、资产及活动的谋生方式，既能够应对压力和打击并得到恢复，其能力和资产又能在当前及未来得到保持甚至加强，并且不会对自然资源基础造成损坏。

可持续生计方法是一种集成分析框架和建设性工具，成为后续研究者理解与解决复杂的农村发展问题的重要工具。牛津饥荒救济委员会（Oxfam）、联合国开发计划署（UNDP）、美国援外合作署（CARE）、英国国际发展署（DFID）与联合国粮农组织（FAO）等国际机构认为，可持续生计方法有助于更好地掌握生计复杂性和理解生计策略对贫困的影响，进而对干预措施进行识别，该方法被应用于南美洲、非洲、中东欧和亚洲等地的扶贫开发及生计建设项目实践中，并成为主流的国际发展方法（Morse et al.，2009）。国外学者运用可持续生计方法围绕贫困、脆弱性、土地利用/覆被变化、气候变化适应，以及对快速城市化、复杂的突发事件（冲突、灾难）的响应等问题展开了较为深入的实证研究（Edward，2014）。生计资产、生计脆弱性背景、制度过程以及组织结构、生计策略、生计结果等要素及各要素之间的相互作用问题也得到了学者们的关注（Speranza et al.，2014）。作为人们构建生计的资源，生计资产是控制、利用和转变资源规则的权利基础。脆弱性背景是指人们生活的特定的条件、趋势、冲击以及季节性等外部环境，对生计资产的可得性和可控性均具有重要影响（Glavovic & Boonzaier，2008）。生计策略反映了人们实现生计目标的活动及其选择。生计结果是指既定环境下生计资产与生计策略相结合而产生期望的生计结果，如收入增加、福利改善、脆弱性减轻、食物安全改善等（Babulo et al.，2008）。制度过程和组织结构是可持续生计的关键影响因素，决定了资源的可得性，并作用于不同类型资本之间的交换条件和生计策略选择。一些国际机构和组织以及部分学者相继开发了侧重点不尽相同的可持续生计分析框架。其中，以英国国际发展部（DFID）提出的可持续生计分析框架最具代表性，涵盖了生计资本、生计策略和生计结果等内容（Garney，2003）。

尽管学术界对农民可持续生计内涵的理解存在差异，但学者们普遍认为农民可持续生计的改善是通过有效就业来提升该群体的谋生与发展能力，注重生计的持续性和长久性，以防陷入贫困或者返贫。在努力实现全面建成小康社会的目标下，基层工作的重心由乡村"脱贫摘帽"向乡村振兴过渡。如何推动乡村振兴、实现村民可持续生计，是实现农民共同富裕所面临的重要问题。张庆红等（2022）研究显示，受村民生计资本存量短缺、生计方式效益低下、生计环境质量较差等因素影响，我国脱贫户的生计可持续性较差。我国虽已完成脱贫攻坚的目标，实现了农村人口全面脱贫，但部分脱贫户生计资本不足、自我发展能力欠缺，返贫风险较高（何植民、蓝玉娇，2022）。边境地区的脱贫户大多位于维持基本生计的级别，距离达到可持续生计的目标仍有较大差距。因此可借助自然生态和社会人文环境的特殊优势，以"脱贫户为主导，政府配合，企业支持"的多方合作方式，选择开发特色旅游路径来实现边民增收致富（方式巧等，2022）。

（二）桂滇边境地区沿边村寨建设对守土固边的影响机制的分析框架构建

本书通过分析桂滇边境地区沿边村寨建设对守土固边的主要影响因素及传导路径，进一步得出桂滇边境地区沿边村寨建设对守土固边的影响机制。在兴边富民行动的带动作用下，桂滇边境地区沿边村寨的基础设施建设、经济建设、社会保障建设、高水平对外开放、基层治理现代化建设、边境安全防控体系建设、边民思想观念现代化建设等一系列工作不断推进，沿边村寨建设的产业融合效应、就地就业效应、生态环境效应、人居环境效应、社会文化效应以及增收致富效应逐渐发挥作用，沿边村寨的基础设施建设水平、经济发展水平、社会保障事业发展水平、对外开放层次和水平、基层治理体系和治理能力现代化水平、边境安全防控水平、边民思想观念现代化水平将会发生明显变化，进而不断增强沿边村寨居民的守土固边意愿。

基于边境安全理论、乡村重构理论、"固本扩边"理论、推—拉理论以及可持续生计理论，提出桂滇边境地区沿边村寨建设对守土固边的影响过程：桂滇边境地区沿边村寨建设效应有效发挥→沿边村寨的基础设施建设水平、经济发展水平、社会保障水平、对外开放层次和水平、基层治理体系和治理能力现代化水平、边境安全防控水平均逐步提升，且边民中华民族共同体意识不断铸牢→沿边村寨边民家庭可持续生计优化实现守土固边。在不同时期，桂滇边境地区沿边村寨建设效应对边民守土固边的影响程度存在明显的差异。因此，本书尝试构建桂滇边境地区沿边村寨建设对守土固边影响机制的分析框架（见图2－1）。

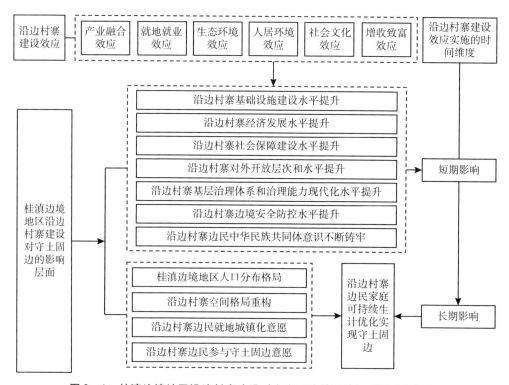

图2－1　桂滇边境地区沿边村寨建设对守土固边的影响机制的分析框架

　　对桂滇边境地区沿边村寨建设与守土固边的关系进行了探讨，进一步分析了桂滇边境地区沿边村寨建设对于基础设施建设、经济建设、社会保障建设、高水平对外开放、基层治理现代化建设、边境安全防控体系建设、边民思想观念现代化建设7个层面的影响路径。本书认为，随着沿边村寨建设的产业融合效应、就地就业效应、生态环境效应、人居环境效应、社会文化效应以及增收致富效应的不断凸显，沿边村寨建设将从短期和长期的时间维度对桂滇边境地区边民守土固边意愿产生明显影响。其中，短期影响表现为沿边村寨基础设施建设水平、经济发展水平、社会保障建设水平、对外开放层次和水平、基层治理体系和治理能力现代化水平、边境安全防控水平均得到提升，且边民中华民族共同体意识不断铸牢；长期影响表现为沿边村寨边民家庭可持续生计优化实现守土固边。此外，桂滇边境地区人口分布格局、沿边村寨空间格局重构、边民就地城镇化意愿及其守土固边意愿也将对边民家庭可持续生计优化实现守土固边产生重要影响。

可持续生计是个人或家庭为了改善长远的生活状况所拥有和获得的谋生的能力、资产和有收入的活动。即在面对突发性的冲击或自然灾害时，能够不损害现有资源，维持正常生活并实现恢复发展。边民可持续生计的核心在于持续改善与维持其生计状况。假如边民能够应对各种生存压力，在遭遇压力与打击下也能恢复其生计，并且在维持和改善其能力及资产时又不会对自然资源基础造成损坏，那么其就实现了生计的可持续（王翠翠等，2022）。本书认为沿边村寨边民家庭可持续生计优化是指边民家庭所拥有和获得的生计资本与能力及其进行的获得收入的活动，能够抵御外界各类风险和压力，进而持续改善与维持其现有及未来长期生计状况，其生计才具有可持续性。其内涵应包含五个方面：经济的可持续性、制度的可持续性、社会的可持续性、环境的可持续性以及边民内生发展能力的可持续性（Mahdi & Shivakoti，2019；胡江霞、于永娟，2021）。

一是经济的可持续性。它是指边民家庭需要以稳定的经济来源作为其生活保障。边民收入的构成包括 4 种类型，即：工资性收入、经营净收入、转移净收入和财产净收入。其中，务工就业获得的工资性收入是最主要的收入来源，其次是从事农业经营获得的经营性收入。一般认为边民增收主要靠边民务工就业获得的工资性收入和政府转移性收入。

二是制度的可持续性。它是指政府应为边民家庭持续提供社会保障等政策支持。社会保障制度旨在保障基本民生、消除贫困以及减少贫富差距。农村社会保障包含基本保障、风险保障、福利保障、补充保障 4 个层次。其中，基本保障是指对农民的生存保障，包括最低生活保障和医疗救助；风险保障是指对农民的各种风险的补偿保障，涵盖养老保险、医疗保险、农民工的工伤保险和失业保险、农村自然灾害生活保障等；福利保障是对农民的公益性保障，即"五保"供养、老年人和残疾人集体供养、高龄老人补贴、军烈属优抚、妇幼保健与疾病预防等；补充保障是对农业生产和农民生活的商业性保障，即商业性的农业保险、大病医疗保险、人寿保险等（王曙光、王丹莉，2020）。

三是社会的可持续性。社会和谐是边民家庭可持续生计的重要条件。从本质上看，社会和谐是社会成员利益与社会权利的均衡和谐发展，关键在于加快推进社会公共权利社会化发展。农民对社会环境的评估可以通过其对政府行政输出的感知程度来体现，具体可以从民主法治、公平正义、诚信友爱、充满活力、安定有序等方面进行衡量（徐永平，2016）。

四是环境的可持续性。农村生态环境治理现代化是实现边民家庭可持续生计的重要基础。农村生态环境治理仍然面临着严峻的生态环境、生产环境以及人居环境形势。农村人居环境整治的难点是对农村生活污水、生活垃圾以及建筑垃圾的处理（于法稳，2021）。

五是边民内生发展能力的可持续性。边民家庭需要不断提高内生发展能力，才能增强自身竞争力，从而改善其可持续生计。乡村经济发展和产业振兴的前提条件是乡村科技振兴。边民家庭内生发展能力的高低对边境乡村振兴的实效具有直接影响。乡村振兴战略实施中，既要强调边民的主体地位，又要着重激发和提升边民内生发展能力。边民内生发展能力体现在健康生存能力、自主学习与科技应用能力、社会认知能力、经营管理能力、人际交往能力及奋斗能力等方面（龙静云，2019）。

桂滇边境地区自然条件恶劣、自然灾害频发，特别是偏远山区基础设施仍较薄弱、教育医疗卫生事业发展水平较低，边民生活条件欠佳，相对贫困群体仍较集中。由于村民长期以务农为主，非农产业发展缓慢，可持续发展的产业较少，仍未建立起长期稳定的增收机制。因自然资源有限，物质资本和人力资本紧缺导致资本形成不足，极易出现返贫。后减贫时代，桂滇边境地区巩固脱贫成果必须考虑脱贫户脆弱性的特征，对边民生计资本进行重组与优化，维持优势资本和优化短板资本。资源开发需遵循可持续发展的原则，要因地制宜发展当地特色产业，拓宽就业增收渠道，提高边民收入，形成内外两条路径共同发力，保障脱贫户可持续脱贫和高质量发展。本研究认为桂滇边境地区沿边村寨建设对边民守土固边的影响因素主要包括自然因素、人口因素、经济因素、社会因素、治理因素、文化因素六个方面。

1. 自然因素

乡村的发展在一定程度上受限于自然条件的优劣，地形气候、自然资源等均会影响桂滇边境地区沿边村寨建设进程，从而影响边民守土固边意愿。从地形因素来看，地形地势限制了村寨的占地面积，地形起伏越大的区域，经济开发难度越大。桂滇边境地区以高原山地为主，喀斯特地貌及特殊的地理环境导致边民高度集聚化、村寨空间分布不均衡。从气候因素来看，"一方水土养一方人"。气候条件是人类活动的重要影响因素，直接影响着居民的生存环境与行为活动。气候条件是人口流动的主要原因之一，当气候环境不满足生存需求的时候人们会自发流动到气候条件较好、更适宜居住的地区（邓宏乾等，2020）。气候条件也是制约农业生产发展的关键因素之一，气候要素作为农业生产的直接投入要素，气候条件的好坏直接影响农业产出。从资源因素来看，自然资源作为经济增长和社会发展的物质基础和前提条件，资源禀赋高低影响着乡村建设的进程，良好的自然资源禀赋，如丰富的矿产资源，是制造业、采矿业等第二产业发展的基础和经济增长的引擎，独特的地貌等自然风光又为特色旅游业的发展创造了条件。桂滇边境地区沿边村寨可以充分利用本地区气候资源等自然条件的优势，如利用当地光照时间长、雨水丰沛等有利的气候条件发展农业，利用高山峡谷、河川纵横等独特的自然景观，变劣势为优势，打造特色旅游业，帮助边民解决家庭生计问题，加快边民可持续生计优化，进而促进边民安心守土固边。

2. 人口因素

村寨规模的大小与人口因素息息相关，适度的人口规模与当地经济社会发展相协调，既能充分利用当地资源发展经济，又不超出环境承载力，有利于村寨规模的扩大。新型城镇化进程加快了人口、资源的跨区域流动，经济发展水平越高的地区对人口的吸附力越强，其人口规模呈现结构年轻化、劳动人口效率高的特点。人口因素对村寨规模的影响体现在人口结构和人口质量两方面：从人口结构的角度看，尽管在人口老龄化的趋势下，青壮年劳动力稀缺，但老龄化会刺激人口消费需求，加快服务业的发展（陈卫民、施美程，2013）；从农业发展的角度看，由于青壮年劳动力稀缺，农村人口老龄化会倒逼农业采用新的生产技术，进而推动农业高质量发展。因此，农村人口老龄化对农村农业发展并非完全是负面效应。从人口质量的角度看，人力资本作为产业升级的推动力，高质量人口集聚的区域能促使产业结构均衡发展（黄乾、李竞博，2018）。人口活跃程度越高，产业结构升级作用越明显。从全要素生产率的角度看，农村劳动力受教育程度越高，先进生产技术的运用越普及，越能加快农村人力资本积累，有效提高农村全要素生产率（郑甘甜等，2023）。桂滇边境地区沿边村寨建设应重视人口因素对村寨规模的影响，在提高劳动力规模的同时，重视人力资本对农村发展的作用，提升人口质量。

3. 经济因素

沿边村寨的经济发展水平的高低会直接影响边民守土固边的意愿。桂滇边境地区沿边村寨建设将会有效提高当地经济发展水平，从而促进边民守土固边意愿的提升。产业发展是经济发展的主要推动力，乡村产业高质量发展能助推乡村振兴。在不同的发展阶段，沿边村寨的产业发展呈现出不同的特点。起初，大多数沿边村寨主要以传统农业为主，机械化程度低，产业发展缓慢。随着村寨规模的逐渐扩大，乡镇企业进一步发展，第二产业开始以自身发展支援农业生产。第一、二产业的迅速发展使村民的收入增加，进一步提高其消费水平，改善消费结构，为第三产业的发展提供了广阔的市场。伴随着产业结构的调整升级，第三产业将成为沿边村寨经济建设的重要产业支撑，一二三产业融合发展共同推进桂滇边境地区沿边村寨建设。在边境对外贸易发展和信息技术普及的背景下，数字经济有望成为桂滇边境地区经济高质量发展和产业结构转型优化的强大动力。数字经济改变了居民传统的消费模式和消费习惯，借助互联网等通信技术缩小了城乡居民消费差距，加快了电子商务、快递物流等新的商业模式和商业平台的发展，并通过优化居民消费结构推动产业结构升级（刘洋，2022）。一二三产业融合及数字经济的发展对于边民增收、实现脱贫致富具有重要意义。它不仅有助于提高边民的生活水平和消费能力，降低贫困发生率，还可以强化边民的守土固边意识，使其更积极地守边护边。

4. 社会因素

基础设施的完善程度是影响边民守土固边意愿的重要社会因素之一。基础设施越完善，边民的生活质量就越高，就越愿意为守护村寨出力。乡村基础设施是生态宜居的"必要条件"，是村民生活富足的"重要保障"。完善的交通基础设施能促进资源要素的流动，节约生产成本，带来规模效应与乘数效应，在实现产业高质高效发展的同时帮助解决农药化肥污染、工业污染、固体废弃物污染等问题，改善乡村生态环境，为村民提供更多增收致富的路径，推进建设美好家园（曾福生、蔡保忠，2018）。桂滇边境地区山川河谷相间，地势差异较大，复杂的地形限制了沿边村寨的产业发展和对外交流。随着桂滇边境地区沿边村寨建设的推进，各村寨的主干道建设、高速公路建设不断完善，固定光纤宽带和4G移动通信网覆盖率提升，促进了村与村之间、城与乡之间的往来，形成便利的交通网络系统。交通基础设施完善的同时也为村寨水电基础设施建设提供了基础条件，助推沿边村寨构建更畅通的电网结构和供水工程，有利于保障村寨边民的用水用电安全，使其过上更舒适便利的生活。

5. 治理因素

居民的迁居意愿受到地形、气候、经济发展水平、迁移成本等因素的影响，而与普通居民相比，边民的迁居意愿除了受到以上因素的影响外，边境地区的安全程度也是其考虑的重要因素。云南与缅甸、老挝、越南接壤，广西边境8县（市、区）也与越南相接，沿边地区的地理环境复杂，人口流动频繁，给边防建设和地区安全带来了严峻挑战。保障边境地区社会安全是实现兴边富民的前提，边境地区安全度越高，边民的留居稳定性就越强。桂滇边境地区沿边村寨建设加强了对边境安全防控的管理，为边民的正常生活构筑了稳定的屏障，军民融合守土固边，切实为当地民众带来了安全感和幸福感。

除了外部治理会影响边民守土固边的意愿外，桂滇边境地区沿边村寨的内部治理也会对边民守土固边的积极性产生影响。我国的乡村社会治理主要以乡政府作为基层政权组织管理乡村行政事务，但因为缺乏比较合理的规划和指导，一些传统村落还存在着组织架构不够合理、资源配置不佳的问题。乡村政府的社会治理能力相对不足也可能滋生社会安全隐患，给边民的正常生活造成影响。桂滇边境地区沿边村寨建设推进村寨治理模式应朝着"共建共治共享"的现代乡村治理模式转变，充分调动边民参与基层民主建设的积极性，建立健全村民自治机制，鼓励多元社会群体参与管理，实现村寨治理能力现代化，全力为边民创造和谐稳定的社会环境。

6. 文化因素

文化因素在提升村寨居民守土固边意愿的过程中发挥着重要作用。桂滇边境地区沿边村寨建设促使边民提升其对乡村文化的认同感和自豪感，进而增强其守土固边意愿。乡村要想实现可持续发展，除有政府的政策支持等外源性动力外，还需要村民"自下而上"地主动参与。这种建立在村民文化自信和文化自觉上的新内源性发展模式能为乡村发展带来源源不断的动力（朱娅、李明，2019）。乡村文化自信建立在村民充分认识、了解中华民族的优秀传统文化的基础之上，表现为对中华优秀传统文化的发展过程、表现形态、存在价值给予高度肯定，自觉坚守、继承和弘扬中华优秀传统文化。乡村文化自信是边民坚定守土固边意愿及行动的文化支撑。每位边民都是乡村振兴不可或缺的一分子，同时也是乡村振兴成效的受益主体。只有培养边民对家乡传统文化的认同意识、责任意识、参与意识，增强乡村文化自信，才能更好地凝聚乡村社会的向心力，实现乡村振兴（贺丹，2018）。文化认同感的形成不是一蹴而就的，要立足于村民主体性，提升村民的知识水平和认知能力，以教育唤醒文化自觉。同时，还要发挥政府的主导性，增加乡村公共文化设施和服务的有效供给，及时回应村民的精神文化诉求，组织开展带有当地特色的文化活动，为提升村民文化认同感创造有利的环境和条件（吕宾，2021）。桂滇边境地区沿边村寨建设将发展乡村经济与开展民族团结进步创建工作相结合，引导边民了解、认同和传承中华优秀传统文化，提升文化认同感，以此增强沿边村寨边民的爱国意识、民族意识及守土固边的责任感。

第三章

桂滇边境地区人口分布格局演化及影响因素实证研究

作为边境地区的"活界碑",边境人口是维护边境安全的重要力量。探讨桂滇边境地区人口分布格局演化特征及其影响因素,有助于揭示桂滇边境地区人口流动规律,维护边境地区人口的稳定与安全,促进该区域人口分布与经济社会协调发展。本章的研究内容包括两个方面:一是以县为基本单元,运用人口分布指数、全局空间自相关、局部空间自相关等研究方法,综合分析 2010~2021 年桂滇边境地区人口分布时空演化特征;二是从自然环境、经济发展、社会发展三个维度,基于 LM 检验、LR 检验,运用空间杜宾模型(SDM)探讨考察期内桂滇边境地区人口分布格局演化的影响因素。

一、研究数据与研究方法

(一) 研究数据

本章的研究区域是桂滇边境地区 33 个县级行政区,涵盖广西壮族自治区的靖西市、龙州县、宁明县、大新县、防城区、那坡县、凭祥市、东兴市 8 个县(市、区),以及云南省的西盟佤族自治县、绿春县、盈江县、勐海县、富宁县、马关县、沧源佤族自治县、泸水市、镇康县、孟连傣族拉祜族佤族自治县、勐腊县、芒市、耿马傣族佤族自治县、麻栗坡县、澜沧拉祜族自治县、金平苗族瑶族傣族自治县、瑞丽市、福贡县、河口瑶族自治县、景洪市、陇川县、江城哈尼族彝族自治县、贡山独龙族怒族自治县、腾冲市、龙陵县 25 个县(市)。为确保统计口径的一致性,采用常住人口指标,选取 2010~2021 年常住人口数据(以我国第五次人口普查时间为基期），以反映桂滇边境地区人口分布格局的演化过程。原始数据来源于 2011～2022 年《广西统计年鉴》《云南统计年鉴》以及《中国县域统计年鉴》。

（二）研究方法

为分析不同时期桂滇边境地区人口分布的空间演变规律，采用 ArcGIS 可视化分析方法，结合人口分布指数和空间自相关分析方法，探讨桂滇边境地区人口分布的集中程度、不均衡水平以及集聚特征。进一步构建空间计量模型分析影响桂滇边境地区人口分布格局的主要因素。

1. 人口分布指数

人口分布指数包括集中指数和不均衡指数，表示一个地区人口分布的集中或者离散程度。集中指数和不均衡指数数值的大小反映人口分布与土地的关系的均衡状况。如果数值越小，二者的关系越均衡；反之，数值越大，二者的关系越不均衡。集中指数和不均衡指数的计算公式如下：

$$C = \frac{1}{2}\sum_{i=1}^{n}|X_i - Y_i| \quad U = \sqrt{\frac{\sum_{i=0}^{n}\left[\frac{\sqrt{2}}{2}(X_i - Y_i)\right]^2}{n}} \quad (3-1)$$

公式（3-1）中，集中指数用 C 来表示；不均衡指数用 U 来表示。其中，n 代表区域内总个数；X_i 代表 i 地区的人口在桂滇边境地区总人口的占比；Y_i 代表 i 地区的土地面积在桂滇边境地区土地总面积的占比。

2. 全局空间自相关

全局空间自相关用来反映区域内人口分布集聚的总体趋势，能够体现桂滇边境地区在整体上的空间差异性以及相关性，通常用 Moran's I 指数来表示，计算公式如下：

$$I = \frac{\sum_{i=1}^{n}\sum_{j=1}^{n}W_{ij}(X_i - \overline{X})(X_j - \overline{X})}{S^2\sum_{i=1}^{n}\sum_{j=1}^{n}W_{ij}} \quad (3-2)$$

$$\overline{X} = \frac{1}{n}\sum_{i=1}^{n}X_i, \quad S^2 = \frac{\sum_{i=1}^{n}(X_i - X)^2}{n}$$

公式（3-2）中，W_{ij} 为空间权重矩阵的（i，j）元素，表示 i 地区与 j 地区之间的距离；X_i 和 X_j 代表 X 在空间单元 i 和 j 上的观测值；n 为空间单元的数量；$\bar{X}$、S^2 分别为样本平均值和方差。

3. 局部空间自相关

局部空间自相关用来表示局部地区的空间差异性，局部 Moran's I 指数的计算公式如下：

$$I_i = \frac{X_i - \bar{X}}{S^2} \sum_j^n W_{ij}(X_i - \bar{X}) \tag{3-3}$$

公式（3-3）中，如果 $I_i > 0$ 则表明 i 空间单元周围是高值与高值或是低值与低值空间聚集；反之，如果 $I_i < 0$ 则表明非相似值的空间聚集。

二、桂滇边境地区人口分布格局的时空演化特征

（一）人口密度时空演化特征

1. 人口密度呈现"东高西低"发展态势

人口密度是衡量人口空间分布差异的重要指标，体现了单位面积土地上居住的人口数。本书利用 ArcGIS 软件绘制出图 3-1 和图 3-2，分别反映了 2010 年和 2021 年桂滇边境地区人口密度分布情况，以此分析桂滇边境地区 2010～2021 年人口分布格局演变过程及其特征。并根据 ArcGIS 软件自然间断点分级法，将人口密度≤50 人/平方千米的地区界定为人口密度低值区，人口密度为 50～100 人/平方千米的地区界定为人口密度中值区，人口密度大于 100 人/平方千米的地区界定为人口密度高值区。根据图 3-1 和图 3-2 可知，桂滇边境地区的人口密度总体位于较低水平，地区间存在明显的差异。2021 年，桂滇边境地区人口密度最高的行政区是东兴市（348 人/平方千米），人口密度最低的行政区是贡山独龙族怒族自治县（7 人/平方千米），人口分布地区差异明显，人口密度最高与人口密度最低的行政区相差 341 人/平方千米。桂滇边境地区的人口密度整体呈现出"东高西低"的特征。人口密度高值区共 7 个县（市），其中 5 个县（市）位于桂滇边境地区的东部，人口密度低值区全部位于桂滇边境地区的西部。

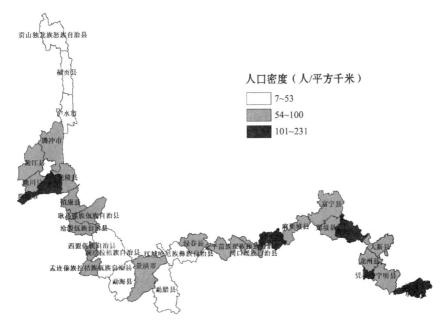

图 3 - 1　2010 年桂滇边境地区人口密度分布情况

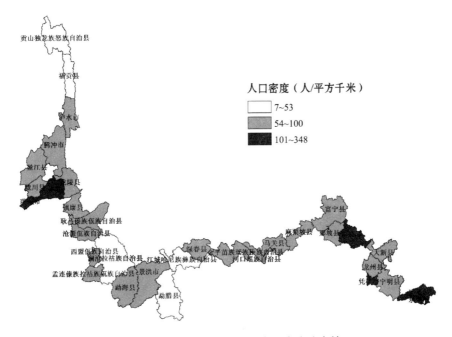

图 3 - 2　2021 年桂滇边境地区人口密度分布情况

从空间变化来看，随着工业化、城镇化、现代化的快速发展，区域间经济发展不平衡性更加突出，人口流动不断加快。2010～2021 年，人口密度高值区由 7 个地区缩减为 6 个地区，人口密度中值区的范围在不断扩大。除 2010 年的 19 个地区外，新增了马关县、泸水市、勐海县 3 个地区。图 3－1 的结果显示，2010 年，东兴市、防城区、凭祥市、靖西市、马关县、芒市、瑞丽市 7 个县级行政区的人口密度均大于 100 人/平方千米，位于人口密度高值区，占桂滇边境地区的 21.21%。贡山独龙族怒族自治县、福贡县、泸水市、澜沧拉祜族自治县、勐海县、勐腊县、江城哈尼族彝族自治县 7 个县级行政区的人口密度小于 50 人/平方千米，位于人口密度低值区，占桂滇边境地区的 21.21%。由图 3－2 可知，2021 年，人口密度大于 100 人/平方千米的行政区变为 6 个，占桂滇边境地区的 18.18%。马关县人口密度低于 100 人/平方千米，由 2010 年位于人口密度高值区变为人口密度中值区。贡山独龙族怒族自治县、福贡县、澜沧拉祜族自治县、勐腊县、江城哈尼族彝族自治县人口密度仍然低于 50 人/平方千米。

2. 人口分布非均衡状态加剧

2010～2021 年桂滇边境地区的人口分布指数见表 3－1。结果显示，桂滇边境地区人口分布集中指数呈现上升趋势，从 2010 年的 0.1735 逐渐上升到 2019 年的 0.1819。2021 年桂滇边境地区人口分布集中指数为 0.1794，略低于 2019 年，但仍高于 2010 年，总体趋势不断上升，表明桂滇边境地区人口与土地的关系变得更不平衡。人口分布不均衡指数（U）由 2010 年的 0.0099 逐步攀升到 2021 年的 0.0103，这一结果与人口分布集中指数的趋势相似，呈现不断上升的趋势。这说明 2010～2021 年桂滇边境地区人口分布集聚态势不断增强，非均衡化状态持续加剧。可能的原因是桂滇边境地区经济发展差异大，人口持续流向东兴市、瑞丽市等经济较发达地区，出现了人口稀疏区与人口稠密区逐渐分化的现象。

表 3－1   2010～2021 年桂滇边境地区人口分布指数

指数	2010 年	2012 年	2016 年	2019 年	2021 年
集中指数 C	0.1735	0.1744	0.1770	0.1819	0.1794
不均衡指数 U	0.0099	0.0100	0.0102	0.0103	0.0103

3. 人口密度分布差异扩大，超半数地区呈现负增长趋势

图 3－3 和图 3－4 分别反映了 2010～2015 年、2016～2021 年桂滇边境地区人口密度变化情况。结果显示，桂滇边境地区人口密度分布差异较显著，人口密度年均增长速度差异较大。其中，瑞丽市和东兴市人口密度年均增长速度较快，而其他地区的增长速度较慢。与 2010～2015 年相比，桂滇边境地区在 2016～2021 年人口密度年均变化较小的地区更多。

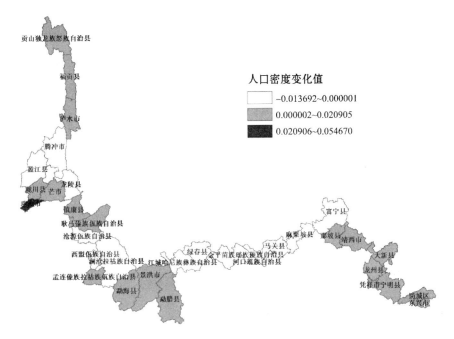

图 3 – 3　2010～2015 年桂滇边境地区人口密度变化情况

图 3 – 4　2016～2021 年桂滇边境地区人口密度变化情况

根据图 3-3 可知，桂滇边境 33 个行政区的人口密度年均变化差异较大。人口密度年均增长量为负的地区有腾冲市、盈江县、龙陵县、西盟佤族自治县、沧源佤族自治县、澜沧拉祜族自治县、绿春县、金平苗族瑶族傣族自治县、江城哈尼族彝族自治县、马关县、河口瑶族自治县、富宁县、麻栗坡县共 13 个行政区，均属于云南省，这些地区经济发展较落后，由于产业集聚水平较低、人才稀缺、非农就业岗位少等因素，导致人口外流问题严重。其余 20 个地区人口密度年均增长率为正值，其中瑞丽市的增长率最高，达到 5.467%。瑞丽市作为中国与缅甸边境地区的枢纽与热点地区（苗毅等，2021），是中缅经济走廊的核心节点（苗毅等，2021），得益于国家政策的支持，其城市化、工业化发展进程明显加快，吸引了大量周边务工人员流入到此。

根据图 3-4 可知，桂滇边境地区人口密度年均变化差异仍然十分显著。2016～2021 年，人口密度增长率位于正增长的地区有 14 个，其中东兴市的增长率最高，达到 6.7452%。东兴市是中越两国边民经贸往来的重要口岸，于 2015 年被国务院正式批准为跨境经济合作区。以此为契机，东兴市大力发展基础设施建设，吸引了众多周边居民。人口密度增长率为负的地区除 2010～2015 年的 10 个县（市）之外，增加了泸水市、镇康县、孟连傣族拉祜族佤族自治县、耿马傣族佤族自治县、瑞丽市、贡山独龙族怒族自治县、靖西市、宁明县、大新县 9 个县（市）。人口密度变化值为负的地区占总地区的 57.58%，表明桂滇边境地区超一半地区人口密度年均增长率为负值。相较 2010～2015 年，2016～2021 年人口密度变化负增长趋势增加，进一步表明桂滇边境地区常住人口增长缓慢，稳边固边压力较大。

（二）人口空间集聚特征

1. 人口空间布局具有集聚现象

根据前文计算得出的桂滇边境地区人口密度数据，计算出 2010～2021 年桂滇边境地区人口密度的全局 Moran's I 指数（见表 3-2）。从全局空间自相关来看，2010 年、2012 年、2016 年、2019 年、2021 年桂滇边境地区人口密度全局 Moran's I 指数分别为 0.455、0.441、0.408、0.387、0.354。可见，各年份的 Moran's I 值均为正值，且各 Z 值均大于 2.50，P 值均小于 0.01，在 0.01 的置信水平上都通过显著性检验。表明桂滇边境地区人口密度具有空间分布，存在着显著的正空间自相关，验证了桂滇边境地区人口具有显著的空间集聚现象。但人口集中化趋势加剧，也将引发人口流失，该区域将面临经济衰退风险，区域发展非均衡问题仍将存在。

表 3 - 2　　　　　　桂滇边境地区人口密度的全局 Moran's I 指数

指数	2010 年	2012 年	2016 年	2019 年	2021 年
Moran's I	0.455	0.441	0.408	0.387	0.354
E(I)	− 0.031	− 0.031	− 0.031	− 0.031	− 0.031
Z – Value	3.179	3.091	2.900	2.541	2.770
P – Value	0.001	0.001	0.002	0.003	0.003

2. 人口空间分布呈现"高—高集聚、低—低集聚"格局

为进一步分析桂滇边境地区人口空间分布格局，采用 Stata 软件分别绘制出桂滇边境地区 2010 年和 2021 年的局部空间自相关 Moran's I 散点图，如图 3 – 5、图 3 – 6 所示。

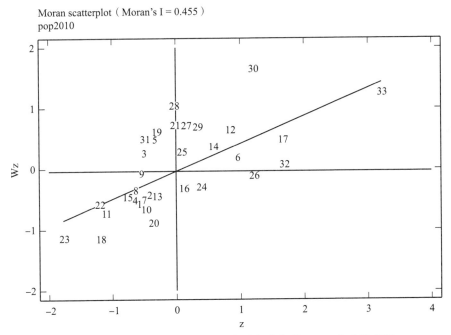

图 3 – 5　2010 年桂滇边境地区局部空间自相关 Moran's I 散点图

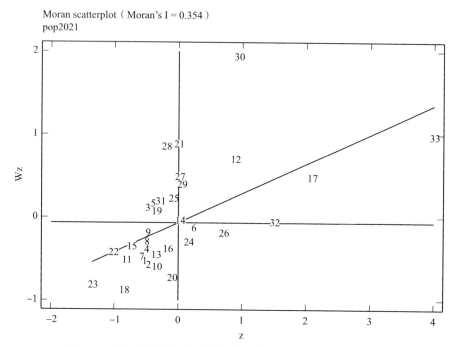

图 3 - 6   2021 年桂滇边境地区局部空间自相关 Moran's I 散点图

　　Moran's I 散点图共分为 4 个象限，第一和第三象限上的数据表明人口空间分布存在正相关，第二和第四象限上的数据表明人口空间分布存在负相关。图 3 - 5 和图 3 - 6 的结果显示，2010 年和 2021 年，桂滇边境地区的大多数地区处在第一和第三象限，表明局部空间自相关显著的区域为高—高和低—低类型，人口空间分布格局整体上位于稳定状态，人口密度较高和较低的地区均呈现聚集。2021 年，桂滇边境地区内低—低集聚区有 16 个地区；高—高聚集区主要分布在芒市、瑞丽市、大新县、东兴市。

三、桂滇边境地区人口分布格局的影响因素

（一）空间计量模型构建

　　本书使用的面板数据区间设定为 2010 ~ 2021 年。人口分布采用人口密度（*Pop*）来表示，加入空间权重矩阵，并建立空间误差模型（SEM）、空间自回归模型（SAR）和空间杜宾模型（SDM），以探究桂滇边境地区不同因素对人口分

布格局的影响程度。空间误差模型反映了来源于误差项的空间互动性，更强调滞后误差项对解释变量人口密度产生的影响；空间自回归模型仅考虑区域间被解释变量之间互相影响，注重被解释变量人口密度的空间滞后项对解释变量产生影响，表示内生变量的空间互动性；空间杜宾模型则不考虑空间误差关系，更强调被解释变量人口密度与各解释变量的空间滞后项对解释变量的影响。

人口分布格局会受到诸多因素的干扰，在不同的时间段呈现的状态是不一致的。从人口空间集聚特征可以看出，桂滇边境地区的人口分布空间关联性很强。鉴于人口分布的影响因素具有复杂性，参考李杰等（2022）的做法，分别从经济发展因素、社会发展因素和自然地理因素3个维度，选取桂滇边境地区人口分布格局的影响因素。结合桂滇边境地区的实际情况，基于数据的完整性和可获取性，本研究最终选取桂滇边境地区人口分布格局的六大影响因素，即工业发展水平（$Inds$）、金融发展水平（$Fina$）、消费市场发展水平（$Trscg$）、财政水平（Exp）、医疗水平（Med）、居民收入水平（$Income$）。其中，工业发展水平（$Inds$）采用第二产业占GDP的比重来表示，反映地区产业结构的发展水平；金融发展水平（$Fina$）采用年末金融机构各项贷款余额占GDP的比重来表示；消费市场发展水平（$Trscg$）采用社会消费品零售总额与地区常住人口的比重来表示；财政水平（Exp）采用人均财政支出来表示；医疗水平（Med）采用地区医院和卫生院的床位数来反映；居民收入水平（$Income$）采用居民人均可支配收入来表示。由此构建空间计量模型如下：

$$Pop_{it} = \alpha_0 + \alpha_1 Inds_{it} + \alpha_2 Pgdp_{it} + \alpha_3 Fina_{it} + \alpha_4 Trscg_{it} + \alpha_5 Exp_{it}$$
$$+ \alpha_6 Med_{it} + \alpha_7 Income_{it} + p \sum_j W_{ij} Pop_{jt} + \varepsilon_{it} \tag{3-4}$$

公式（3-4）中，i、j表示桂滇边境33个地区；t表示时间；α_0，α_1，…，α_7为待估参数；p为空间自回归系数，反映样本观测值的空间依存效应；W_{ij}为空间权重矩阵，采用0-1邻接矩阵；ε_{it}为服从正态分布且相互独立的随机扰动项。

表3-3为变量描述性统计结果。结果显示，2010~2021年，桂滇边境地区人口密度的均值为96.680，标准差为55.490。其中，最小值为8.389，最大值为369.70，表明桂滇边境地区人口分布存在较大差距。从地区工业发展情况来看，工业发展水平的均值为0.332，标准差为0.108。其中，最小值为0.108，最大值为0.753，表明桂滇边境地区产业结构整体位于较低水平，且各地区在产业结构方面存在较大差异。从地区金融发展情况来看，金融发展水平的均值为0.754，标准差为0.344。其中，最小值为0.229，最大值为3.442。从消费市场发展情况来看，消费市场发展水平的均值为8275，标准差为6503。其中，最小值为1237，最大值为48207。从财政发展水平来看，财政发展水平的均值为10054，标准差

为 5988。其中，最小值为 2729，最大值为 52200。从医疗水平来看，医疗水平的均值为 1190，标准差为 932.6。其中，最小值为 103，最大值为 5972。从居民收入水平来看，居民收入水平的均值为 8356，标准差为 3950。其中，最小值为 1460，最大值为 23439。可以看出，桂滇边境地区在工业发展水平、金融发展水平、消费市场发展水平、财政水平、医疗水平和居民生活水平等方面均具有明显差异。

表 3 - 3　　　　　　　　　　　　变量描述性统计

变量名称	样本数量	均值	标准差	最小值	最大值
Pop	396	96.680	55.490	8.389	369.70
Inds	396	0.332	0.108	0.108	0.753
Fina	396	0.754	0.344	0.229	3.442
Trscg	396	8275	6503	1237	48207
Exp	396	10054	5988	2729	52200
Med	396	1190	932.60	103	5972
Income	396	8356	3950	1460	23439

（二）实证结果与分析

本书在进行模型估计之前，首先进行 LM 检验以验证选用空间计量模型的正确性。其次，对上述三种模型进行估计。最后，通过 Hauaman 检验和似然比（LR）检验，判别空间杜宾模型（SDM）是否会向建立空间误差模型（SEM）、空间自回归模型（SAR）转化，以选取最佳的估计模型。检验结果如表 3 - 4 所示。

表 3 - 4　　　　　　　　　　　　模型选择检验结果

检验指标	检验值	P 值
LMERR	81.746	0.000
R - LMERR	3.479	0.062
LMLAG	97.164	0.000
R - LMLAG	18.897	0.000
Hauaman 检验	110.510	0.000
LR 检验（SDM、SAR）	21.370	0.003
LR 检验（SDM、SEM）	42.470	0.000

　　由表 3 - 4 可得，LM 检验值的 P 值均小于 0.1，具有显著性，表明既存在空间误差效应也存在空间滞后效应，因而拒绝 OLS 模型，证实选择空间计量模型的方式是有依据的。根据 Hauaman 检验结果可知，统计量结果 chi2(15) = 110.51，且通过了显著性检验，表明应选择固定效应模型。再对 SDM 进行 LR 检验。第一步，SDM 模型是否可以弱化为 SAR 模型。其统计量结果为 chi2(7) = 21.37，且通过了显著性检验，拒绝原假设，表明应该使用 SDM 模型；第二步，SDM 模型是否可以弱化为 SEM 模型。其统计量结果为 chi2(7) = 42.47，且通过了显著性检验，拒绝原假设，同样表明应该使用 SDM 模型。通过 LR 检验结果可以看出，SDM 模型并没有弱化为其他两类模型，表明 SDM 模型更适用于解释桂滇边境地区人口分布格局的影响因素。下面分别进行 OLS、SAR、SEM 和 SDM 模型估计，并以 SDM 模型为主要分析依据，其余模型结果仅作为参考列出（见表 3 - 5）。

表 3 - 5　　　　　　　　　　　　　空间计量模型分析结果

变量	OLS 模型	SEM 模型	SAR 模型	SDM 模型
Inds	161.855 *** (7.51)	127.984 *** (7.26)	135.630 *** (7.91)	126.864 *** (7.34)
Fina	60.302 *** (8.83)	54.582 *** (9.35)	54.805 *** (10.03)	58.982 *** (10.16)
Trscg	0.004 *** (8.99)	0.003 *** (8.54)	0.003 *** (9.80)	0.004 *** (10.03)
Exp	− 0.004 *** (− 9.99)	− 0.001 *** (− 3.17)	− 0.001 (− 1.35)	− 0.001 ** (− 2.23)
Med	− 0.024 *** (− 8.66)	− 0.014 *** (− 6.46)	− 0.015 *** (− 6.63)	− 0.016 *** (− 6.38)
Income	0.005 *** (6.96)	0.013 *** (10.88)	0.011 *** (11.03)	0.009 *** (6.44)
W × Inds				− 14.566 (− 0.50)
W × Fina				− 8.198 (− 0.81)
W × Trscg				− 0.000 (− 0.42)

续表

变量	OLS 模型	SEM 模型	SAR 模型	SDM 模型
$W \times Exp$				0.001 (1.51)
$W \times Med$				-0.011^{***} (-2.99)
$W \times Income$				0.004^{*} (1.79)
空间滞后（p）			0.354^{***} (8.53)	0.343^{***} (7.37)
空间误差（λ）		0.348^{***} (7.02)		
观测值	396	396	396	396
拟合优度（R^2）	0.484	0.306	0.228	0.211

注：括号内为 t 的检验值；*** 、** 和 * 分别表示在 1%、5% 和 10% 的水平下统计显著。

从 OLS 模型结果来看，其拟合效果较好，拟合优度是 0.484，且变量都在 1% 的显著性水平下显著。工业发展水平的系数为 161.855，弹性系数最大，其后依次为金融发展水平、居民收入水平、消费市场发展水平、财政水平、医疗水平，其中财政水平和医疗水平的系数均为负值。

从空间误差模型（SEM）结果来看，其拟合优度是 0.306，所有变量都在 1% 的水平下显著。其中，工业发展水平的系数为 127.984，弹性系数最大；金融发展水平的系数为 54.582；消费市场发展水平的系数为 0.003；财政水平的系数为 -0.001；医疗水平的系数为 -0.014；居民收入水平的系数为 0.013。

从空间自回归模型（SAR）结果来看，其拟合优度为 0.228，工业发展水平的系数为 135.630，弹性系数最大；金融发展水平的系数为 54.805；消费市场发展水平的系数为 0.003；财政水平的系数为 -0.001；医疗水平的系数为 -0.015；居民收入水平的系数为 0.011。除财政水平外，其余变量均通过显著性检验。通过前文分析，空间杜宾模型（SDM）为最佳模型。由表 3 - 5 可得，SDM 模型的估计结果与 OLS 模型、SEM 模型、SAR 模型的估计结果在系数值的相关性与显著性方面基本一致。因此，本研究重点分析空间杜宾模型（SDM）的估计结果。

空间杜宾模型（SDM）估计结果显示，桂滇边境地区人口分布格局不仅取决于一系列可观测的经济社会发展因素，还取决于相邻地区的经济社会发展情况。

从表 3 - 5 第 5 列可以看出，在桂滇边境地区人口分布格局的影响因素中，工业发展水平的影响最明显。工业发展水平（$Inds$）的弹性系数为 126. 864，在 1% 显著性水平下显著，表明桂滇边境地区第二产业占生产总值的比重越大，该地区的人口密度越大。说明工业发展水平对人口分布具有显著的正向直接效应，即桂滇边境地区的某个行政区工业发展水平的提升对该地区人口密度的增加具有促进作用。因此，地方政府应当继续加大力度调整产业结构，促进产业结构升级，为当地居民提供更多的就业机会，推动人口集聚发展。空间滞后变量 $W \times Inds$ 未通过显著性检验，表明工业发展水平对桂滇边境地区人口分布格局未产生空间溢出效应。

金融发展水平（$Fina$）对桂滇边境地区人口分布格局具有重要影响。金融发展水平的弹性系数为 58. 982，且在 1% 的水平下显著，表明桂滇边境地区年末金融机构各项贷款余额占 GDP 的比重越大，该地区的人口密度越大。说明桂滇边境地区金融发展水平对人口分布格局具有显著的正向直接效应，即桂滇边境地区的某个行政区的金融发展水平提升有助于增加该地区的人口密度。因此，为改善地区人口分布格局，地方政府应积极为本地金融市场发展营造良好的市场环境。空间滞后变量 $W \times Fina$ 未通过显著性检验，表明金融发展水平对桂滇边境地区人口分布格局未产生空间溢出效应。

消费市场发展水平（$Trscg$）的估计系数为 0. 004 且通过了 1% 的显著性检验，说明桂滇边境地区人均社会消费品零售总额提高 1 个百分点，人口密度会增加 0. 004 个百分点。这验证了某一个地区人口的集中程度、吸引力与地区消费市场发展水平呈正相关关系。因此，消费市场发展水平是桂滇边境地区人口分布格局的重要影响因素之一。空间滞后变量 $W \times Trscg$ 未通过显著性检验，表明消费市场发展水平对桂滇边境地区人口分布格局不存在空间溢出效应。

财政水平（Exp）的估计系数为 - 0. 001 且通过了 5% 的显著性检验，说明桂滇边境地区财政水平与人口密度呈反向变动关系。这一结论与程东亚和李旭东的研究结论一致，该研究得出财政支出对人口空间分布呈现抑制作用（程东亚、李旭东，2019）。空间滞后变量 $W \times Exp$ 未通过显著性检验，原因可能在于，桂滇边境地区位于中国西部地区，地方财政压力较大，公共财政支出尚不足以满足人口集聚需求。因此，地方政府需要提高公共服务水平以吸引人口，为人口发展提供政策保障。

医疗水平（Med）的估计系数为 - 0. 016，空间滞后变量 $W \times Med$ 的估计系数为 - 0. 011，且两者均通过了 1% 的显著性检验，表明桂滇边境地区医院和卫生院的床位数对人口分布具有负向的直接效应和空间溢出效应。原因可能是：一方面，在人口较少的地区如西部地区、边境地区，政府卫生资金投入水平较低（林长云、衣保中，2019）。桂滇边境地区在医院卫生方面的资金投入较少，降低了政府卫生资金投入的产出效益。另一方面，桂滇边境地区整体经济位于较低水平，基层医疗机构医疗设备仍然短缺，医疗体系仍不健全，医疗水平整体还较落后，难以有效吸引人口集聚。因此，地方政府应持续改进基层医疗机构医疗水平，完善医疗体系，以促进人口密度的提高。

居民收入水平（Income）的估计系数为0.009，在1%的显著性水平下显著，表明桂滇边境地区居民收入水平每提高1个百分点，人口密度将增加0.009个百分点。空间滞后变量 W×Income 的估计系数为0.004，在10%的显著性水平下显著，进一步说明人口的吸引力和集中程度与居民可支配收入呈正相关。桂滇边境地区居民收入水平对人口分布具有显著的正向直接效应和空间溢出效应，即桂滇边境地区某个行政区的居民收入水平越高，其人口分布数量越多，且邻近地区人口分布数量也越多。因此，桂滇边境地区居民可支配收入的提高将有利于该地区人口合理流动。

由于桂滇边境地区人口分布格局存在空间溢出效应，而空间计量模型的解释变量系数估计值不等于其边际效应，因此需要对模型估计结果进行效应分解测算，具体包括直接效应、间接效应和总效应，如表3-6所示。结果表明：第一，桂滇边境地区工业发展水平对人口分布具有正向总效应，说明桂滇边境地区通过不断调整产业结构、促进产业结构升级，将有利于吸引该地区人口在空间上集中。第二，桂滇边境地区金融发展水平对人口分布具有正向总效应，说明桂滇边境地区通过健全金融市场发展，将有助于改善该地区人口分布格局，增加人口密度。第三，桂滇边境地区消费市场发展水平对人口分布具有正向总效应，即桂滇边境地区通过不断完善消费市场环境，将有利于吸引该地区人口在空间上集聚。第四，桂滇边境地区医疗水平对人口分布仅具有正向直接效应，说明桂滇边境地区亟须提升医疗设施、健全医疗体系以促进该地区人口集聚。第五，桂滇边境地区居民收入水平对人口分布具有正向总效应，说明桂滇边境地区居民人均可支配收入的提升将有助于吸引人口在空间上集中。

表3-6　　　　　　　　　　SDM 直接效应、间接效应与总效应

效应分解	Inds	Fina	Trscg	Exp	Med	Income
直接效应	132.273 *** (6.80)	1.159 *** (10.02)	0.004 *** (10.88)	-0.001 * (-1.89)	0.018 *** (-6.79)	0.011 *** (8.32)

效应分解	Inds	Fina	Trscg	Exp	Med	Income
间接效应	39.595 (1.00)	16.398 (1.19)	0.001 * (1.75)	0.001 (1.15)	−0.022 *** (−4.21)	0.010 *** (4.21)
总效应	171.868 *** (3.33)	77.557 *** (4.66)	0.005 *** (5.83)	0.000 (0.13)	−0.040 *** (−5.70)	0.020 *** (9.72)

注：括号内为 t 的检验值； *** 和 * 分别表示在 1% 和 10% 的水平下统计显著。

四、研究发现与讨论

（一）研究发现

第一，桂滇边境地区人口空间分布差异明显。该地区人口密度具有"东高西低"的特点，人口分布集聚态势不断增强，不均衡化状态持续加剧。并且人口密度分布差异扩大，占比超过一半的地区均呈现负增长趋势。桂滇边境地区人口密度存在空间分布，具有显著的正空间自相关，空间集聚现象明显。该地区人口分布整体呈现"高—高集聚"和"低—低集聚"的格局。

第二，桂滇边境地区人口分布格局受到多方面因素的共同作用。工业发展水平、金融发展水平、消费市场发展水平、医疗水平对桂滇边境地区人口分布格局都具有显著的正向直接效应，但财政水平对人口分布的正向促进作用并不显著；居民收入水平对人口分布具有显著正向直接效应和空间溢出效应。除医疗水平以外的其他因素均对人口分布具有正向总效应。为缓解桂滇边境地区人口分布非均衡问题，应进一步优化桂滇边境地区人口分布格局，需要调整产业结构，优化产业结构升级，完善金融市场、消费市场，以此更好提升桂滇边境地区医疗水平、财政水平，从而提高居民可支配收入。

（二）讨论

本章通过实证分析得出，促进产业结构升级有助于改善桂滇边境地区"东高西低"的人口分布格局。东兴市、防城区、凭祥市、靖西市、芒市、瑞丽市的第二产业和第三产业较发达。尤其是被国务院正式批准为跨境经济合作区的东兴市，其第三产业尤为发达，能够吸引和容纳更多的劳动力，人口密度相对较高。但桂滇边境地区的其他地区产业结构发展仍存在非均衡问题。因此，在发掘本地现有产业高级化特性的基础上，还应不断发展地方特色优势产业。比如云南省马关县，位于文山壮族苗族自治州南部，"踩花山"是该地最具代表性的传统节日，可将节庆的市场产业化发展作为出发点，在节庆形式和内容等方面做出更多的创新，为已有的基础产业赋予本地特色，从而扩大产业规模，进而吸引人口。桂滇边境地区产业结构升级还需要政府给予更有力的财政支持。政府可以通过实施结构性减税政策鼓励本地企业进行技术研发与更新，引导产业结构调整，以减税降费、提供资金支持、优惠政策为工具形成产业结构调整的动力。并积极采取相关措施，鼓励并号召社会各主体支持有关产业转移园区建设，完善基础设施建设。此外，还应当鼓励并培育发展新兴产业，比如大力发展广西龙州县生态氧化铝项目、云南省麻栗坡县锡多金属矿床等。一方面，通过引进大型企业，借助其先进设备，生产高端先进型产品，不断扩大产业发展空间，促进地区基础设施建设，实现地区产业升级发展。另一方面，依托数字化转型的契机，结合桂滇边境地区自身资源禀赋优势，打造数字经济特色产业，加快布局数字经济领域的投资，生产具有比较优势和差异化的产品，培育新业态新模式，促进人口合理流动。

大力发展数字金融市场，有助于改善桂滇边境地区人口分布格局，增加人口密度。根据实证结果可知，金融发展水平对人口分布的弹性系数为58.982，且通过1%的显著性检验，说明地区金融发展可以正向促进人口分布格局，健全金融市场发展将有助于改善该地区人口分布格局，增加人口密度。政府应加强政策性金融机构对该地区的帮扶力度，并鼓励商业金融机构在当地开展金融业务。通过逐步推进金融供给侧结构性改革，培育绿色金融，促进新产业与旧产业之间数字化接续转换。借助数字化手段，针对当地发展实际情况制定并实施差异化的金融服务，重视搭建精准化营销体系，满足居民多元化金融服务需求。相关管理部门需要加强建设本地区金融机构，不断拓展金融服务业务，为企业发展提供更多的资金支持和融资渠道。鉴于桂滇边境地区合作金融组织的绩效和组织模型具有合作性的特征，因此应当建立并完善金融体系中资产管理、信托、基金以及保险等机构，加强不同金融机构之间的合作，实现优势互补，借助信息技术等技术手段拓展网络线上金融服务，提高金融服务效率。此外，桂滇边境地区基层管理部门应加大宣传和推广工作，不断提升居民金融创新观念，鼓励居民积极参与到金融创新相关活动中。应加强金融人才培养，不断挖掘和培养金融机构经营与管理人才，并提供针对性培训，不断提升金融从业者的专业技能。

完善消费市场和公共服务水平，有助于增强桂滇边境地区人口的集中程度，不断提高人口吸引力。根据实证结果可知，消费市场发展的估计系数为0.004，且通过了1%的显著性检验，说明桂滇边境地区人口的集中程度与吸引力与该地区的消费市场发展水平呈正相关。在人口分布的影响因素中，消费市场的发展水平也是一个重要因素。因此，有必要完善消费市场，以加强消费市场水平对人口分布的正向促进作用。与东部地区相比，桂滇边境地区公共服务水平整体较落后，劳动力人口大量外流，留守老人和留守儿童问题较严重。一方面，中央和地方政府需要继续加强对边境地区公共财政资源配置的财政倾斜力度，逐步实现边境地区公共服务的均等化。另一方面，地方政府社会福利支出成为硬性支出，为缓解政府财政支出压力，可以通过优化财政激励机制，完善地方考核体系，实现地区经济效率与社会福利最大化的均衡发展。桂滇边境地区经济发展较落后，地方政府财力入不敷出，有必要通过完善地方税收体系，促使地方财力稳定上升，进而吸引人口流入。我国的财政转移支付包括税收返还、一般性转移支付和专项转移支付。但当前在转移支付制度方面存在税收返还实行效率低、各级政府事权与支出责任较不合理的问题。应进一步改革不合理的税收返还制度，制定科学合理的税收返还比例。科学界定各级政府的事权与支出责任，不断完善财政转移支付的计算方式，进而缩小桂滇边境地区与东部地区的财力差异，使财政发挥出对人口合理分布的引导作用。

改善医疗投入方式，有助于提升桂滇边境地区医疗卫生资金投入的效益产出。医疗设备先进水平反映了一个地区经济发展水平、居民居住水平以及吸引人口流入水平。根据实证结果可以发现，桂滇边境地区医院和卫生院的床位数对人口分布具有负向直接效应和负向空间溢出效应。产生这一现象的原因是由于医疗卫生资金投入较少，从而降低了政府卫生资金投入的产出效益，因此有必要加大医疗投入力度，提升政府卫生资金投入的效益产出，吸引人口流入。

多渠道增加居民收入，有助于提升边民可支配收入，进而改善人口非均衡流动。根据实证结果可知，居民收入水平（$income$）对人口分布的估计系数为 0.009，在 1% 的显著性水平下显著；空间滞后变量 $W \times income$ 的估计系数为 0.004，在 10% 的显著性水平下显著，进一步说明人口的吸引力和集中程度与居民可支配收入呈正相关。桂滇边境地区居民人均可支配收入对人口分布具有显著的正向直接效应和正向空间效应。受新冠疫情的影响，居民就业问题变得尤为突出。因此，应大力支持中小企业和劳动密集型企业的发展，在岗位延续、技能培训等方面对居民就业给予政策倾斜。

推进地区一体化发展，有助于桂滇边境地区人口集聚。相较于桂滇边境地区东兴市、防城区、凭祥市、靖西市、芒市和瑞丽市，其余 27 个（县）市的经济发展水平位于较落后水平。应加强桂滇边境地区一体化发展，提升地区经济整体发展水平，发挥联动效应，增强人口流动平衡性。充分发挥市场的作用，有效配置资源要素，加强协同合作，在边境各城市之间建立协商与合作机制，探索利益共享机制。从协同发展和经济一体化的角度出发，按照"统筹规划、重点突破、联合带动"的原则，根据地区发展实际情况与发展需求，结合 33 个县（市、区）不同的功能定位和分工，不断提升地区间的经济发展，促进桂滇边境地区人口稀疏区的经济发展和人口集聚，进而缓解人口非均衡发展问题，实现区域内人口合理布局。

第四章

桂滇边境地区沿边村寨空间
格局重构实证研究

桂滇边境地区乡村空间发展类型取决于其特殊的地理环境和乡村聚落分布特征。探究桂滇边境地区沿边村寨空间格局重构问题，有助于厘清桂滇边境地区沿边村寨空间发展的优势条件、发展潜力和空间格局重构的核心要素，为地方政府制定沿边村寨建设相关政策提供参考。本章的研究内容包括两个方面：一是通过构建城镇中心性评价指标体系，采用改进的熵值法和修正的城镇引力模型，实证分析桂滇边境地区城镇经济联系强度的空间格局及其演化规律；二是通过构建乡村空间发展水平综合评价指标体系，综合运用熵值法、分类量化评价指数法以及空间自相关分析法，实证考察桂滇边境地区县域乡村空间发展水平、类型及其格局。

一、桂滇边境地区城镇空间经济联系与格局演化研究

桂滇边境地区间具有日益密切的经济社会联系，区域一体化发展具备有利条件。桂滇省际边界区域原本相近的地域单元受制于行政单元，在经济、社会、生态环境等方面存在明显差异，成为制约该区域一体化发展的重要因素。城镇在区域经济发展中发挥着组织协调、对外联系的主导纽带作用，分析经济联系强度、界定区域城镇体系空间结构是评价区域空间经济联系的核心问题（焦世泰等，2018）。桂滇边境地区包括广西壮族自治区的靖西市、龙州县、宁明县等8个县（市、区），以及云南省的西盟佤族自治县、绿春县、盈江县等25个县（市）。本研究以桂滇边境地区33个县（市、区）为研究对象，探讨桂滇边境地区城镇经济联系强度的空间格局及其演化规律。

（一）评价指标体系构建

为全面分析桂滇边境地区城镇空间经济联系与格局演化，本章基于数据的完

整性、时效性和可获取性原则，从区域规模、经济发展和社会发展三个层面，选取12项具体指标，构建桂滇边境地区城镇中心性评价指标体系（见表4-1）。其中，区域规模层面包括年末总人口、行政区域土地面积两项指标；经济发展层面包括地区生产总值、第二产业增加值、第三产业增加值、人均地区生产总值、公共财政收入、年末金融机构贷款余额等6项指标；社会发展层面包括社会消费品零售总额、居民储蓄存款余额、医疗卫生机构床位数、在校学生数等4项指标。

表4-1　　　　　　　桂滇边境地区城镇中心性评价指标体系及权重

一级指标	二级指标	单位	属性	权重
区域规模	年末总人口	万人	正向	0.0396
	行政区域土地面积	平方千米	正向	0.0418
经济发展	地区生产总值	万元	正向	0.0839
	第二产业产值	万元	正向	0.1009
	第三产业产值	万元	正向	0.1013
	人均地区生产总值	元	正向	0.0550
	公共财政收入	万元	正向	0.0905
	年末金融机构贷款余额	万元	正向	0.1358
社会发展	社会消费品零售总额	万元	正向	0.1237
	居民储蓄余额存款	万元	正向	0.1054
	医疗卫生机构床位数	床	正向	0.0776
	在校生学生数	人	正向	0.0446

（二）研究方法与数据说明

1. 研究方法

（1）改进的熵值法。为了表现不同时期桂滇边境地区城镇经济联系与空间格局演化规律，采用赋权法中改进的熵值法，加入时间变量，以实现不同年份之间的比较，使结果更加合理（杨丽、孙之淳，2015）。改进的熵值法评价模型如下。

第一步，指标标准化处理。公式如下。

$$X'_{\theta ij} = \frac{X_{\theta ij}}{X_{\max}}（正向指标），X'_{\theta ij} = \frac{X_{\min}}{X_{\theta ij}}（负向指标） \quad (4-1)$$

公式（4-1）中，$X'_{\theta ij}$ 表示第 θ 年城镇 i 的第 j 项指标的标准化数值，$X_{\max}$、

$X_{\min}$ 分别表示最大值和最小值。

第二步，确定指标权重。计算方式如下：

$$Y_{\theta ij} = \frac{X'_{\theta ij}}{\sum\limits_{\theta=1}^{r} \sum\limits_{i=1}^{n} X'_{\theta ij}} \qquad (4-2)$$

公式（4-2）中，$Y_{\theta ij}$ 表示第 θ 年 i 城镇的第 j 项指标的权重；θ 表示年份，共有 r 个年份，本研究中 $r=3$；i 表示城镇，共有 n 个城市，$n=33$。

第三步，计算第 j 项指标的熵值，计算方式如下：

$$E_j = -K \sum\limits_{\theta=1}^{r} \sum\limits_{i=1}^{n} Y_{\theta ij} \ln(Y_{\theta ij}), \quad K = \frac{1}{\ln(rn)} \qquad (4-3)$$

公式（4-3）中，E_j 为 j 指标的熵值，$0 \leqslant E_j \leqslant 1$，$K$ 为参数。

第四步，计算单个指标的总权重，计算方式如下：

$$W_j = \frac{G_j}{\sum\limits_{j=1}^{m} G_j}, \quad G_j = 1 - E_j \qquad (4-4)$$

公式（4-4）中，W_j 为 j 指标的权重；G_j 为 j 指标的信息效用值，m 为指标的数量。

第五步，计算各地区城镇的中心性得分，计算方式如下：

$$H_{\theta i} = \sum\limits_{j=1}^{m} W_j X'_{\theta ij} \qquad (4-5)$$

公式（4-5）中，$H_{\theta i}$ 表示第 θ 年城镇 i 的中心性得分。

（2）修正的城镇引力模型。采用城镇引力模型来量化桂滇边境地区各城镇之间的经济联系强度，有助于分析理想状态下中心城镇的辐射带动作用，也有助于反映周边城镇扩散的吸纳程度以及与周边城镇相互作用的强度（毕秀晶，2013）。运用修正的城镇引力模型能够展示理想状态下桂滇边境地区城镇经济联系网络的现实状况。公式如下：

$$R_{ij} = \frac{\sqrt{P_i V_i} \ \sqrt{P_j V_j}}{D_{ij}} \qquad (4-6)$$

公式（4-6）中，R_{ij} 表示城镇 i 与城镇 j 之间的经济联系强度，P_i 和 P_j 分别表示城镇 i 与城镇 j 的人口规模，V_i 和 V_j 分别表示城镇 i 与城镇 j 的经济规模，D_{ij} 表示城镇 i 与城镇 j 的距离。

城镇综合质量通过改进的熵值法计算出各城镇的中心性得分来衡量，城镇间的可达性通过城镇间的公路交通距离来表示。考虑到城镇流有方向性，因此采用修正的城市引力模型（赵纯风等，2015），公式如下：

$$R_{ij} = K_{ij} \frac{M_i M_j}{D_{ij}^b}, \quad K_{ij} = \frac{GDP_i}{GDP_i + GDP_j} \qquad (4-7)$$

公式（4-7）中，M_i 表示城镇 i 的综合质量，M_j 表示城镇 j 的综合质量，D_{ij} 表示两城镇之间的时间距离，距离系数 $b=2$；K_{ij} 表示城镇 i 与城镇 j 的 GDP 之和中城镇 i 的 GDP 所占比重。

2. 数据说明

本章所使用的数据来源于 2011～2022 年《云南统计年鉴》《广西统计年鉴》和《中国县域统计年鉴》，并通过百度地图获取桂滇边境地区各县区的经纬度数据、各县区间千米距离。其中，各县区间千米距离采用城市间公路所需最短时间距离进行衡量。

（三）实证结果与分析

1. 区域经济空间结构演变

本章运用改进的熵值法，计算得出桂滇边境地区中心性评价指标体系中各项指标的权重（见表 4-1），以及 2010 年、2015 年和 2021 年三个代表性年份桂滇边境地区分地区一级指标中心性得分（见表 4-2）。结果显示，桂滇边境 33 个县（市、区）的区域规模指标得分整体变化较小，三个代表性年份中得分均较高的地区分别是孟连傣族拉祜族佤族自治县和腾冲市。其中，2021 年孟连傣族拉祜族佤族自治县得分最高为 0.0686，腾冲市得分为 0.0671，二者得分的差距较小。经济发展指标的得分整体变化较大，但地区之间的差距逐渐拉大。2010 年位居第一位的地区是景洪市，得分为 0.1326，处于末位的地区分别是西盟佤族自治县，得分为 0.0074，二者相差 0.1252；2021 年位居第一位的地区仍然是景洪市，得分为 0.4865，处于末位的地区变为福贡县，得分为 0.0438，二者相差 0.4424。最高分与最低分之间的差距由 0.1252 变为 0.4424，表明地区之间的经济发展差距逐渐拉大。社会发展指标得分特点与经济发展指标得分情况类似，但变化趋势放缓。2010 年位居前两位的地区分别是景洪市和腾冲市，得分分别为 0.1112 和 0.0948，得分最后两位的地区分别是贡山独龙族怒族自治县（0.0046）和西盟佤族自治县（0.0091）；2015 年位居前两位地区的得分分别上升为 0.1903 和 0.1421，最后两位地区的得分分别为 0.0074 和 0.0118；2021 年两地区的得分进一步上升为 0.3178 和 0.2650，得分最后两位地区的分别为 0.0105 和 0.0207。与经济发展指标相比，社会发展指标得分上涨速度较慢。各地区在区域规模、经济发展和社会发展三个层面变动幅度较大，景洪市、腾冲市、富宁县、靖西市、芒市和瑞丽市等地区发展相对较快。

表 4 - 2　　　　　　代表性年份桂滇边境地区分地区一级指标中心性得分

地区	区域规模			经济发展			社会发展		
	2010 年	2015 年	2021 年	2010 年	2015 年	2021 年	2010 年	2015 年	2021 年
靖西市	0.0463	0.0474	0.0457	0.0961	0.1940	0.2759	0.0580	0.0893	0.1411
那坡县	0.0199	0.0202	0.0210	0.0151	0.0379	0.0694	0.0194	0.0355	0.0464
凭祥市	0.0099	0.0102	0.0110	0.0537	0.1184	0.1381	0.0250	0.0439	0.0703
宁明县	0.0336	0.0316	0.0303	0.0648	0.1521	0.1376	0.0384	0.0579	0.0891
龙州县	0.0311	0.0389	0.0371	0.0583	0.1342	0.1392	0.0321	0.0511	0.0776
大新县	0.0291	0.0247	0.0251	0.0753	0.1303	0.1535	0.0320	0.0554	0.0973
防城区	0.0337	0.0350	0.0357	0.0930	0.1815	0.1464	0.0698	0.1134	0.1152
东兴市	0.0116	0.0123	0.0161	0.0799	0.1794	0.1444	0.0350	0.0646	0.0869
麻栗坡县	0.0298	0.0338	0.0317	0.0392	0.0718	0.1396	0.0373	0.0492	0.0886
马关县	0.0480	0.0501	0.0492	0.0541	0.1049	0.1862	0.0453	0.0666	0.1080
富宁县	0.0362	0.0271	0.0254	0.0431	0.0953	0.1751	0.0506	0.0766	0.1236
金平县	0.0395	0.0391	0.0372	0.0296	0.0649	0.1136	0.0338	0.0493	0.1000
绿春县	0.0283	0.0279	0.0273	0.0166	0.0392	0.0744	0.0251	0.0296	0.0575
河口县	0.0127	0.0126	0.0125	0.0302	0.0678	0.1866	0.0223	0.0303	0.0491
景洪市	0.0650	0.0685	0.0720	0.1326	0.2832	0.4865	0.1112	0.1903	0.3178
勐海县	0.0463	0.0465	0.0472	0.0480	0.1125	0.2174	0.0428	0.0583	0.1074
勐腊县	0.0510	0.0506	0.0513	0.0474	0.0974	0.1612	0.0449	0.0686	0.1034
江城县	0.0168	0.0176	0.0177	0.0204	0.0413	0.0876	0.0126	0.0207	0.0391
孟连县	0.0501	0.0702	0.0686	0.0161	0.0368	0.0805	0.0183	0.0291	0.0525
澜沧县	0.0367	0.0121	0.0119	0.0375	0.0876	0.1893	0.0386	0.0575	0.1043
西盟县	0.0220	0.0237	0.0234	0.0074	0.0193	0.0461	0.0091	0.0118	0.0207
镇康县	0.0233	0.0232	0.0225	0.0244	0.0578	0.0932	0.0220	0.0337	0.0603
耿马县	0.0370	0.0357	0.0349	0.0345	0.0874	0.1501	0.0364	0.0520	0.0895
沧源县	0.0230	0.0220	0.0213	0.0185	0.0512	0.0834	0.0198	0.0276	0.0455
腾冲市	0.0673	0.0672	0.0671	0.1147	0.2623	0.4685	0.0948	0.1421	0.2650
龙陵县	0.0307	0.0306	0.0302	0.0392	0.0947	0.1900	0.0336	0.0502	0.0922
芒市	0.0383	0.0394	0.0420	0.0780	0.1440	0.3104	0.0724	0.1135	0.2346
瑞丽市	0.0317	0.0393	0.0390	0.0631	0.1590	0.2419	0.0596	0.0916	0.1801
盈江县	0.0278	0.0203	0.0203	0.0598	0.1057	0.1557	0.0453	0.0658	0.0970

续表

地区	区域规模			经济发展			社会发展		
	2010 年	2015 年	2021 年	2010 年	2015 年	2021 年	2010 年	2015 年	2021 年
陇川县	0.0159	0.0188	0.0184	0.0242	0.0524	0.0966	0.0245	0.0379	0.0583
泸水市	0.0251	0.0259	0.0272	0.0356	0.0725	0.1547	0.0289	0.0428	0.0646
福贡县	0.0191	0.0196	0.0201	0.0092	0.0200	0.0438	0.0123	0.0134	0.0207
贡山县	0.0237	0.0237	0.0231	0.0096	0.0243	0.0502	0.0046	0.0074	0.0105

表 4 - 3 反映了代表性年份桂滇边境地区分地区中心性总得分与排序情况。可见，三个代表性年份的中心性总得分变动较小，但部分地区变动幅度较大。2010 年、2015 年和 2021 年排名靠前的两个地区是景洪市和腾冲市，均属于云南省，二者得分差距较小，2021 年景洪市得分是 0.8764，腾冲市得分为 0.8006。三个代表性年份中排名末位的地区均是贡山独龙族怒族自治县，该县位于云南省怒江州，2021 年得分为 0.0838，与景洪市相差 0.7926。考察期内得分排名一直呈上升趋势的有 7 个县（市），分别是河口瑶族自治县、江城哈尼族彝族自治县、耿马傣族佤族自治县、龙陵县、芒市、瑞丽市、陇川县。其中，龙陵县排名上升幅度最快，先从 2010 年的第 19 位，上升到 2015 年的第 16 位，再上升至 2021 年的第 10 位。靖西市、那坡县、大新县、防城区、孟连县、盈江县和泸水市等 7 个县（市）一直呈下降趋势，其中，防城区的得分降幅最大，由 2010 年的第 4 位下降至 2021 年的第 12 位。

表 4 - 3　　　　代表性年份桂滇边境地区分地区中心性总得分与排序

地区	2010 年	排序	2015 年	排序	2021 年	排序
靖西市	0.2004	3	0.3307	3	0.4628	4
那坡县	0.0546	29	0.0936	29	0.1368	30
凭祥市	0.0886	22	0.1724	18	0.2194	23
宁明县	0.1368	10	0.2417	8	0.2570	17
龙州县	0.1215	15	0.2242	9	0.2539	18
大新县	0.1364	11	0.2104	13	0.2759	13
防城区	0.1965	4	0.3298	4	0.2973	12
东兴市	0.1265	14	0.2563	7	0.2474	21
麻栗坡县	0.1063	18	0.1548	20	0.2599	16
马关县	0.1474	7	0.2217	10	0.3434	7
富宁县	0.1298	13	0.1991	14	0.3241	8
金平县	0.1029	20	0.1533	21	0.2508	19
绿春县	0.0700	24	0.0966	28	0.1592	27

地区	2010 年	排序	2015 年	排序	2021 年	排序
河口县	0.0652	26	0.1107	25	0.2481	20
景洪市	0.3087	1	0.5420	1	0.8764	1
勐海县	0.1371	9	0.2174	11	0.3719	6
勐腊县	0.1434	8	0.2166	12	0.3159	9
江城县	0.0498	30	0.0796	30	0.1444	29
孟连县	0.0846	23	0.1361	23	0.2016	24
澜沧县	0.1128	16	0.1572	19	0.3055	11
西盟县	0.0385	32	0.0549	32	0.0902	31
镇康县	0.0697	25	0.1147	24	0.1760	25
耿马县	0.1079	17	0.1751	17	0.2745	14
沧源县	0.0614	28	0.1008	27	0.1502	28
腾冲市	0.2768	2	0.4715	2	0.8006	2
龙陵县	0.1035	19	0.1755	16	0.3124	10
芒市	0.1887	5	0.2969	5	0.5870	3
瑞丽市	0.1544	6	0.2899	6	0.4610	5
盈江县	0.1328	12	0.1919	15	0.2729	15
陇川县	0.0646	27	0.1091	26	0.1732	26
泸水市	0.0897	21	0.1413	22	0.2465	22
福贡县	0.0408	31	0.0530	33	0.0846	32
贡山县	0.0379	33	0.0554	31	0.0838	33

2. 区域经济空间联系特征

为更好地分析桂滇边境各地区之间的空间经济联系，本研究将桂滇边境 33 个县（市、区）组合成 528 对城市对，并利用 ArcGis 软件将 2010 ~ 2021 年桂滇边境地区城镇之间的经济联系强度进行可视化分析。根据 ArcGIS 软件自然间断点分级法，将桂滇边境地区各城镇空间经济联系强度分为四类：空间经济联系强度低于 0.0001 为低值区；空间经济联系强度介于 0.0001 ~ 0.001 为中值区；空间经济联系强度介于 0.001 ~ 0.01 为较高值区；空间经济联系强度高于 0.01 为高值区。

图 4 - 1 反映了 2010 年桂滇边境地区各城镇空间经济联系。结果显示，2010 年桂滇边境地区各城镇之间的空间经济联系强度整体较弱。空间经济联系强度位于高值区的城市对仅有 4 对，分别是芒市—龙陵县、瑞丽市—陇川县、防城区—东兴市、腾冲市—龙陵县，占比 0.76%。其中，芒市—龙陵县空间经济联系强度最高，为 0.0460。原因可能在于芒市到龙陵县的距离较近，从芒市开车前往龙陵县仅需 44 分钟，这为龙陵县与腾冲市强化空间经济联系提供了便利条件。空间经济联系强度位于较高值区的城市对共 34 对，分别是龙陵县—防城区、金平苗族瑶族傣族自治县—河口瑶族自治县、靖西市—防城区、防城区—凭祥市、大新

县—防城区、勐海县—澜沧拉祜族自治县、靖西市—凭祥市、宁明县—防城区、勐海县—勐腊县、瑞丽市—腾冲市、盈江县—芒市、靖西市—宁明县、靖西市—龙州县、孟连傣族拉祜族佤族自治县—澜沧拉祜族自治县、盈江县—龙陵县、大新县—凭祥市、勐腊县—景洪市、盈江县—陇川县、富宁县—靖西市、瑞丽市—龙陵县、芒市—陇川县、龙州县—大新县、宁明县—大新县、龙州县—凭祥市、富宁县—那坡县、盈江县—瑞丽市、龙州县—宁明县、马关县—麻栗坡县、靖西市—那坡县、靖西市—大新县、盈江县—腾冲市、芒市—瑞丽市、芒市—腾冲市、勐海县—景洪市，占比6.44%。空间经济联系强度位于中值区的城市对有72对，占比13.64%。位于低值区的有418对，占比79.17%，且超过一半的城市对的空间经济联系强度低于0.0001。

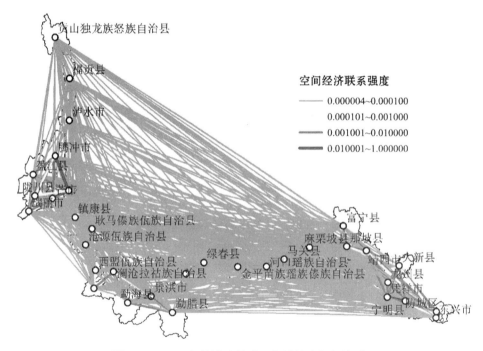

图4-1 2010年桂滇边境地区各城镇空间经济联系

图4-2反映了2011年桂滇边境地区各城镇空间经济联系。结果表明，2011年桂滇边境地区各城镇间的空间经济联系强度整体仍位于较弱水平，但相较2010年有所加强。位于高值区的城市对有6对，分别是芒市—龙陵县、瑞丽市—陇川县、防城区—东兴市、宁明县—凭祥市、腾冲市—龙陵县、勐海县—景洪市，占比1.14%。宁明县—凭祥市以及勐海县—景洪市由原先的较高值区变为高值区。

位于较高值区的城市对共 34 对，分别是龙陵县—防城区、金平苗族瑶族傣族自治县—河口瑶族自治县、靖西市—防城区、防城区—凭祥市、大新县—防城区、勐海县—澜沧拉祜族自治县、靖西市—凭祥市、宁明县—防城区、勐海县—勐腊县、瑞丽市—腾冲市、盈江县—芒市、靖西市—宁明县、靖西市—龙州县、孟连傣族拉祜族佤族自治县—澜沧拉祜族自治县、盈江县—龙陵县、盈江县—陇川县、大新县—凭祥市、勐腊县—景洪市、盈江县—陇川县、富宁县—靖西市、瑞丽市—龙陵县、芒市—陇川县、龙州县—大新县、宁明县—大新县、龙州县—凭祥市、富宁县—那坡县、盈江县—瑞丽市、龙州县—宁明县、马关县—麻栗坡县、靖西市—那坡县、靖西市—大新县、盈江县—腾冲市、芒市—瑞丽市、芒市—腾冲市，占比 6.63%。位于中值区的城市对有 92 对，占比 17.42%。位于低值区的有 395 对，占比 74.81%，相比 2010 年减少了 23 对，但仍有一半以上的城市对的空间经济联系强度低于 0.0001。

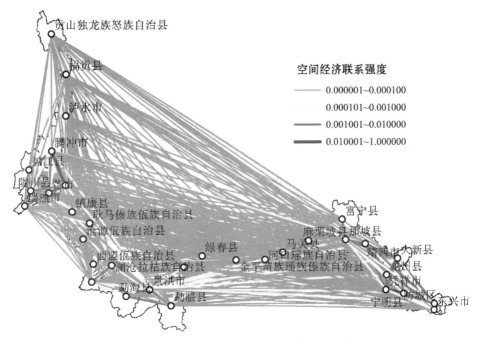

图 4-2　2011 年桂滇边境地区各城镇空间经济联系

图 4-3 反映了 2012 年桂滇边境地区各城镇空间经济联系。结果显示，2012 年桂滇边境地区大部分城市对的空间经济联系强度均位于低值区。位于高值区的城市对有 8 对，分别是芒市—龙陵县、瑞丽市—陇川县、防城区—东兴市、宁明县—凭祥市、腾冲市—龙陵县、勐海县—景洪市、芒市—瑞丽市、芒市—腾冲市，占比

1.52%。与 2011 年相比，增加了两对高值区，即芒市—瑞丽市、芒市—腾冲市由原先的较高值区变为高值区。位于较高值区的城市对有 37 对，分别是盈江县—腾冲市、靖西市—大新县、靖西市—那坡县、龙州县—凭祥市、盈江县—瑞丽市、龙州县—宁明县、马关县—麻栗坡县、富宁县—那坡县、宁明县—大新县、龙州县—大新县、芒市—陇川县、大新县—凭祥市、富宁县—靖西市、瑞丽市—龙陵县、盈江县—陇川县、勐腊县—景洪市、靖西市—龙州县、靖西市—宁明县、盈江县—龙陵县、孟连傣族拉祜族佤族自治县—澜沧拉祜族自治县、靖西市—凭祥市、盈江县—芒市、瑞丽市—腾冲市、宁明县—防城区、勐海县—勐腊县、大新县—防城区、勐海县—澜沧拉祜族自治县、防城区—凭祥市、靖西市—防城区、龙州县—防城区、大新县—那坡县、金平苗族瑶族傣族自治县—河口瑶族自治县、沧源佤族自治县—耿马傣族佤族自治县、富宁县—大新县、陇川县—龙陵县、宁明县—东兴市、大新县—东兴市，占比 7.01%。位于中值区的城市对有 108 对，占比 20.45%，与 2011 年相比增加了 16 对。位于低值区的有 375 对，占比 71.02%，相较 2011 年减少了 20 对，但超过一半的城市对的空间经济联系强度低于 0.0001。

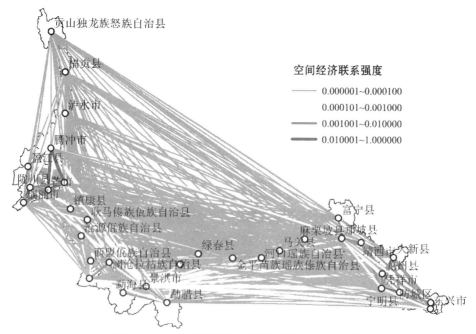

图 4-3　2012 年桂滇边境地区各城镇空间经济联系

图 4-4 反映了 2013 年桂滇边境地区各城镇空间经济联系。结果显示，2013年桂滇边境地区各城镇间的空间经济联系强度有所提升。位于高值区的城市对共

10 对，分别是芒市—龙陵县、瑞丽市—陇川县、防城区—东兴市、宁明县—凭祥市、腾冲市—龙陵县、勐海县—景洪市、芒市—瑞丽市、芒市—腾冲市、盈江县—腾冲市和靖西市—大新县，占比 1.89%。盈江县—腾冲市和靖西市—大新县由较高值区变为高值区。位于较高值区的城市对共 39 对，分别是龙州县—凭祥市、靖西市—那坡县、盈江县—瑞丽市、龙州县—宁明县、富宁县—那坡县、马关县—麻栗坡县、宁明县—大新县、龙州县—大新县、芒市—陇川县、大新县—凭祥市、富宁县—靖西市、瑞丽市—龙陵县、盈江县—陇川县、勐腊县—景洪市、靖西市—龙州县、靖西市—宁明县、盈江县—龙陵县、孟连傣族拉祜族佤族自治县—澜沧拉祜族自治县、靖西市—凭祥市、盈江县—芒市、瑞丽市—腾冲市、宁明县—防城区、勐海县—勐腊县、大新县—防城区、勐海县—澜沧拉祜族自治县、靖西市—防城区、龙州县—防城区、大新县—那坡县、金平苗族瑶族傣族自治县—河口瑶族自治县、沧源佤族自治县—耿马傣族佤族自治县、富宁县—大新县、陇川县—龙陵县、宁明县—东兴市、大新县—东兴市、靖西市—东兴市、富宁县—马关县、澜沧拉祜族自治县—景洪市、陇川县—腾冲市、勐海县—孟连傣族拉祜族佤族自治县，占比 7.58%。位于中值区的城市对有 127 对，占比 24.05%，相比 2012 年增加了 19 对。位于低值区的有 351 对，占比 66.47%，相较 2012 年减少了 24 对，但仍有一半以上的城市对的空间经济联系强度低于 0.0001。

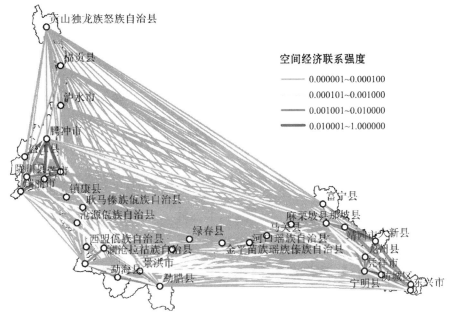

图 4－4 2013 年桂滇边境地区各城镇空间经济联系

图 4 - 5 反映了 2014 年桂滇边境地区各城镇空间经济联系。结果显示，2014 年桂滇边境地区大多数城市对的空间经济联系强度均位于低值区，但与 2013 年相比空间经济联系强度有一定程度提升。位于高值区的城市对共 12 对，分别是芒市—龙陵县、瑞丽市—陇川县、防城区—东兴市、宁明县—凭祥市、腾冲市—龙陵县、勐海县—景洪市、芒市—瑞丽市、芒市—腾冲市、靖西市—大新县、盈江县—腾冲市、龙州县—凭祥市和靖西市—那坡县，占比 2.27%。其中，瑞丽市—陇川县的空间经济联系强度最高，联系强度为 0.11，首次超过 0.1。相较 2013 年，增加了两对高值区，龙州县—凭祥市和靖西市—那坡县由较高值区变为高值区。位于较高值区的城市对共 41 对，占比 7.77%。位于中值区的城市对有 143 对，占比 27.08%，与 2013 年相比增加了 16 对。位于低值区的有 332 对，占比 62.88%，较 2014 年减少了 19 对，但仍有一半以上的城市对的空间经济联系强度低于 0.0001。

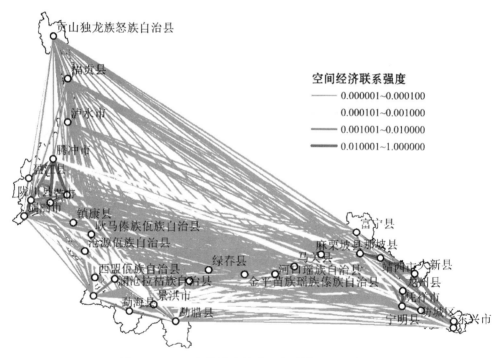

图 4 - 5　2014 年桂滇边境地区各城镇空间经济联系

图 4 - 6 反映了 2015 年桂滇边境地区各城镇空间经济联系。结果显示，2015 年桂滇边境地区超过一半城市对的空间经济联系强度位于低值区，但与 2014 年

相比空间经济联系强度有所提升。位于高值区的城市对共 13 对，分别是芒市—龙陵县、瑞丽市—陇川县、防城区—东兴市、宁明县—凭祥市、腾冲市—龙陵县、勐海县—景洪市、芒市—瑞丽市、芒市—腾冲市、靖西市—大新县、盈江县—腾冲市、龙州县—凭祥市、龙州县—宁明县和靖西市—那坡县，占比 2.46%。其中，空间经济联系强度超过 0.1 的城市对有 2 对，分别是芒市—龙陵县和瑞丽市—陇川县。与 2014 年相比，增加了 1 对高值区，龙州县—宁明县由较高值区变为高值区。位于较高值区的城市对共 46 对，占比 8.71%。位于中值区的城市对有 156 对，占比 29.55%，相较 2014 年增加了 13 对。2015 年，桂滇边境地区有 313 对城市对位于低值区，占比 59.28%，表明该区域仍有一半以上的城市对的空间经济联系强度低于 0.0001。

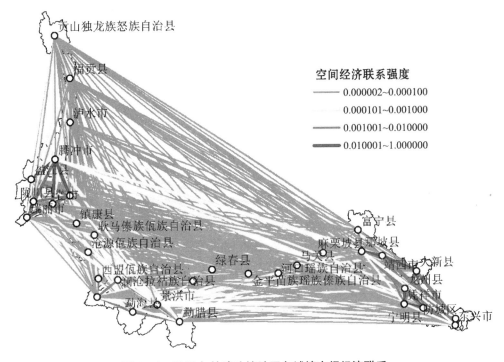

图 4-6　2015 年桂滇边境地区各城镇空间经济联系

图 4-7 反映了 2016 年桂滇边境地区各城镇空间经济联系。结果显示，2016年桂滇边境地区各城镇之间的空间经济联系强度整体仍位于较低水平，一半以上的城市对的空间经济联系强度位于低值区，但与 2015 年相比空间经济联系强度稳步提升。位于高值区的城市对共 18 对，分别是芒市—龙陵县、瑞丽市—陇川

县、防城区—东兴市、宁明县—凭祥市、腾冲市—龙陵县、勐海县—景洪市、芒
市—瑞丽市、芒市—腾冲市、靖西市—大新县、盈江县—腾冲市、龙州县—凭祥
市、龙州县—宁明县、靖西市—那坡县、富宁县—那坡县、龙州县—大新县、马
关县—麻栗坡县、宁明县—大新县和盈江县—瑞丽市。高值区的城市对占比
3.41%，相比 2015 年增加了 5 对。其中，空间经济联系强度超过 0.1 的城市对
有 3 对，瑞丽市—陇川县之间的空间经济联系强度达到 0.15。位于较高值区的城
市对共 46 对，占比 8.71%。位于中值区的城市对有 170 对，占比 32.20%，相比
2015 年增加了 14 对。位于低值区的有 294 对，占比 55.68%，仍有超过一半的
城市对的空间经济联系强度低于 0.0001。

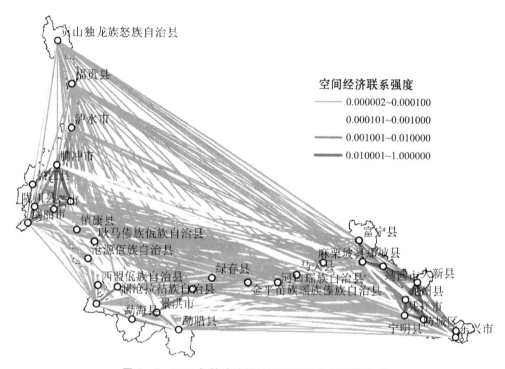

图 4 - 7　2016 年桂滇边境地区各城镇空间经济联系

　　图 4 - 8 反映了 2017 年桂滇边境地区各城镇空间经济联系。结果显示，2017
年桂滇边境地区各城镇之间的空间经济联系强度整体仍位于较低水平，但与 2016
年相比空间经济联系强度持续提升。位于高值区的城市对共 20 对，分别是芒
市—龙陵县、瑞丽市—陇川县、防城区—东兴市、宁明县—凭祥市、腾冲市—龙
陵县、勐海县—景洪市、芒市—瑞丽市、芒市—腾冲市、靖西市—大新县、盈江

县—腾冲市、龙州县—凭祥市、龙州县—宁明县、靖西市—那坡县、富宁县—那坡县、龙州县—大新县、马关县—麻栗坡县、宁明县—大新县、盈江县—瑞丽市、瑞丽市—龙陵县和芒市—陇川县。位于高值区的城市对占比 3.79%，相比 2016 年增加了 2 对。其中，空间经济联系强度超过 0.1 的城市对有 3 对，瑞丽市—陇川县之间的空间经济联系强度达到 0.17。位于较高值区的城市对共 49 对，占比 9.28%。位于中值区的城市对有 189 对，占比 35.80%，相较 2016 年增加了 19 对。位于低值区的有 270 对，占比 51.14%。尽管位于低值区的城市对较 2016 年减少了 24 对，但仍有一半以上的城市对的空间经济联系强度低于 0.0001。

图 4 - 8　2017 年桂滇边境地区各城镇空间经济联系

图 4-9 反映了 2018 年桂滇边境地区各城镇空间经济联系。结果显示，2018 年桂滇边境地区各城镇之间的空间经济联系强度整体提升，空间经济联系强度位于低值的城市对的占比首次低于 50%。位于高值区的城市对共 22 对，分别是芒市—龙陵县、瑞丽市—陇川县、防城区—东兴市、宁明县—凭祥市、腾冲市—龙陵县、勐海县—景洪市、芒市—瑞丽市、芒市—腾冲市、靖西市—大新县、盈江县—腾冲市、龙州县—凭祥市、龙州县—宁明县、靖西市—那坡县、富宁县—

那坡县、龙州县—大新县、马关县—麻栗坡县、宁明县—大新县、盈江县—瑞丽市、瑞丽市—龙陵县、芒市—陇川县、富宁县—靖西市和大新县—凭祥市。位于高值区的城市对占比4.17%，相比2017年增加了2对。其中，空间经济联系强度超过0.1的城市对有3对，瑞丽市—陇川县之间的空间经济联系强度达到0.18。位于较高值区的城市对有49对，占比9.28%。位于中值区的城市对有206对，占比39.02%，相较2017年增加了17对。位于低值区的有251对，占比47.54%，相较2017年减少了19对。尽管2018年桂滇边境地区各城镇间的空间经济联系强度明显提升，但占比47.54%的城市对的空间经济联系强度依旧低于0.0001。

图4-9 2018年桂滇边境地区各城镇空间经济联系

图4-10反映了2019年桂滇边境地区各城镇空间经济联系。结果显示，2019年桂滇边境地区各城镇间的空间经济联系强度明显提升，空间经济联系强度大都位于中值区，位于中值区的城市对首次超过低值区。位于高值区的城市对共22对，分别是芒市—龙陵县、瑞丽市—陇川县、腾冲市—龙陵县、防城区—

东兴市、宁明县—凭祥市、勐海县—景洪市、芒市—瑞丽市、芒市—腾冲市、盈江县—腾冲市、瑞丽市—龙陵县、富宁县—那坡县、马关县—麻栗坡县、靖西市—大新县、芒市—陇川县、盈江县—瑞丽市、富宁县—靖西市、龙州县—凭祥市、龙州县—宁明县、瑞丽市—腾冲市、勐腊县—景洪市、龙州县—大新县和盈江县—陇川县。位于高值区的城市对占比 4.36%，与 2018 年相比增加了 1 对。其中，瑞丽市—陇川县之间的空间经济联系强度达到 0.28。位于较高值区的城市对共 54 对，占比 10.23%。位于中值区的城市对有 257 对，占比 48.67%，与 2018 年相比增加了 51 对。位于低值区的有 194 对，占比 36.74%，较 2018 年减少了 57 对。2019 年，桂滇边境地区各城镇间的经济联系强度位于低值区的城市对低于中值区，表明桂滇边境地区各城镇之间的空间经济联系强度得到明显提升。

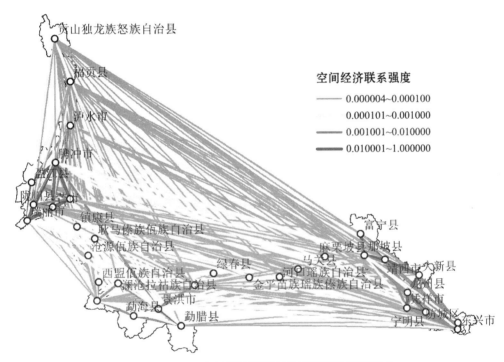

空间经济联系强度

—— 0.000004~0.000100

—— 0.000101~0.001000

—— 0.001001~0.010000

—— 0.010001~1.000000

图 4-10　2019 年桂滇边境地区各城镇空间经济联系

图 4-11 反映了 2020 年桂滇边境地区各城镇空间经济联系。结果显示，2020 年桂滇边境地区各城镇之间的空间经济联系强度持续提升，空间经济联系强度大都位于中值区，位于低值区的城市对明显减少。位于高值区的城市对共 26 对，分别是芒市—龙陵县、瑞丽市—陇川县、腾冲市—龙陵县、防城区—东

兴市、芒市—瑞丽市、宁明县—凭祥市、勐海县—景洪市、芒市—腾冲市、芒市—陇川县、盈江县—腾冲市、瑞丽市—龙陵县、盈江县—瑞丽市、靖西市—大新县、富宁县—那坡县、马关县—麻栗坡县、盈江县—陇川县、富宁县—靖西市、靖西市—那坡县、龙州县—凭祥市、龙州县—宁明县、龙州县—大新县、盈江县—芒市、盈江县—龙陵县、宁明县—大新县、勐腊县—景洪市和孟连傣族拉祜族佤族自治县—澜沧拉祜族自治县。位于高值区的城市对占比4.93%，与2019年相比增加了4对。其中，瑞丽市—陇川县之间的空间经济联系强度达到0.57。位于较高值区的城市对共56对，占比10.63%。位于中值区的城市对有285对，占比54.08%，相较2019年增加了28对。位于低值区的有160对，占比30.36%，相较2019年减少了34对。2020年，桂滇边境地区一半以上的城市对空间经济联系强度位于中值区，且位于低值区的城市对数量明显减少，表明桂滇边境地区各城镇之间的空间经济联系强度在持续提升。

图4-11　2020年桂滇边境地区各城镇空间经济联系

　　图4-12反映了2021年桂滇边境地区各城镇空间经济联系。结果显示，2021年桂滇边境地区各城镇之间的空间经济联系强度进一步提升，空间经济联

系强度位于高值区和较高值区的城市对达到 16.10%，位于中值区的城市对达 55.30%，位于低值区的城市对明显减少。位于高值区的城市对共 28 对，分别是 芒市—龙陵县、瑞丽市—陇川县、腾冲市—龙陵县、防城区—东兴市、芒市—瑞 丽市、宁明县—凭祥市、勐海县—景洪市、芒市—腾冲市、芒市—陇川县、盈江 县—腾冲市、靖西市—大新县、富宁县—那坡县、马关县—麻栗坡县、靖西市— 那坡县、瑞丽市—龙陵县、盈江县—腾冲市、盈江县—瑞丽市、富宁县—靖西 市、盈江县—陇川县、龙州县—凭祥市、龙州县—宁明县、龙州县—大新县、宁 明县—大新县、勐腊县—景洪市、孟连傣族拉祜族佤族自治县—澜沧拉祜族自治 县、瑞丽市—腾冲市、大新县—凭祥市和盈江县—龙陵县。位于高值区的城市对 占比 5.29%，其中，瑞丽市—陇川县之间的空间经济联系强度达到 0.32。位于 较高值区的城市对共 58 对，占比 10.96%。位于中值区的城市对有 292 对，占比 55.20%，相较 2020 年增加了 7 对。位于低值区的有 151 对，占比 28.54%，相 较 2020 年减少了 9 对。2021 年，桂滇边境地区各城镇之间的空间经济联系强度 多数位于中值区，且位于低值区的城市对数量持续减少，表明各城镇之间的空间 经济联系强度进一步提升。

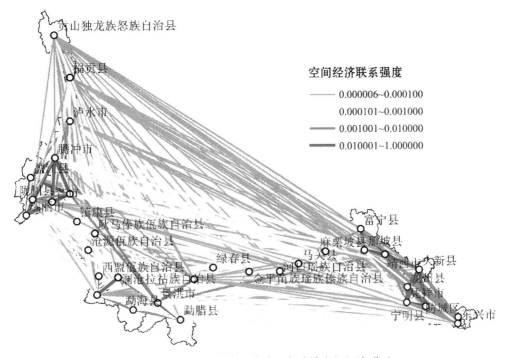

图 4 – 12　2021 年桂滇边境地区各城镇空间经济联系

根据图 4 - 1 至图 4 - 12 可知，桂滇边境地区在 2010～2021 年各城镇空间经济联系强度呈现出不断增强的发展态势。整体来看，桂滇边境地区各城镇之间的空间经济联系强度表现出"西南和东南边界较强、中部和北部区域较弱"的特点。2010 年，桂滇边境地区城镇空间经济联系强度位于高值区的城市对有 4 对，2021 年达到 27 对。其中，芒市—龙陵县、瑞丽市—陇川县、防城区—东兴市、腾冲市—龙陵县的空间经济联系强度在考察期内一直位于高值区。2010 年，桂滇边境地区城镇空间经济联系强度位于低值区的城市对有 418 对，2021 年减少至151 对。位于低值区的城市对占比从 2010 年的 79.17% 降至 2021 年的 28.6%。考察期内芒市与其他城市的空间经济联系强度较强。2021 年，芒市实现地区生产总值 180.99 亿元，人均 GDP 为 58040 元。作为云南省重要的茶树种植区，芒市拥有"德凤""勐巴娜""孔雀公主""云宏""灵岑"和"潞春"等著名品牌，"德昂酸茶"具有较高知名度，茶叶产业得到迅速发展，为芒市加强与周边地区的经济联系提供了有利条件。

二、桂滇边境地区县域乡村空间发展评价与格局研究

乡村地域系统是由人类活动、经济、资源及环境等多种要素共同组成的乡村空间体系。乡村振兴以乡村地域系统作为对象，重点在于激活乡村的人—地—业—财等要素活力，旨在实现乡村地域系统的全面振兴（刘彦随等，2019）。长期以来，桂滇边境地区乡村发展基础薄弱、内生发展动力不足，乡村地域类型的复杂多样性使得该区域在乡村振兴中面临更为严峻的挑战。县域乡村空间发展水平的提升对于桂滇边境地区统筹乡村空间发展、分类施策巩固拓展脱贫攻坚成果具有重要意义。本研究以桂滇边境地区 33 个县（市、区）为研究对象，探讨桂滇边境地区县域乡村空间发展水平、类型及其格局。

（一）评价指标体系构建

参考前人的相关研究成果（田馨、罗阳，2021；尹君锋、石培基，2022；周苗苗等，2022；吴丹丹等，2022），在遵循科学性、全面性和数据可获得性的原则上，从乡村土地空间、乡村经济空间、乡村人口空间以及乡村人居环境空间等4 个层面共选取 14 项具体指标，构建桂滇边境地区乡村空间发展水平综合评价指标体系（见表 4 - 4）。其中，乡村土地空间层面由人均耕地面积、单位面积粮食产值构成；乡村经济空间层面由乡村人均生产总值、规模以上工业企业个数、社会消费品零售总额、农村居民收入水平等 4 项指标构成；乡村人口空间层面由

乡村人口流失率、人口密度、常住人口等 3 项指标构成；乡村人居环境空间层面由医疗卫生机构床位数、普通中学在校学生数、小学在校学生数、提供住宿的社会工作机构、提供住宿的社会工作机构床位等 5 项指标构成。

表 4 - 4　　　　桂滇边境地区乡村空间发展水平综合评价指标体系及权重

一级指标	二级指标及单位	指标含义及计算方法	属性	权重
乡村土地空间	人均耕地面积（平方千米/人）	耕地面积/常住人口	正向	0.0450
	单位面积粮食产值（吨/公顷）	粮食总产值/粮食耕地面积	正向	0.0452
乡村经济空间	人均生产总值（元）	地区生产总值/常住人口	正向	0.0856
	规模以上工业企业个数（个）	企业单位数	正向	0.0810
	社会消费品零售总额（万元）	社会消费品零售总额	正向	0.0900
	农村居民收入水平（元）	农村居民人均可支配收入	正向	0.0558
乡村人口空间	乡村人口流失率（%）	常住人口/户籍人口	负向	0.0292
	人口密度（%）	常住人口/行政村面积	正向	0.0404
	常住人口（万人）	常住人口数	正向	0.0529
乡村人居环境空间	医疗卫生机构床位数（张）	医疗卫生机构床位数	正向	0.0796
	普通中学在校学生数（人）	普通中学在校学生数	正向	0.0595
	小学在校学生数（人）	小学在校学生数	正向	0.0531
	提供住宿的社会工作机构（个）	提供住宿的社会工作机构数	正向	0.1892
	提供住宿的社会工作机构床位（床）	提供住宿的社会工作机构床位数	正向	0.0935

（二）研究方法与数据说明

1. 研究方法

（1）熵值法。AHP 和 Delphi 专家打分法可用于计算权重，但这两种方法均具有较强的主观性，因此本研究采用熵值法计算各指标的权重。计算公式如下：

$$k_j = -\frac{1}{\ln n} \sum_{i=1}^{n} (S_{ij} \ln S_{ij}), \quad S_{ij} = \frac{R_{ij}}{\sum\limits_{i=1}^{n} R_{ij}}, \quad W_j = \frac{1 - k_j}{\sum\limits_{i=1}^{n} (1 - k_j)} \quad (4-8)$$

公式（4-8）中，k_j 为第 j 项指标熵值，$0 \leqslant k_j \leqslant 1$；$S_{ij}$ 表示 i 地区第 j 项指标占所有地区第 j 项指标的比重；W_j 表示第 j 项指标的总权重。

（2）分类量化评价指数法。通过权重值计算可以得到桂滇边境地区乡村空间分类量化评价指标体系中各指标的权重，利用归一化后的数据与指标权重相乘求和，计算得到桂滇边境地区乡村空间发展得分，计算公式如下：

$$G_i = \sum_{j=1}^{m} W_j R_{ij} \qquad (4-9)$$

公式（4-9）中，G_i 为桂滇边境各地区乡村空间发展指数，R_{ij} 为 i 地区第 j 项指标的标准化值。

（3）空间自相关分析法。空间自相关用于分析桂滇边境地区乡村空间发展的集聚类型及其差异的显著性水平。为分析桂滇边境地区乡村空间相邻的区域的趋同性，本研究采用全局 Moran's I 指数来衡量桂滇边境地区乡村空间发展全局空间自相关状况。计算公式如下：

$$I = \frac{n}{\sum_{i=1}^{n} \sum_{j=1}^{n} W_{ij}} \times \frac{\sum_{i=1}^{n} \sum_{j=1}^{n} W_{ij} (X_i - \overline{X})(X_j - \overline{X})}{\sum_{i=1}^{n} (X_i - \overline{X})^2} \qquad (4-10)$$

公式（4-10）中，n 为桂滇边境县域城镇数量，$n=33$；X_i 和 X_j 分别表示乡村发展水平在相邻配对空间点的取值；$\overline{X}$ 为平均值；W_{ij} 代表 i 地区和 j 地区的空间权重。空间权重矩阵表示 n 个地区的邻近关系，若 i 地区和 j 地区相邻，则 $W_{ij}=1$，否则，$W_{ij}=0$。

桂滇边境地区乡村发展水平的全局 Moran's I 取值为 $[-1, 1]$。当全局 Moran's I <0 时，表示空间分布呈离散状态，乡村发展水平存在负的空间自相关；当全局 Moran's I >0 时，表示空间分布呈集聚状态，乡村发展水平存在正的空间自相关；当全局 Moran's I $=0$ 时，表明空间分布呈随机分布，不存在空间自相关。一般采用 Z 值来检验 Moran's I 的显著水平，计算公式如下：

$$Z = \frac{1 - E(I)}{\sqrt{Var(I)}} \qquad (4-11)$$

公式（4-11）中，$E(I)$ 为全局 Moran's 的期望值，$Var(I)$ 为方差水平。当 $|Z| > 1.96$ 时，即显著性水平 P $=0.05$ 时，表明在95%的概率下桂滇边境地区乡村发展水平存在空间自相关。为比较桂滇边境地区各县域之间乡村空间发展的自相关程度，再采用局部 Moran's I 指数反映桂滇边境地区乡村空间发展第 i 空间要素单元与周边要素单元之间的自相关程度。计算公式如下：

$$I_i = C_i' W_{ij} C_j' \qquad (4-12)$$

公式（4-12）中，W_{ij} 表示空间权重，C_i' 和 C_j' 表示标准化的观测值，j 为第 i 空间要素单元的所有相邻元素。局部 Moran's I 的绝对值越大，表示邻近程度越高。如果局部 Moran's I >0，表示同类型乡村空间发展水平相邻近；如果局部 Moran's I <0，则表示同类型乡村空间发展水平相邻近。

2. 数据说明

数据来源于 2011～2022 年《云南统计年鉴》《广西统计年鉴》和《中国县域统计年鉴》。为消除原始数据量纲对桂滇边境地区县域乡村空间发展评价的影响，运用极差法对原始数据进行标准化处理。计算公式如下：

$$R_{ij} = \frac{r_{ij} - r_{j\min}}{r_{j\max} - r_{j\min}}（正向指标）$$

$$R_{ij} = \frac{r_{j\max} - r_{ij}}{r_{j\max} - r_{j\min}}（负向指标）$$

$$(4-13)$$

公式（4-13）中，其中，R_{ij} 为 i 地区第 j 项指标的标准化值；r_{ij} 为 i 地区第 j 项指标的原始数据，$r_{j\max}$、$r_{j\min}$ 分别为 i 地区第 j 项指标的原始数据的最大值和最小值。

（三）实证结果与分析

1. 桂滇边境地区乡村空间发展指数

首先，基于熵值法计算得到桂滇边境地区乡村空间发展水平综合评价指标体系中各项指标的权重（见表 4-4），以及桂滇边境地区各地区的乡村空间发展指数。其次，采用 ArcGis10.8 软件的自然间断分类方法，将 2010 年和 2020 年桂滇边境地区乡村空间的综合发展指数、土地发展指数、经济发展指数、人口发展指数和人居环境发展指数由低到高分为 4 种类型。

图 4-13 和图 4-14 分别反映了 2010 年和 2020 年桂滇边境地区乡村空间综合发展指数。根据 ArcGIS 软件自然间断点分级法，将桂滇边境地区乡村空间综合发展指数 ≤10000 界定为低值区，乡村空间综合发展指数处于 10000～20000 界定为中值区，乡村空间综合发展指数处于 20000～35000 界定为较高值区，乡村空间综合发展指数 >35000 界定为高值区。

图 4-13 和图 4-14 的结果显示，考察期内桂滇边境地区乡村空间的综合发展指数发生较大幅度的变化。一是乡村空间综合发展指数低值区由 18 个缩减为 3 个。2020 年，桂滇边境地区乡村空间综合发展指数低值区的地区分别为贡山独龙族怒族自治县、福贡县和澜沧拉祜族自治县，位于云南省怒江州和普洱市。二是乡村空间综合发展指数高值区由 0 个增加到 17 个。表明桂滇边境地区在 2010～2020 年的乡村空间综合发展水平得到较快速提升。2020 年，桂滇边境地区乡村空间综合发展指数排名前三的地区依次是景洪市、瑞丽市和芒市。其中，景洪市的乡村空间综合发展指数由 2010 年的 33624.26 增长至 2020 年的 158777.33，提升了近 5 倍。

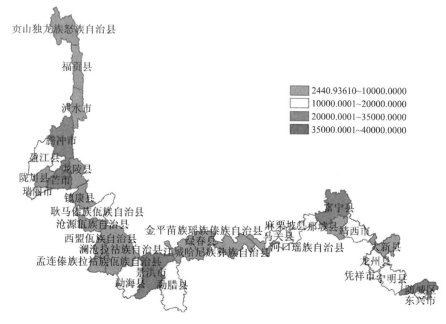

图 4 - 13　2010 年桂滇边境地区乡村空间综合发展指数

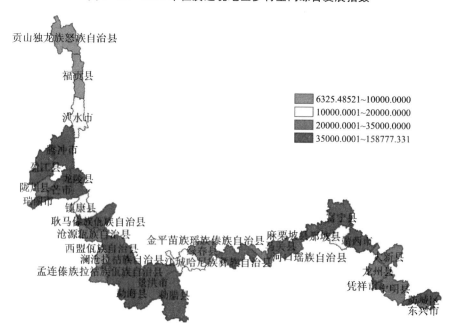

图 4 - 14　2020 年桂滇边境地区乡村空间综合发展指数

图 4 – 15 和图 4 – 16 分别反映了 2010 年和 2020 年桂滇边境地区乡村空间土地发展指数。根据 ArcGIS 软件自然间断点分级法，将桂滇边境地区乡村空间土地发展指数≤0.15 界定为低值区，乡村空间土地发展指数处于 0.15～0.20 界定为中值区，乡村空间土地发展指数处于 0.20～0.30 界定为较高值区，乡村空间土地发展指数 >0.30 界定为高值区。结果显示，考察期内桂滇边境地区乡村空间土地发展指数出现较大变化。一是乡村空间土地发展指数低值区由 14 个缩减至 1 个。2020 年，桂滇边境地区乡村空间土地发展指数低值区是贡山独龙族怒族自治县，其乡村空间土地发展指数为 0.1864。由于该地区位于云南省怒江州，耕地资源和基础设施发展较落后，特殊的地貌特征也使得该地区可用于粮食耕种的土地资源较少。二是乡村空间土地发展指数高值区由 0 个增加至 11 个，具体包括：腾冲市、盈江县、龙陵县、陇川县、芒市、瑞丽市、景洪市、勐海县、勐腊县、河口瑶族自治县和大新县。这表明 2010～2020 年桂滇边境地区乡村空间土地发展水平明显提升。2020 年，桂滇边境地区乡村空间土地发展指数排名前三位的地区依次是勐海县、芒市和陇川县。其中，勐海县的乡村空间土地发展指数得到较快速提升，由 2010 年的 0.1658 增长至 2020 年的 0.4066，提升了近 2.5 倍。

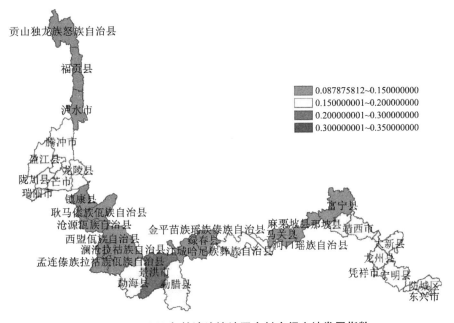

图 4 – 15　2010 年桂滇边境地区乡村空间土地发展指数

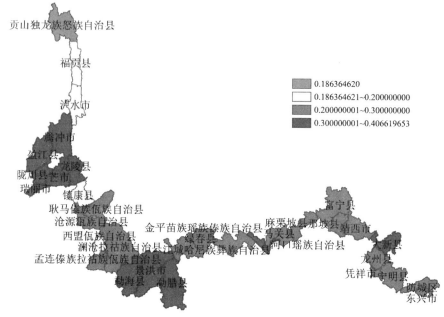

图4-16 2020年桂滇边境地区乡村空间土地发展指数

图4-17和图4-18分别反映了2010年和2020年桂滇边境地区乡村空间经济发展指数。根据ArcGIS软件自然间断点分级法，将桂滇边境地区乡村空间经济发展指数≤10000界定为低值区，乡村空间经济发展指数处于10000~20000界定为中值区，乡村空间经济发展指数处于20000~30000界定为较高值区，乡村空间经济发展指数>30000界定为高值区。结果显示，考察期内桂滇边境地区乡村空间经济发展水平整体得到明显提升，但仍有部分地区的乡村空间经济发展缓慢。一是乡村空间经济发展指数低值区由21个缩减至4个。2020年，桂滇边境地区乡村空间经济发展指数低值区的地区包括贡山独龙族怒族自治县、福贡县、西盟佤族自治县和那坡县，乡村空间经济发展指数均低于10000，表明这些地区经济系统中的资源、产业等发展要素在区域之间的流动性较低。二是乡村空间经济发展指数高值区由0个增加至18个。具体包括：腾冲市、盈江县、龙陵县、芒市、瑞丽市、耿马傣族佤族自治县、澜沧拉祜族自治县、景洪市、勐海县、勐腊县、绿春县、金平苗族瑶族傣族自治县、马关县、麻栗坡县、富宁县、靖西市、凭祥市和防城区。这18个地区经济系统中的资源、产业等发展要素在区域之间的流动性均较高。2020年，桂滇边境地区乡村空间经济发展指数排名前三位的地区依次是芒市、瑞丽市和景洪市。其中，景洪市乡村空间经济发展指数由2010年的29859.34增长至2020年的154490.07，提升了近5.2倍，表明该地区

乡村空间经济发展水平得到快速提升。

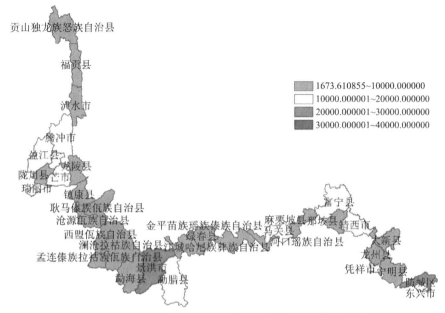

图 4 – 17　2010 年桂滇边境地区乡村空间经济发展指数

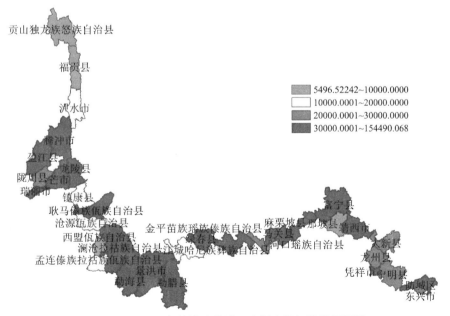

图 4 – 18　2020 年桂滇边境地区乡村空间经济发展指数

　　图4-19和图4-20分别反映了2010年和2020年桂滇边境地区乡村空间人口发展指数。根据ArcGIS软件自然间断点分级法，将桂滇边境地区乡村空间人口发展指数≤4界定为低值区，乡村空间人口发展指数处于4~8界定为中值区，乡村空间人口发展指数处于8~12界定为较高值区，乡村空间人口发展指数>12界定为高值区。结果显示，考察期内桂滇边境地区乡村空间人口发展指数变化较小。2010年，位于高值区的地区为0个；位于较高值区的地区仅有靖西市和东兴区，这两个地区的人口密度较高，分别为149.88和245.27；位于低值区的地区共11个，包括：贡山独龙族怒族自治县、福贡县、泸水市、镇康县、沧源佤族自治县、西盟佤族自治县、孟连傣族拉祜族佤族自治县、勐腊县、江城哈尼族彝族自治县、河口瑶族自治县和那坡县。2020年，瑞丽市和东兴市位于高值区，贡山独龙族怒族自治县、福贡县、西盟佤族自治县、勐腊县和江城哈尼族彝族自治县等5个地区位于低值区，表明考察期内桂滇边境地区乡村空间人口发展缓慢，人口流失问题仍较严峻。2020年，排名前三位的地区依次为东兴市、瑞丽市和芒市，排名后三位的地区分别是贡山独龙族怒族自治县、福贡县和江城哈尼族彝族自治县。其中，东兴市的乡村空间人口发展指数值最高（20.20），贡山独龙族怒族自治县的乡村空间人口发展指数值最低（0.65），二者相差近20倍，表明桂滇边境地区乡村空间人口发展整体仍较滞后，且存在较明显的地区差异。

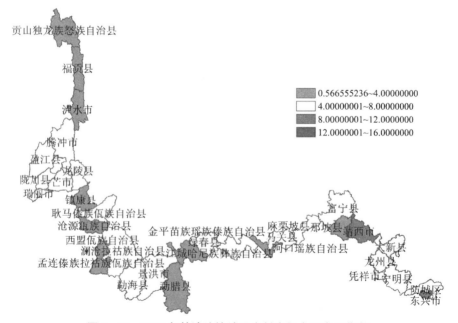

图4-19　2010年桂滇边境地区乡村空间人口发展指数

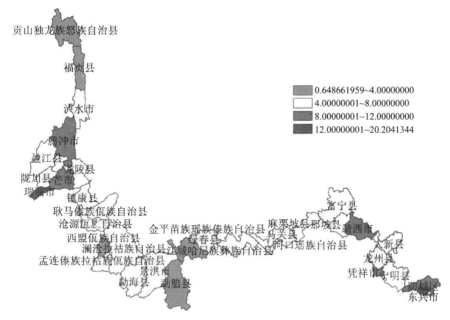

图 4 - 20　2020 年桂滇边境地区乡村空间人口发展指数

　　图 4 - 21 和图 4 - 22 分别反映了 2010 年和 2020 年桂滇边境地区乡村空间人居环境发展指数。根据 ArcGIS 软件自然间断点分级法，将桂滇边境地区乡村空间人居环境发展指数≤1000 界定为低值区，乡村空间人居环境发展指数处于 1000 ~ 3000 界定为中值区，乡村空间人居环境发展指数处于 3000 ~ 6000 界定为较高值区，乡村空间人居环境发展指数 > 6000 界定为高值区。结果显示，考察期内桂滇边境地区乡村空间人居环境发展指数整体变化幅度较小。2010 年和 2020 年，桂滇边境地区乡村空间人居环境发展指数低值区均为 7 个，即贡山独龙族怒族自治县、福贡县、西盟佤族自治县、孟连傣族拉祜族佤族自治县、江城哈尼族彝族自治县、河口瑶族自治县和凭祥市。原因在于这些地区在医疗卫生机构数、中小学在校生人数、提供住宿的社会工作机构及床位等公共基础服务设施方面发展较滞后。两个年份中，仅有腾冲市位于高值区。原因是该地区经济发展水平较高，政府在基础设施服务方面的支出也较大。考察期内出现较大变化的地区是西盟佤族自治县和防城区。其中，西盟佤族自治县在 2010 年位于较高值区，2020 年则降至低值区。该地区经济发展相对滞后，人口流失率较高，受区域中心城市的辐射带动作用有限。防城区在 2010 年位于中值区，2020 年提升至较高值区，表明该地区的乡村空间人居环境发展水平明显提高。

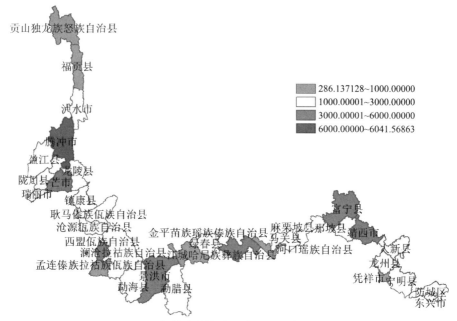

图 4 - 21 2010 年桂滇边境地区乡村空间人居环境发展指数

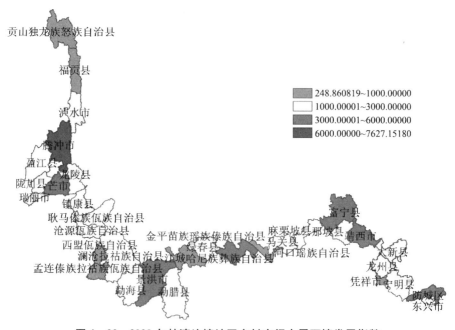

图 4 - 22 2020 年桂滇边境地区乡村空间人居环境发展指数

2. 桂滇边境地区乡村发展的空间格局

基于桂滇边境地区乡村空间综合发展指数，计算得到 2010 年和 2020 年桂滇边境地区乡村空间综合发展指数的全局 Moran's I 指数（见表 4 – 5）。从全局空间自相关来看，2010 年和 2021 年桂滇边境地区乡村空间综合发展指数的全局 Moran's I 指数分别为 0.160 和 0.142，两个年份的 Moran's I 值均为正值，且各 Z 值均大于 2.00，P 值均小于 0.01，在 0.01 的置信水平上都通过显著性检验。这表明桂滇边境地区乡村空间综合发展指数具有空间分布，存在显著的正空间自相关，33 个县域单元的乡村空间综合发展指数呈现出明显的空间集聚特征。

表 4 – 5 2010 年和 2020 年桂滇边境地区乡村空间综合发展指数的全局 **Moran's I** 指数

年份	Moran's I	E(I)	Z – Value	P – Value
2010	0.160	– 0.031	2.585	0.003
2020	0.142	– 0.031	2.176	0.005

为更直接地反映桂滇边境地区乡村发展的空间分布格局，采用 Stata 软件分别绘制出 2010 年和 2020 年桂滇边境地区乡村空间综合发展指数的局部空间自相关 Moran's I 散点图（见图 4 – 23 和图 4 – 24），分为 4 个象限。其中，第一象限和第三象限为空间正相关象限，第二和第四象限为空间负相关象限。

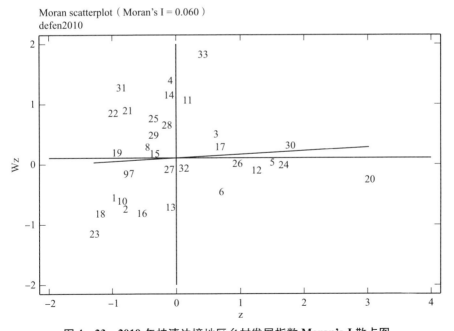

图 4 – 23 2010 年桂滇边境地区乡村发展指数 **Moran's I** 散点图

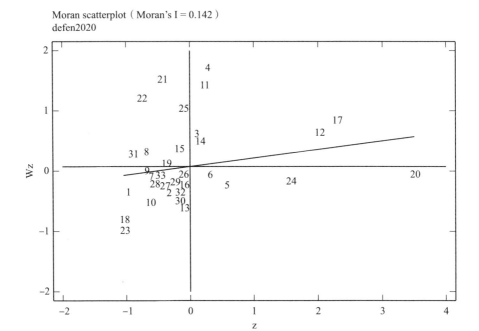

图 4 – 24　2020 年桂滇边境地区乡村发展指数 Moran's I 散点图

根据图 4 – 23 和图 4 – 24 可知，两个年份中，桂滇边境地区乡村发展空间分布格局整体较稳定，大多数地区位于第三象限，局部空间自相关显著的区域为低—低类型，说明桂滇边境地区乡村发展水平较低的地区形成聚集。

第一象限为"高—高"类型区，该区域乡村空间发展水平存在正向的空间自相关，局部空间差异小，研究区域与周边区域的乡村空间发展水平均为较高等级。2020 年位于第一象限的地区有 6 个，分别是盈江县、勐海县、勐腊县、芒市、麻栗坡县和瑞丽市，占比 18%。

第二象限为"低—高"类型区，该区域乡村空间发展水平存在负向的空间自相关，局部空间差异较大，异质性突出，研究区域与周边区域的乡村空间发展水平相比位于较低水平。2020 年位于第二象限的地区共 6 个，分别为泸水市、澜沧拉祜族自治县、陇川县、江城哈尼族彝族自治县、龙陵县和那坡县，占比 18%。

第三象限为"低—低"类型区，该区域乡村空间发展水平存在正向的空间自相关，局部空间差异较小，研究区域与周边区域的乡村空间发展水平相比均位于较低水平。2020 年位于第三象限的地区共 17 个，具体包括西盟佤族自治县、绿春县、沧源佤族自治县、镇康县、孟连傣族拉祜族佤族自治县、耿马傣族佤族自治县、金平苗族瑶族傣族自治县、福贡县、河口瑶族自治县、贡山独龙族怒族自治县、靖西市、龙州县、宁明县、大新县、防城区、凭祥市和东兴市，占比52%。

第四象限为"高一低"类型区，该区域乡村空间发展水平存在负向的空间自相关，局部空间差异较大，研究区域与周边区域的乡村空间发展水平相比位于较高水平，异质性特征突出。2020年位于第四象限的地区共4个，分别为富宁县、马关县、景洪市和腾冲市，占比12%。

三、研究发现与讨论

（一）研究发现

第一，桂滇边境地区在代表性年份内的中心性总得分整体变动不大，但部分地区出现较大幅度变化。具体来看，各地区的区域规模指标得分总体变化较小，得分较高的地区仅有孟连傣族拉祜族佤族自治县和腾冲市；经济发展指标得分整体变化较大，但地区间的差距逐渐拉大；社会发展指标得分与经济发展指标得分情况相似，但变化趋势放缓。

第二，桂滇边境地区各城镇经济联系呈现不断增强的变化趋势。整体来看，桂滇边境地区各城镇之间的空间经济联系强度表现为"西南和东南边界较强、中部和北部区域较弱"的特点。

第三，桂滇边境地区乡村空间综合发展指数稳步提升，但高值区数量总体偏少，仅有景洪市、瑞丽市和芒市。乡村空间土地发展指数整体得到显著提升，排名前三位的地区依次是勐海县、芒市和陇川县。怒江州位于低值区，该地区的耕地资源和基础设施发展较滞后。

第四，桂滇边境地区乡村空间经济发展指数发生较大变化，乡村空间经济发展水平整体得到明显提升，但仍有部分地区经济发展较缓慢。考察期内乡村空间经济发展指数低值区由21个缩减为4个。但仅有芒市、瑞丽市和景洪市位于高值区，原因是这些地区的资源、产业等发展要素在区域间的流动性较高。

第五，桂滇边境地区乡村空间人口发展指数的变化较小，乡村空间人口发展指数增长速度较慢。考察期内仅有靖西市和东兴区位于较高值区，原因在于这两个地区的人口密度均较高。但仍有部分地区位于低值区，表明桂滇边境地区在2010～2020年乡村空间人口发展较缓慢，人口流失问题仍较严峻。

第六，桂滇边境地区乡村空间人居环境发展指数的变化幅度较小。考察期内怒江州和普洱市位于低值区，原因是这些地区在公共服务设施方面相对滞后。仅有腾冲市位于高值区，源于该地区的经济发展水平相对较高，政府在基础设施服务方面的支出较大。

第七，从乡村发展的空间格局来看，桂滇边境地区乡村空间综合发展指数具有空间分布，存在着显著的正空间自相关，空间集聚特征明显。Moran's I 散点图结果表明，桂滇边境地区乡村发展空间分布的局部空间自相关显著的区域为低—低类型，说明桂滇边境地区乡村发展水平较低的地区形成聚集。

（二）讨论

从本质上看，乡村振兴是一个对乡村地域系统进行要素重组、空间重构以及功能提升的系统性过程，通过建立"人口—土地—产业"系统耦合的格局及创新体系，助力乡村可持续发展能力和竞争力持续提升，加快推进乡村转型和城乡关系重塑，进而实现城乡融合。作为乡村振兴战略实施过程中的重要手段，桂滇边境地区乡村空间重构的重点是科学识别不同尺度与地域类型的乡村的空间分异特征、模式、存在问题及成因，并据此提出这些区域乡村产业发展及空间优化的实现路径，从而为各级政府及有关部门分类施策、分区推进乡村振兴战略提供参考依据。

鉴于城镇间的空间经济联系与吸引力存在较明显的方向性，同时相互间所产生的引力作用具有异质性，从区域规模、经济发展和社会发展等层面构建城镇中心性评价指标体系，并运用改进的熵值法和修正的城镇引力模型，实证考察了桂滇边境地区城镇经济联系强度的空间格局及其演化规律。桂滇边境地区各城镇之间应破除本位思想，进一步加强区域合作，深入实施跨区域合作发展战略，优化重组区域内外部空间，充分发挥集聚与扩散效应，力争在更大的地域空间上凸显各地区的区位、资源以及产业等优势。

在后减贫时代，缓解相对贫困是实施乡村振兴战略的关键。乡村发展会因其所处阶段的不同而呈现出不同的外在表现。对区域乡村类型进行准确划分并展开精准施策的前提是定量测度该区域的乡村发展水平。桂滇边境地区破解乡村发展不平衡不充分问题的重点是掌握各地区乡村空间发展水平，厘清不同地区乡村发展所处的阶段，明确其乡村发展的动态演进趋势、区域差异性及动态性特征，以便于针对典型区域乡村振兴进行分类推进。乡村土地空间、经济空间、人口空间、人居环境空间四者之间存在密切联系，是解析乡村多维空间重构的重要抓手。研究基于乡村空间的多重属性，构建乡村空间发展水平综合评价指标体系，实证考察了该区域内 33 个县（市、区）乡村空间发展水平、类型及其格局特征，以期准确识别桂滇边境地区乡村发展及重构的重点区域，并据此探讨桂滇边境地区实现乡村振兴的调控路径。本书基于已有研究成果进行了初步拓展，在一定程度上丰富和完善了乡村空间理论体系，同时为转型期的桂滇边境地区乡村空间重构提供了理论依据。

第五章

桂滇边境地区沿边村寨边民就地城镇化意愿及影响因素实证研究

就地城镇化是桂滇边境地区新型城镇化建设的路径选择，必须充分考虑沿边村寨边民的利益和意愿。探究桂滇边境地区沿边村寨边民就地城镇化意愿，充分地掌握影响沿边村寨边民就地城镇化意愿的关键因素，可为地方政府制定沿边村寨就地城镇化相关政策提供科学依据。本章基于对桂滇边境地区 33 个县（市、区）沿边村寨边民就地城镇化意愿的调研数据，从生计风险感知与生计恢复力双重视角，运用二元 Logistic 模型分析方法，实证检验了桂滇边境地区沿边村寨边民就地城镇化意愿及其主要影响因素。研究内容包括两个方面：一是基于生计风险感知的桂滇边境地区沿边村寨边民就地城镇化意愿研究；二是基于生计恢复力的桂滇边境地区沿边村寨边民就地城镇化意愿研究。

一、调查研究框架构建与问卷设计

（一）调查研究框架构建

基于生计风险感知与生计恢复力双重视角，探究桂滇边境地区沿边村寨边民就地城镇化意愿。参考已有研究成果，本书将桂滇边境地区沿边村寨边民就地城镇化界定为：沿边村寨边民通过农村建设环境的就地改造发展生产和社会事业，进而实现收入增加、自身素质提升以及生活方式现代化转型的城镇化模公式（厉以宁，2013；李强等，2016）。学术界对新老两代农民的划分一般以 20 世纪 80 年代为分界。鉴于"代效应"中价值观的形成具有滞后性（Lyons et al.，2014），参照刘炎周等（2016）的做法，以 1975 年出生作为划分标准，将 1975 年之前出生的边民界定为老一代边民，1975 年及之后出生的边民视为新生代边民。并以桂滇边境地区 33 个县（市、区）沿边村寨边民就地城镇化意愿为研究对象进行问卷调查，构建调查研究框架如下。

第一，基于生计风险感知的桂滇边境地区沿边村寨边民就地城镇化意愿研究。首先，提出研究假设；其次，对研究涉及的主要变量进行描述性统计分析；再次，通过建立二元 Logistic 模型，对调研样本数据进行实证检验；最后，根据实证分析结果进行比较研究。

第二，基于生计恢复力的桂滇边境地区沿边村寨边民就地城镇化意愿研究。首先，提出研究假设；其次，对研究涉及的主要变量进行描述性统计分析；再次，通过建立二元 Logistic 模型，对调研样本数据进行实证检验；最后，根据实证分析结果进行比较研究。

（二）调查问卷设计

本章使用的数据主要通过问卷调查形式获得。调查内容包括：边民就地城镇化意愿、个人基本信息、生计风险感知、生计恢复力等方面。为提高观测变量的信度与效度，在进行正式问卷调查之前，课题组设计了调查问卷，并分别于 2019 年 7 月和 2022 年 7 月开展两次试调查工作：一是基于生计风险感知的桂滇边境地区沿边村寨边民就地城镇化意愿研究；二是基于生计恢复力的桂滇边境地区沿边村寨边民就地城镇化意愿研究。每次试调查样本数均为 200 份。结合试调查结果，本章研究最终使用的主要变量及其依据如下。

第一，关于就地城镇化意愿问题。乡村劳动力的迁移意愿主要受到乡村拉力与城市拉力的共同作用。其中，乡村拉力包含就业机会、收入水平、乡土情结、社会保障等因素；城市拉力包含就业机会、收入水平、居住环境、子女教育等因素。异地城镇化模式是以留守儿童、妇女与老人作为代价，由此引发的农村社会问题亟待解决（李强等，2015）。农民对于农村教育、环境卫生以及社会养老保险等公共服务需求的满意度整体较低（黄振华，2014）。新型城镇化的核心体现为人的城镇化，是以尊重人的主体地位和参与意愿为前提，实现主动城镇化而非被动城镇化（李强，2013）。就地城镇化必须充分考虑农民的利益和意愿，同时需要地方政府支持与地方精英带动村庄非农产业发展。绝大多数农民对于土地资源具有高度依赖性，当其能够在本地实现就业转型并获得与外出务工相同的收入水平时，其将更倾向于参与就地城镇化（祁新华等，2012）。相关研究结果表明，文化程度较低、中等收入水平、非务农的青年或老年女性农村居民的就地城镇化意愿较强烈（白先春等，2016）。农民家庭中外出务工人数与留守的中高龄农民就地城镇化意愿显著正相关，谋生能力越强的农民越愿意土地流转，但大部分农民对于其生活方式向城市生活转变心存担忧（吴巍等，2017）。将桂滇边境地区沿边村寨边民就地城镇化意愿划分为愿意和不愿意两类，分别标记为 1 和 0。

第二，关于生计风险感知问题。一般行为决策理论认为，决策者的行为意愿能够最直接、最准确地预测其行为的发生（Kulik et al.，2008）。风险感知是关于人们对风险的态度与直觉判断的描述（Slovic，1987）。在风险感知的测量上，较具代表性的是斯洛维奇（Slovic）的心理测量路径和卡斯珀森（Kasperson）的社会放大路径。其中，斯洛维奇的心理测量路径是以不同的风险特征决定了公众对风险反应的异质性为理论基础，并通过设计涵盖心理、社会、制度、文化等因素的量表来测试被试者估计各种风险的程度（Slovic & MacGregor，1987）。卡斯珀森的研究表明，人们对社会风险的感知及其风险行为会在社会环境中得到强化或弱化，而其风险行为也会对社会环境和其他群体产生由近及远的影响，进而凸显其对于人们的风险感知的放大效应。农户生计风险感知的影响因素包括年龄、性别、受教育程度、健康状况、家庭结构、家庭年收入水平、地理位置、土地和土壤质量、生产经验、市场环境、信贷服务、社会网络、媒体信息等（苏芳等，2019）。借鉴苏芳和尚海洋（2012）、陈新建（2017）的研究成果，本研究将桂滇边境地区沿边村寨边民的生计风险感知划分为自然风险感知、市场风险感知以及体制转换风险感知三个维度。其中，自然风险感知采用天气灾害风险和病虫害风险来衡量；市场风险感知采用生产资料市场风险、农产品市场风险、劳动力市场风险和资金投入风险来衡量；体制转换风险感知采用农村金融贷款风险、社会保障风险和土地使用风险来衡量。为确保测量指标具有可比性，本研究使用李克特五级量表，按照正向从大到小对生计风险感知的各项指标的原始代码进行重新赋值，如表 5 - 1 所示。

表 5 - 1　　　　　　　　　　　　相关变量设置及说明

变量			原始代码	重新赋值
生计风险感知	自然风险感知	天气灾害风险	非常高、比较高、一般、比较低、非常低	5、4、3、2、1
		病虫害风险	非常高、比较高、一般、比较低、非常低	5、4、3、2、1
	市场风险感知	生产资市场风险	非常高、比较高、一般、比较低、非常低	5、4、3、2、1
		农产市场风险	非常高、比较高、一般、比较低、非常低	5、4、3、2、1
		劳动市场风险	非常高、比较高、一般、比较低、非常低	5、4、3、2、1
		资金投入风险	非常高、比较高、一般、比较低、非常低	5、4、3、2、1
	体制转换风险感知	农村金融贷款风险	非常高、比较高、一般、比较低、非常低	5、4、3、2、1
		社会保障风险	非常高、比较高、一般、比较低、非常低	5、4、3、2、1
		土地使用风险	非常高、比较高、一般、比较低、非常低	5、4、3、2、1

变量			原始代码	重新赋值
生计恢复力	缓冲能力	健康状况	非常满意、比较满意、一般、比较不满意、非常不满意	5、4、3、2、1
		家庭劳动力	非常满意、比较满意、一般、比较不满意、非常不满意	5、4、3、2、1
		社保参与度	非常满意、比较满意、一般、比较不满意、非常不满意	5、4、3、2、1
		家庭年收入	非常满意、比较满意、一般、比较不满意、非常不满意	5、4、3、2、1
		家庭年储蓄	非常满意、比较满意、一般、比较不满意、非常不满意	5、4、3、2、1
		家庭住房条件	非常满意、比较满意、一般、比较不满意、非常不满意	5、4、3、2、1
		实际耕种面积	非常满意、比较满意、一般、比较不满意、非常不满意	5、4、3、2、1
	自组织能力	邻里信任度	非常满意、比较满意、一般、比较不满意、非常不满意	5、4、3、2、1
		融资渠道	非常满意、比较满意、一般、比较不满意、非常不满意	5、4、3、2、1
		政策扶持度	非常满意、比较满意、一般、比较不满意、非常不满意	5、4、3、2、1
		社会关系网络	非常满意、比较满意、一般、比较不满意、非常不满意	5、4、3、2、1
	学习能力	技能培训机会	非常满意、比较满意、一般、比较不满意、非常不满意	5、4、3、2、1
		家庭教育投入	非常满意、比较满意、一般、比较不满意、非常不满意	5、4、3、2、1
		信息交流频率	非常满意、比较满意、一般、比较不满意、非常不满意	5、4、3、2、1
		政策熟悉度	非常满意、比较满意、一般、比较不满意、非常不满意	5、4、3、2、1

第三，关于生计恢复力问题。恢复力是指系统经受干扰与压力后对其基本功能和结构的保持能力（Liu et al.，2020）。生计恢复力是指个人或群体受到不确定的压力和干扰时，能够利用有限的资源禀赋并通过自我组织与学习来做出行动策略选择，进而使其生计水平达到稳定状态的能力（Nyamwanza，2012）。结合恢复力理论和农户生计理论，农户生计恢复力为农户可持续生计研究提供了全新视角和动态思维（李聪等，2021）。有关农户生计恢复力的测度大多基于可持续生计框架，学术界普遍认可的是斯佩兰扎（Speranza，2014）构建的农户生计恢复力评价指标体系，该研究将农户生计恢复力划分为缓冲能力、自组织能力、学习能力等3个维度，并将生计资本列入缓冲能力，从综合视角阐释了农户生计资本、生计策略以及生计结果，更强调农户家庭或个人的应对能力。此后学者们围绕自然风险冲击、精准扶贫、土地确权、地方特色产业开发等对农户生计恢复力的影响展开了大量研究。桂滇边境地区沿边村寨农户生计恢复力受到区域内外部扰动、政府调控、农户行为等多种因素的共同影响。特别是在疫情冲击下，虽然地方政府政策扶持使得边民生计压力有一定程度的缓解，但多重外部扰动致使边民生计恢复力偏低，面临较高的返贫风险。

参考学术界的普遍做法，本书将桂滇边境地区沿边村寨农户生计恢复力分为缓冲能力、自组织能力、学习能力等3个维度。缓冲能力是指农户自身抵御生计风险时所具备的资源禀赋，一般使用生计资本的存量进行衡量。具体选取健康状况、家庭劳动力、社保参与度、家庭年收入、家庭年储蓄、家庭住房条件、实际耕种面积等7项指标来表征；自组织能力是指农户融入地方经济、社会和制度环境的能力。具体选取邻里信任度、融资渠道、政策扶持度、社会关系网络等4项指标来表征；学习能力是指农户通过与外界学习交流以获取并运用知识技能的能力。具体选取技能培训机会、家庭教育投入、信息交流频率、政策熟悉度等4项指标来表征（Thulstrup，2015；温腾飞等，2018）。为确保测量指标具有可比性，使用李克特五级量表，按照正向从大到小对生计恢复力各项指标的原始代码进行重新赋值（见表5-1）。

二、基于生计风险感知的桂滇边境地区沿边村寨边民就地城镇化意愿研究

（一）研究假设

作为个体行为决策规律的重要研究工具，风险感知在社会学、心理学、经济

学及管理学等多个学科的研究中得以广泛应用（方曼，2017），相关研究主要围绕产品购买决策领域展开。鲍尔（Baue，1960）于 20 世纪 60 年代最早提出了风险感知的概念，其认为，消费者的行为具有风险性，而消费者对风险的主观认知对其购买行为起到相当重要的影响甚至是决定性作用。韦达夫斯基和戴克（Wildavsky & Dake，1990）指出，风险感知是一种社会和文化建构，反映了价值、表征、历史以及意识形态。西特金和帕布罗（Sitkin & Pablo，1992）认为，风险感知的内涵应包括决策者对情境的描述、对风险的可控制性与概率的估计及其对风险估计的信心度等方面。

20 世纪 90 年代以来，我国学者对风险感知的研究给予了较多关注，从环境风险、食品安全风险、科技风险以及公众风险感知等多个方面，采用实证调查研究针对城市的普通公众展开研究。在城市化和工业化的双重影响作用下，部分学者开始探讨农民的风险感知问题。徐慧清和王焕英（2006）认为，农民对生活风险感知最强烈，其次是生产风险，生存风险的降临，将使农民陷入生产风险和生活风险的双重困境。孙蓉和费友海（2009）的研究结果表明，农业保险制度能够为农民带来的福利大小、农民对农业保险的认知和态度都决定了农民的投保意愿。邱波（2017）实证分析了农民对农业巨灾风险保障的需求状况，并得出农民对于农业巨灾风险的感知度显著影响其农业巨灾风险保障需求。张露等（2017）通过研究发现，农业依赖型农户对气候灾害响应型生产性公共服务的需求强度更大。谢治菊（2013）的研究得出，农民的风险感知对农民政治行为产生负面影响，且农民的风险感知对其社会行为的影响具有非均衡特征。仇童伟（2017）的研究表明，在不同的产权情景下，土地产权经历扩大了土地确权对农民的产权安全感知影响的差异，但土地确权并不能明显降低农民土地产权安全感知差异。钟涨宝等（2016）的研究结果显示，农民的养老风险感知度整体较高，不同代际的农民养老风险感知受到家庭养老和社会养老保障能力评估的影响程度存在代际差异，且目前的新农保待遇水平并不能显著降低农民的养老风险感知度。

根据风险感知理论，当决策者处在产出与结果不确定的情景时就会面临风险，而其做出的首要反应就是通过后续的决策过程和结果来尽可能地规避风险（Fraedrich & Ferrell，1992）。农户既是生计风险的直接感知者，同时也是适应性行为的选择者与实施者。农户面对生计风险的态度及其风险适应行为主要取决于其家庭资源禀赋与生计资本水平。由于长期承受着自然、市场以及政策等多重生计风险，农户的传统生计体系受到农产品市场、劳动力市场和资本市场的共同排斥，从而导致其在市场难以获得可持续生计（苏芳、周亚雄，2017）。

推进农民就地城镇化，既能有效缓解大中型城市的"城市病"，又能化解因异地城镇化而引发的留守儿童、妇女与老人等农村"空心化"问题，通过对农户合理聚集的引导，进一步提升农业生产效率。桂滇边境地区新型城镇化建设将面临地缘环境、对外开放、人口流动等多种要素的共同影响作用，必须实现经济发展、对外开放和边境安全三大核心功能。中心城市、中小城市及小城镇将逐渐发展成为桂滇边境地区经济社会发展的重要动力。该区域已形成的城镇化体系是由互市型小镇、口岸型城镇以及跨境经济合作型城镇构成，推进开发开放与城镇化协调发展是其加快新型城镇化进程的较佳路径。边境地区城镇化与边境安全体系及能力建设存在显著的正相关，边境地区城镇化能够为戍边行动提供更多的人财物等资源支持，降低内生型安全风险，进而吸引更多人口到沿边地区生产生活。桂滇边境地区整体城镇化水平仍然较低，这对提升区域安全保障能力非常不利，边境乡村振兴尤其是抵边村落的振兴已经迫在眉睫（方天建，2018）。

在新型城镇化建设中，农民就地就业被视为核心内容，农民意愿必须得到尊重。农民就地城镇化的关键在于农民是否愿意参与就地城镇化。农民就地城镇化意愿主要受到个体因素、家庭因素和土地因素的影响，其中，社会保障、就业生计转型、子女教育、土地流转补偿标准、生态环境变化等因素的影响相对明显（黄文秀等，2015；吴巍等，2017）。本章以生计风险感知为研究视角，围绕沿边村寨边民就地城镇化意愿进行研究，选取个人特征因素、自然风险感知、市场风险感知、体制转换风险感知等4个方面，探讨桂滇边境地区沿边村寨边民就地城镇化意愿及其关键影响因素。基于以上分析，提出研究假设如下：

假设1 桂滇边境地区沿边村寨边民的个人基本特征对其就地城镇化意愿的影响显著。

边民的个人基本特征由性别、年龄、婚姻状况及受教育程度等构成。一般来说，新生代且受教育程度较高的边民对就地城镇化的相关政策更熟悉，其对就地城镇化的净收益要求也会更高，因而可能更倾向于参与就地城镇化。

假设2 桂滇边境地区沿边村寨边民的生计风险感知对其就地城镇化意愿的影响显著。

在边民的生计方式决策中，当其感知到某种不确定性或不良后果的存在时，其往往会努力探寻降低风险感知程度的方法，进而影响其就地城镇化意愿。因此，边民的生计风险感知对其就地城镇化影响显著，即边民的生计风险感知度越高，其越倾向于就地城镇化。但边民的生计风险感知对其就地城镇化意愿的影响程度可能存在代际差异，生计风险感知对新生代边民就地城镇化意愿的影响更显著。

（二）研究方法

由于本研究的因变量是二分变量，因此采用 Stata 软件对桂滇边境地区沿边村寨不同代际边民的就地城镇化意愿的调查数据展开二元 Logistic 模型回归分析。参考亨特等（Hunt et al.，2004）、张鹏等（2014）有关定居地选择影响因素的研究成果，基于随机效用模型，从效用最大化视角探讨生计风险感知对桂滇边境地区沿边村寨边民就地城镇化意愿的影响，建立 Logistic 回归模型。

首先，构建沿边村寨边民 i 余生在 j 地参与就地城镇化的总效用模型。假设边民 i 愿意余生在 j 地参与就地城镇化的间接效用函数 V_{ij} 如下：

$$V_{ij} = V(L_{ij}, \overrightarrow{\theta_{ij}}) \tag{5-1}$$

公式（5-1）中，L_{ij} 代表沿边村寨边民 i 在 j 地参与就地城镇化的生计风险感知水平。$\overrightarrow{\theta_{ij}}$ 是指影响边民 i 在 j 地参与就地城镇化意愿的其他控制因素，如个体特征、家庭特征等。

根据理性人假定，沿边村寨边民 i 愿意在 j 地参与就地城镇化的前提条件是其就地城镇化后能够实现余生效用最大化。余生效用函数表述如下：

$$YV_{ij} = \int_0^T V_{ij}(\cdot) e^{-\rho T} dT, \ T = T^\phi - t_i \tag{5-2}$$

公式（5-2）中，T 为表示沿边村寨边民 i 余生的时间变量；T^ϕ、t_i 分别表示边民 i 的预期寿命和目前的实际年龄。

假设沿边村寨边民 i 愿意在 j 地参与就地城镇化的间接效用函数的影响因素在其余生中都保持不变，即折现因子（ρ）与间接效用函数结构保持不变的前提下，沿边村寨边民 i 愿意参与就地城镇化以后的余生效用函数表述为：

$$YV_{ij} = \frac{1}{\rho} V_{ij}(\cdot) [1 - \exp(-\rho T)] \tag{5-3}$$

将 $T = T^\phi - t_i$ 代入公式（5-3），可得：

$$YV_{ij} = \frac{1}{\rho} V_{ij}(\cdot) \{1 - \exp[-\rho(T^\phi - t_i)]\} \tag{5-4}$$

进一步得到沿边村寨边民 i 愿意在 j 地参与就地城镇化的总效用函数模型：

$$YV_{ij} = YV(\rho, t_i, L_{ij}, \overrightarrow{\theta_{ij}}) \tag{5-5}$$

同理可得，沿边村寨边民 i 不愿意在 j 地参与就地城镇化的总效用函数模型：

$$YV_{in} = YV(\rho, t_i, L_{in}, \overrightarrow{\theta_{in}}) \tag{5-6}$$

在随机设定的情况下，假如 $YV_{ij} > YV_{in}$，表示沿边村寨边民 i 愿意在 j 地参与就地城镇化，记为 $y = 1$；反之，则表示沿边村寨边民 i 愿意在 j 地参与就地城镇化，记为 $y = 0$。假设 x 代表沿边村寨边民 i 在 j 地参与就地城镇化的影响因素，包括沿边村寨边民 i 在 j 地参与就地城镇化的生计风险感知水平等，则可将沿边村寨边民 i 在 j 地参与就地城镇化的概率描述为：

$$P(y = 1/0) = F(x, \beta) = \frac{\exp(\beta'x)}{1 + \exp(\beta'x)} \tag{5-7}$$

基于以上推导，最终构建本研究的理论模型如下：

$$U_i = \alpha_0 + \alpha_1 L_i + \beta \overrightarrow{X_i} + \varepsilon_i \tag{5-8}$$

公式（5-8）中，U_i 为沿边村寨边民 i 的就地城镇化意愿，L_i 为生计风险感知水平，$\overrightarrow{X_i}$ 为影响沿边村寨边民 i 的就地城镇化意愿的其他控制因素，ε_i 为残差项。

（三）数据说明

本章所使用的数据来自课题组于 2019 年 7~12 月进行的实地调查，调查对象为桂滇边境 0~3 千米的典型抵边村寨中边民家庭的户主或年龄在 18 岁以上的家庭成员。调查内容包括：个人基本信息、就地城镇化意愿、自然风险感知、市场风险感知以及体制转换风险感知 5 个方面。在试调查的基础上，课题组于 2019 年 8~12 月展开了正式的问卷调研工作，调查样本涉及桂滇边境地区 33 个县（市、区），具体包括广西壮族自治区的靖西市、龙州县、宁明县等 8 个县（市、区），以及云南省的西盟佤族自治县、绿春县、盈江县等 25 个县（市）。

桂滇边境地区共有抵边自然村 2496 个，其中广西有抵边自然村 289 个，云南有抵边自然村 2207 个。本次调研首先根据经济发展水平将桂滇边境地区 33 个县（市、区）的抵边乡镇划分为三类：较高水平（Ⅰ类）、中等水平（Ⅱ类）、较低水平（Ⅲ类）；其次，从每类抵边乡镇随机抽取 1 个抵边自然村，即在各边境县分别选取 3 个抵边自然村共 99 个抵边村；最后，从这些抵边村中各随机挑选 10 户民家庭进行访谈式问卷调查。各边境县（市、区）均发放问卷 30 份，共发放问卷 990 份，回收 907 份，样本回收率为 91.62%。剔除失效样本后获得有效样本 816 份，有效样本率为 82.42%（见表 5-2）。

表 5-2　　　　　　总体调查样本的基本情况及分布（N=816）

所属城市	县（市、区）	发放样本量	回收样本量	样本回收率（%）	有效样本量	有效样本率（%）
百色市	靖西市	30	29	96.67	28	93.33
	那坡县	30	28	93.33	27	90.00
崇左市	凭祥市	30	28	93.33	28	93.33
	宁明县	30	29	96.67	28	93.33
	龙州县	30	27	90.00	26	86.67
	大新县	30	28	93.33	27	90.00

所属城市	县（市、区）	发放样本量	回收样本量	样本回收率（％）	有效样本量	有效样本率（％）
防城港市	防城区	30	28	93.33	26	86.67
	东兴市	30	29	96.67	27	90.00
文山州	麻栗坡县	30	27	90.00	26	86.67
	马关县	30	26	86.67	24	80.00
	富宁县	30	28	93.33	25	83.33
红河州	金平县	30	26	86.67	21	70.00
	绿春县	30	27	90.00	24	80.00
	河口县	30	28	93.33	23	76.67
西双版纳州	景洪市	30	28	93.33	24	80.00
	勐海县	30	28	93.33	24	80.00
	勐腊县	30	29	96.67	24	80.00
普洱市	江城县	30	28	93.33	23	76.67
	孟连县	30	27	90.00	25	83.33
	澜沧县	30	27	90.00	24	80.00
	西盟县	30	28	93.33	25	83.33
临沧市	镇康县	30	26	86.67	25	83.33
	耿马县	30	27	90.00	24	80.00
	沧源县	30	28	93.33	25	83.33
保山市	腾冲市	30	26	86.67	25	83.33
	龙陵县	30	26	86.67	25	83.33
德宏州	芒市	30	28	93.33	24	80.00
	瑞丽市	30	28	93.33	24	80.00
	盈江县	30	27	90.00	22	73.33
	陇川县	30	27	90.00	24	80.00
怒江州	泸水市	30	28	93.33	24	80.00
	福贡县	30	26	86.67	22	73.33
	贡山县	30	27	90.00	23	76.67
合计		990	907	91.62	816	82.42

在正式调查获得的 816 份有效样本中，具有就地城镇化意愿的边民样本为 557 份，占比 68.26%；不愿意参与就地城镇化的边民样本为 259 份，占比 31.74%。表 5-3 是主要变量的描述性统计结果。可见，样本区域内两代边民的就地城镇化意愿均较强烈，且老一代边民的意愿更强。老一代边民中具有就地城镇化意愿的占比 71.18%，不愿意参与就地城镇化的占比 28.82%；新生代边民中具有就地城镇化意愿的占比 64.66%，不愿意参与就地城镇化的占比 35.34%。

表 5-3　　　　　　　　　主要变量的描述性统计（N=816）

类别	变量名称	变量定义	老一代边民（N=451）		新生代边民（N=365）	
			频数	百分比（%）	频数	百分比（%）
就地城镇化意愿	愿意	1	321	71.18	236	64.66
	不愿意	0	130	28.82	129	35.34
性别	男	1	262	58.09	202	55.34
	女	0	209	46.34	173	47.40
婚姻状况	已婚	1	392	86.92	296	81.10
	未婚	0	59	13.08	69	18.90
受教育程度	小学及以下	1	163	36.14	112	30.68
	初中	2	236	52.33	168	46.03
	高中（中专）	3	46	10.20	67	18.36
	大专及以上	4	6	1.33	18	4.93
自然风险感知	天气灾害风险	非常高为5，比较高为4，一般为3，比较低为2，非常低为1。	均值 3.65（0.747）		均值 3.63（0.736）	
	病虫害风险		均值 3.59（0.794）		均值 3.54（0.779）	
市场风险感知	生产资料市场风险		均值 3.57（0.772）		均值 3.56（0.832）	
	农产品市场风险		均值 3.56（0.695）		均值 3.66（0.722）	
	劳动力市场风险		均值 3.63（0.762）		均值 3.68（0.747）	
	资金投入风险		均值 3.61（0.736）		均值 3.57（0.798）	
体制转换风险感知	农村金融贷款风险		均值 3.52（0.731）		均值 3.59（0.727）	
	社会保障风险		均值 3.67（0.699）		均值 3.72（0.738）	
	土地使用风险		均值 3.54（0.724）		均值 3.58（0.801）	

注：括号内的数值为样本标准差。

两代边民在个人特征因素、自然风险感知、市场风险感知以及体制转换风险感知的绝大部分测量指标上均存在明显差异。在个人特征因素方面，老一代边民和新生代边民中男性占比分别是 58.09%、55.34%，女性占比分别是 46.34%、47.40%，表明两代边民的性别占比存在差异，但差距在下降。从婚姻状况来看，两代边民中绝大部分边民为已婚，但相比老一代边民中未婚者占比（13.08%），新生代边民中未婚者占比高约 7 个百分点，说明两代边民的婚姻状况存在差异，新生代边民中未婚者占比更大。从受教育程度来看，两代边民的学历水平总体偏低，以初中及以下学历为主，老一代边民和新生代边民的占比分别为 88.47%、76.71%。两代边民中仅分别有 1.33% 和 4.93% 具有大专及以上学历。在生计风险感知方面，老一代边民对天气灾害风险、病虫害风险、生产资料市场风险以及资金投入风险的感知度都明显高于新生代边民；新生代边民对农产品市场风险、劳动力市场风险、农村金融贷款风险、社会保障风险以及土地使用风险的感知度均明显高于新生代边民。

（四）实证结果与分析

表 5-4 反映了桂滇边境地区沿边村寨边民就地城镇化意愿的影响因素的模型估计结果。可见，回归模型整体拟合度良好，且具有较强的解释力和较高的可信度。所选取的变量均为桂滇边境地区沿边村寨边民就地城镇化意愿的重要影响因素，构建的二元 Logistic 回归模型能够解释桂滇边境地区沿边村寨边民就地城镇化意愿的影响因素具有异质性。下面分别从个人特征因素和生计风险感知两个方面展开分析。

表 5-4　　　　基于生计风险感知的桂滇边境地区沿边村寨边民
就地城镇化意愿模型估计结果

自变量名称	老一代边民			新生代边民		
	系数	标准误差	显著性	系数	标准误差	显著性
性别	0.419	0.473	0.786	0.213	0.338	0.593
婚姻状况	0.138	0.310	0.656	0.775***	0.297	0.001
受教育程度	0.500***	0.179	0.005	0.469**	0.162	0.004
天气灾害风险	-0.500	0.313	0.110	0.552	0.351	0.115
病虫害风险	0.691***	0.286	0.006	1.191***	0.269	0.000
生产资料市场风险	0.013	0.241	0.957	0.203	0.294	0.490
农产品市场风险	1.780***	0.314	0.000	0.354*	0.392	0.067
劳动力市场风险	-0.844***	0.256	0.001	-0.394*	0.297	0.084
资金投入风险	-0.979***	0.253	0.000	-0.846**	0.345	0.014

续表

自变量名称	老一代边民			新生代边民		
	系数	标准误差	显著性	系数	标准误差	显著性
农村金融贷款风险	- 0.227	0.339	0.503	- 0.442	0.331	0.182
社会保障风险	0.603**	0.269	0.025	0.116*	0.267	0.065
土地使用风险	- 0.100*	0.250	0.089	- 0.251*	0.284	0.078
常量	- 1.458	0.852	0.087	- 1.047	0.782	0.181
- 2 对数似然值		- 232.870			- 208.238	
Cox & Snell R^2		75.98			57.69	
Nagelkerke R^2		0.1403			0.1217	
Sig.		0.000			0.000	

注：*** 、** 和 * 分别表示在1% 、5%和10%的水平下统计显著。

1. 个人特征因素分析

根据表5 – 4模型估计结果可知，个人特征因素中性别对不同代际边民的就地城镇化意愿均有正向影响，但是影响均不显著。婚姻状况对老一代边民的就地城镇化意愿的影响不显著，但婚姻状况对新生代边民的就地城镇化意愿产生显著的正向作用，说明桂滇边境地区沿边村寨已婚的新生代边民更愿意参与就地城镇化。受教育程度对两代边民的就地城镇化意愿均具有正向影响，但影响程度存在代际差异。受教育程度对老一代边民的系数为0.500，新生代边民的系数为0.469，均在1%水平上高度显著，表明受教育程度在较大程度上影响着沿边村寨两代边民的就地城镇化意愿，且老一代边民受到的影响更明显。这验证了本章提出的研究假设1。

2. 生计风险感知分析

第一，自然风险感知方面。天气灾害风险对老一代边民和新生代边民的就地城镇化意愿具有一定影响，系数值分别为 - 0.500、0.552，但均不显著。老一代边民对天气灾害风险感知程度越高，其参与就地城镇化的意愿可能越弱。病虫害风险对两代边民的就地城镇化意愿都具有显著的正向影响，系数值分别是0.691、1.191，表明新生代边民的就地城镇化意愿更容易受到病虫害风险的影响。农业收入仍然是边民家庭收入的主要来源，对于维持沿边村寨边民家庭内留守人员的基本生活需求具有重要作用。但受地理环境因素影响，沿边村寨边民家庭需要更多地承担因降雨、霜冻、病虫害等农业气候条件所导致的生计风险。

第二，市场风险感知方面。除生产资料市场风险以外，其余三项指标均通过了显著性检验，但各项指标对两代边民就地城镇化意愿的影响程度均存在明显差异。从农产品市场风险来看，老一代边民的系数是 1.780，新生代边民的系数是 0.354，说明农产品市场风险对老一代边民就地城镇化意愿的影响更显著。自 1985 年农产品价格放开以后，我国农民开始面对农产品市场风险的考验，信息不完全和不对称导致农民盲目性生产，农产品、农业生产资料的价格波动均影响了农民的收入。从劳动力市场风险来看，老一代边民的系数是 -0.844，新生代边民的系数是 -0.394，表明两代边民对劳动力市场风险感知度越高，其就地城镇化意愿反而会降低，且老一代边民更容易受到劳动力市场风险的影响。原因可能是大多数老一代边民从事的职业为力工、零工和低技能职业，工资收入相对较低，因而其更担忧劳动力市场风险对于其务工收入的影响。从资金投入风险来看，两代边民的系数均为负值，且分别在 1% 和 5% 的水平上显著，说明资金投入风险对不同代际的边民就地城镇化意愿均具有显著的负向作用，且老一代边民所受影响更大。

第三，体制转换风险感知方面。除农村金融贷款风险以外，其余两项指标均通过了显著性检验，但各项指标对边民就地城镇化意愿的影响程度均存在代际差异。从社会保障风险来看，老一代边民的系数（0.603）明显高于新生代边民（0.116），说明社会保障风险感知的高低在更大程度上影响着老一代边民的就地城镇化意愿。从土地使用风险来看，老一代边民的系数是 -0.100，新生代边民的系数是 -0.251，且均在 10% 的水平上显著。相比老一代边民，新生代边民虽然务农时间较短，但整体受教育程度相对较高，因而更容易接受新知识和新技术，也更愿意接受冒险与尝试。为实现家庭收入最大化，新生代边民往往更关注土地承包与流转等信息，特别是土地经营面积较大的新生代边民较担心体制转换可能会对其生计资本带来冲击。这验证了本章提出的研究假设 2。

三、基于生计恢复力的桂滇边境地区沿边村寨边民就地城镇化意愿研究

（一）研究假设

生计恢复力的概念起源于 20 世纪 90 年代初期，最初被视为可持续生计的重要组成部分。尽管生计恢复力与可持续生计方法之间存在一定的内在关联性，但

二者的侧重点不同。可持续生计方法关注资产、能力及生计活动向生计结果的转化，而生计恢复力强调对有用的资源进行生计能力的转化，进而使其对外界干扰的恢复力显著增强，从而实现生计结果的稳定。尼亚姆·万扎（Nyamwanza，2012）将生计恢复力界定为社区或家庭应对与吸收变化的能力，反映了通过生计模式的改变来适应变化和挑战的过程。生计恢复力应涵盖适应变化与不确定性的能力、培养学习与适应能力、自组织能力、幸福度以及环境可持续性。斯佩兰扎等（Speranza et al.，2014）提出的生计恢复力分析框架将生计恢复力划分为缓冲能力、自我组织和学习能力三个维度。该分类方法成为生计恢复力领域实践研究的重要参考，相关研究成果日益丰富。

我国学术界对于生计恢复力的研究相对较晚，实践运用研究主要围绕生态脆弱地区农牧民的生计恢复力问题展开，研究区域集中于黄土高原地区。陈佳等（2016）最早从农户家庭结构角度实证分析了农户贫困恢复力问题。结果显示，物质资本、经济收入、文化教育、劳动力、交通条件、社会资源等是贫困地区农户个体恢复力的主要影响因素；高质量劳动力人口结构、合理多样化收入方式的生计结构对农户贫困恢复力具有显著正向作用。郭蕾蕾和尹珂（2020）运用案例研究法考察了政策实施对西南地区农户生计恢复力的影响效应。管睿和余劲（2021）运用结构方程模型分析方法验证了生计恢复力、抱负水平与农户投资行为之间的内在作用机理，结果表明，农户缓冲能力是人力资本、健康水平、房屋资本以及物质资本共同作用的结果；培育农户自组织能力的关键影响因素是社会网络、资助机会及交通可达性；农户自组织能力的重点是获取外部性信息。

运用生计恢复力理论可以更清晰地阐释我国新型城镇化进程中个体或家庭的迁移决策。城镇化和半城镇化务工人员的生计恢复力问题引起了少数学者的关注。杜巍等（2018）从家庭生计恢复力和土地政策角度，利用陕西省汉中市的就近就地城镇化调查数据，实证检验了农业转移人口的市民化意愿。研究发现，就近就地城镇化有利于实现更高质量的农业转移人口市民化。家庭生计恢复力通过增强农业转移人口生计风险抵御能力，促进了该群体的市民化意愿提升。杜巍等（2019）测算了基于就地就近城镇化背景的农民工生计恢复力水平，研究得出，农民工生计恢复力水平总体偏低，各项生计恢复力指标值之间存在较大差异，影响程度最大的是学习能力，其次是缓冲能力，最后是自组织能力。

在新型城镇化背景下，桂滇边境地区沿边村寨边民具有典型的生计脆弱性特征，其往往会结合自身对就地就近市民化政策的理解来做出生计决策和迁移决策。对于具有较强缓冲能力的边民家庭而言，其通过对生计资本进行多元化组合能够有效提升家庭迁移决策效果，并对家庭未来发展机会做出更有利的选择，因而更愿意参与就地城镇化。社会资本理论认为，在社区原始互惠行为与组织参与社会资本的共同作用下，理性个体将以社会关系转移的便利性和传统乡土情结能否保留作为其市民化决策的前提条件。因此，就地城镇化将成为自组织能力普遍较弱的沿边村寨边民城镇化的路径选择。边民的学习能力是以就业培训和业缘交流为主要衡量指标，提高该群体的学习能力也将有效地增加其进入城镇生活的可能性。将生计恢复力运用到边民可持续生计研究中，充分掌握边民自身的发展能力水平，有助于厘清边民生计的脆弱环节及其生计发展能力的提升路径，进而为边民可持续生计优化提供政策借鉴。本研究以生计恢复力为研究视角，围绕沿边村寨边民就地城镇化意愿进行研究，选取个人特征因素、缓冲能力、自组织能力、学习能力等 4 个方面，探讨桂滇边境地区沿边村寨边民就地城镇化意愿及其关键影响因素。基于以上分析，提出研究假设如下：

假设 3 桂滇边境地区沿边村寨边民个人基本特征对其就地城镇化意愿的影响显著。

桂滇边境地区沿边村寨边民的个人基本特征由性别、年龄、婚姻状况及受教育程度等构成。一般来说，新生代且受教育程度较高的边民对就地城镇化的相关政策更熟悉，其对就地城镇化的净收益要求也会更高。

假设 4 桂滇边境地区沿边村寨边民生计恢复力对其就地城镇化意愿的影响显著，且存在代际差异。

桂滇边境地区沿边村寨边民的生计恢复力对其就地城镇化意愿影响显著，即边民的生计恢复力越强，其越愿意参与就地城镇化。但沿边村寨边民的生计恢复力对其就地城镇化意愿的影响程度可能存在代际差异，生计恢复力对新生代边民就地城镇化意愿的影响更显著。

（二）研究方法

由于本章的因变量是二分变量，因此采用 Stata 软件对桂滇边境地区沿边村寨不同代际边民的就地城镇化意愿的调查数据展开二元 Logistic 模型回归分析。并基于随机效用模型，从效用最大化视角分析生计恢复力对桂滇边境地区沿边村寨边民就地城镇化意愿的影响，进而构建 Logistic 回归模型。

首先，构建沿边村寨边民 i 余生在 j 地参与就地城镇化的总效用模型。假设边民 i 愿意余生在 j 地参与就地城镇化的间接效用函数 V_{ij} 如下：

$$V_{ij} = V(R_{ij}, \overrightarrow{\theta_{ij}}) \tag{5-9}$$

公式（5-9）中，R_{ij}代表沿边村寨边民i在j地参与就地城镇化的生计恢复力。$\vec{\theta}_{ij}$是指影响边民i在j地参与就地城镇化意愿的其他控制因素，如个体特征、家庭特征等。

根据理性人假定，沿边村寨边民i愿意在j地参与就地城镇化的前提条件是其就地城镇化后能够实现余生效用最大化。运用余生效用函数可推导出沿边村寨边民i愿意在j地参与就地城镇化的总效用函数模型，以及沿边村寨边民i不愿意在j地参与就地城镇化的总效用函数模型。在随机设定的情况下，如果$YV_{ij} > YV_{in}$，表示沿边村寨边民i愿意在j地参与就地城镇化，记为$y = 1$；反之，则表示沿边村寨边民i愿意在j地参与就地城镇化，记为$y = 0$。假设x代表沿边村寨边民i在j地参与就地城镇化的影响因素，包括沿边村寨边民i在j地参与就地城镇化的生计恢复力等，则可将沿边村寨边民i在j地参与就地城镇化的概率描述为：

$$P(y = 1/0) = F(x, \beta) = \frac{\exp(\beta'x)}{1 + \exp(\beta'x)} \qquad (5-10)$$

由此构建本研究的理论模型如下：

$$U_i = \alpha_0 + \alpha_1 R_i + \vec{\beta X_i} + \varepsilon_i \qquad (5-11)$$

公式（5-11）中，U_i为沿边村寨边民i的就地城镇化意愿，R_i为生计恢复力，$\vec{X_i}$为影响沿边村寨边民i的就地城镇化意愿的其他控制因素，ε_i为残差项。

（三）数据说明

所使用的数据来自课题组 2022 年 7～10 月进行的实地调查，调查对象为桂滇边境 0～3 千米的典型抵边村寨中边民家庭的户主或年龄在 18 岁及以上的家庭成员。调查内容包括：个人基本信息、就地城镇化意愿、缓冲能力、自组织能力、学习能力 5 个方面。在试调查的基础上，课题组于 2022 年 8～10 月展开了正式的问卷调研工作，调查样本涉及桂滇边境地区 33 个县（市、区）。首先，根据经济发展水平将桂滇边境地区 33 个县（市、区）的抵边乡镇划分为三类：较高水平（Ⅰ类）、中等水平（Ⅱ类）、较低水平（Ⅲ类）。其次，从每类抵边乡镇随机抽取 1 个抵边自然村，即在各边境县分别选取 3 个抵边自然村共 99 个抵边村。最后，从这些抵边村中各随机挑选 10 户边民家庭进行访谈式问卷调查。各边境县（市、区）均发放问卷 30 份，共发放问卷 990 份，回收 921 份，样本回收率为 93.03%。剔除失效样本后获得有效样本 859 份，有效样本率为 86.77%。总体调查样本的基本情况及分布如表 5-5 所示。

表 5 – 5　　　　　　　　　　　总体调查样本的基本情况及分布（N＝859）

所属城市	县（市、区）	发放样本量	回收样本量	样本回收率（%）	有效样本量	有效样本率（%）
百色市	靖西市	30	28	93.33	27	90.00
	那坡县	30	28	93.33	27	90.00
崇左市	凭祥市	30	28	93.33	27	90.00
	宁明县	30	28	93.33	27	90.00
	龙州县	30	28	93.33	26	86.67
	大新县	30	28	93.33	27	90.00
防城港市	防城区	30	29	96.67	28	93.33
	东兴市	30	29	96.67	29	96.67
文山州	麻栗坡县	30	28	93.33	27	90.00
	马关县	30	28	93.33	26	86.67
	富宁县	30	28	93.33	27	90.00
红河州	金平县	30	27	90.00	25	83.33
	绿春县	30	28	93.33	26	86.67
	河口县	30	28	93.33	26	86.67
西双版纳州	景洪市	30	28	93.33	26	86.67
	勐海县	30	28	93.33	26	86.67
	勐腊县	30	28	93.33	24	80.00
普洱市	江城县	30	28	93.33	25	83.33
	孟连县	30	27	90.00	25	83.33
	澜沧县	30	27	90.00	26	86.67
	西盟县	30	28	93.33	25	83.33
临沧市	镇康县	30	28	93.33	26	86.67
	耿马县	30	27	90.00	26	86.67
	沧源县	30	28	93.33	26	86.67
保山市	腾冲市	30	29	96.67	25	83.33
	龙陵县	30	27	90.00	26	86.67
德宏州	芒市	30	28	93.33	27	90.00
	瑞丽市	30	29	96.67	26	86.67
	盈江县	30	27	90.00	24	80.00
	陇川县	30	28	93.33	25	83.33

续表

所属城市	县（市、区）	发放样本量	回收样本量	样本回收率（%）	有效样本量	有效样本率（%）
怒江州	泸水市	30	28	93.33	26	86.67
	福贡县	30	28	93.33	26	86.67
	贡山县	30	27	90.00	24	80.00
合计		990	921	93.03	859	86.77

表5-6为主要变量的描述性统计结果，通过正式调查获得的859份有效样本中，具有就地城镇化意愿的边民样本为642份，占比达到74.74%；不愿意参与就地城镇化的边民样本为217份，占比25.26%。整体来看，样本区域内两代边民的就地城镇化意愿均较强烈，且老一代边民的意愿更强。老一代边民样本中，具有就地城镇化意愿的样本为387份，占比78.82%；不愿意参与就地城镇化的样本为104份，占比21.18%。新生代边民样本中，具有就地城镇化意愿的样本为255份，占比69.29%；不愿意参与就地城镇化的样本为113份，占比30.71%。两代边民在个人特征因素、缓冲能力、自组织能力以及学习能力的绝大部分测量指标上均存在明显差异。

表5-6　　　　　　　主要变量的描述性统计（N=859）

类别	变量名称	变量定义	老一代边民（N=491）		新生代边民（N=368）	
			频数	百分比（%）	频数	百分比（%）
就地城镇化意愿	愿意	1	387	78.82	255	69.29
	不愿意	0	104	21.18	113	30.71
性别	男	1	281	57.23	199	54.08
	女	2	210	42.77	169	45.92
婚姻状况	已婚	1	412	83.91	285	77.45
	未婚	2	79	16.09	83	22.55
受教育程度	小学及以下	1	181	36.86	105	28.53
	初中	2	254	51.73	183	49.73
	高中（中专）	3	49	9.98	61	16.58
	大专及以上	4	7	1.43	19	5.16

类别	变量名称	变量定义	老一代边民（N＝491）		新生代边民（N＝368）	
			频数	百分比（％）	频数	百分比（％）
缓冲能力	健康状况		均值 3.38（0.688）		均值 3.44（0.706）	
	家庭劳动力		均值 3.47（0.679）		均值 3.41（0.695）	
	社保参与度		均值 3.45（0.571）		均值 3.50（0.577）	
	家庭年收入		均值 3.44（0.594）		均值 3.42（0.643）	
	家庭年储蓄		均值 3.19（0.829）		均值 3.16（0.742）	
	家庭住房条件	非常满意为5，比较满意为4，一般为3，比较不满意为2，非常不满意为1	均值 3.81（0.465）		均值 3.70（0.492）	
	实际耕种面积		均值 3.55（0.518）		均值 3.60（0.512）	
自组织能力	邻里信任度		均值 3.80（0.450）		均值 3.79（0.474）	
	融资渠道		均值 3.45（0.553）		均值 3.49（0.547）	
	政策扶持度		均值 3.58（0.519）		均值 3.59（0.514）	
	社会关系网络		均值 3.49（0.558）		均值 3.55（0.565）	
学习能力	技能培训机会		均值 3.43（0.558）		均值 3.49（0.576）	
	家庭教育投入		均值 3.30（0.539）		均值 3.26（0.586）	
	信息交流频率		均值 3.46（0.526）		均值 3.52（0.542）	
	政策熟悉度		均值 3.55（0.582）		均值 3.63（0.581）	

注：括号内的数值为样本标准差。

在个人特征因素方面，老一代边民中男性和女性分别占比 57.23%、42.77%，新生代边民中男性和女性分别占比 54.08%、45.92%，说明两代边民仍存在较明显的性别差异。两代边民中已婚边民占比分别是 83.91% 和 77.45%。相比老一代边民，未婚的新生代边民占比要高出近 8 个百分点，表明两代边民存在较明显的婚姻状况差异。从受教育程度来看，两代边民的学历水平仍然偏低，初中及以下学历的边民占比分别为 88.59%、78.26%，具有高中（中专）学历的边民分别占比 9.98%、16.58%，具有大专及以上学历的边民仅分别占比 1.43% 和 5.16%。

在生计恢复力方面，从缓冲能力来看，老一代边民的对家庭劳动力、家庭年收入、家庭年储蓄以及家庭住房条件的满意度要明显高于新生代边民，新生代边民对健康状况、社保参与度、实际耕种面积的满意度相对更高。从自组织能力来看，两代边民对邻里信任度和政策扶持度的满意度的差别相当小，但新生代边民对于融资渠道和社会关系网络的满意度要明显高于老一代边民。从学习能力来看，老一代边民对家庭教育投入具有更高的满意度，而新生代边民在技能培训机会、信息交流频率和政策熟悉度方面均具有更高的满意度。

（四）实证结果与分析

表5-7反映了基于生计恢复力的桂滇边境地区沿边村寨边民就地城镇化意愿的影响因素的模型估计结果。可见，回归模型整体拟合度良好，且具有较强的解释力和较高的可信度。本研究所选取的变量均为桂滇边境地区沿边村寨边民就地城镇化意愿的重要影响因素，构建的二元 Logistic 回归模型能够解释桂滇边境地区沿边村寨边民就地城镇化意愿的影响因素具有异质性。下面分别从个人特征因素和生计恢复力两个方面展开分析。

表5-7　　　　　基于生计恢复力的桂滇边境地区沿边村寨边民
就地城镇化意愿模型估计结果

自变量名称	老一代边民			新生代边民		
	系数	标准误差	显著性	系数	标准误差	显著性
性别	0.249	0.362	0.415	0.213	0.324	0.306
婚姻状况	2.213 **	0.324	0.040	2.958 **	2.315	0.032
受教育程度	0.394 *	0.209	0.054	2.333 ***	0.692	0.001
健康状况	1.039 **	0.333	0.032	1.424 ***	0.468	0.002
家庭劳动力	−0.040	0.340	0.907	−0.738	0.554	0.183
社保参与度	−0.909 ***	0.341	0.008	−3.453 ***	0.785	0.000
家庭年收入	−0.260	0.391	0.507	0.059	0.702	0.933
家庭年储蓄	0.356 **	0.281	0.016	2.009 ***	0.597	0.001
家庭住房条件	0.463	0.407	0.255	0.782	0.575	0.173
实际耕种面积	0.431 *	0.500	0.089	2.673 **	1.200	0.026
邻里信任度	0.252	0.507	0.619	0.824	0.728	0.258
融资渠道	0.302	0.455	0.507	6.181 ***	1.557	0.000
政策扶持度	1.825 ***	0.423	0.008	1.486 **	0.943	0.015
社会关系网络	1.260 *	0.339	0.060	2.273 ***	0.595	0.000
技能培训机会	0.445 *	0.345	0.098	3.783 ***	0.774	0.000
家庭教育投入	0.450	0.359	0.209	2.758 ***	0.693	0.000
信息交流频率	0.461	0.400	0.249	1.913	0.662	0.124
政策熟悉度	0.021 *	0.375	0.056	1.839 **	0.743	0.013

续表

自变量名称	老一代边民			新生代边民		
	系数	标准误差	显著性	系数	标准误差	显著性
常量	0.552	2.481	0.824	27.484	5.906	0.000
-2 对数似然值		-98.769			-70.967	
Cox & Snell R²		109.52			211.98	
Nagelkerke R²		0.216			0.687	
Sig.		0.000			0.000	

注：***、** 和 * 分别表示在 1%、5% 和 10% 的水平下统计显著。

1. 个人特征因素分析

根据表 5-7 模型估计结果可知，个人特征因素中性别对沿边村寨两代边民的就地城镇化意愿均具有不显著的正向影响。婚姻状况对不同代际边民的就地城镇化意愿均产生显著的正向作用，且已婚的新生代边民受到的作用更明显。从受教育程度来看，老一代边民的系数为 0.394，在 10% 的水平下显著；新生代边民的系数为 2.333，在 1% 的水平下高度显著。这说明受教育程度对沿边村寨边民的就地城镇化意愿具有显著的正向影响，边民受教育程度越高，其就地城镇化意愿越强。但受教育程度对两代边民的就地城镇化意愿的影响程度不同，新生代边民受到的影响更大。这验证了本章提出的研究假设 3。

2. 生计恢复力分析

第一，缓冲能力方面。缓冲能力的七项指标中，健康状况、社保参与度、家庭年储蓄和实际耕种面积均通过了显著性检验，但对不同代际边民就地城镇化意愿的影响存在异质性。从健康状况来看，老一代边民的系数是 1.039，新生代边民的系数是 1.424，健康状况对新生代边民就地城镇化意愿（0.002）的影响比老一代边民就地城镇化意愿（0.032）的影响显著。从社保参与度来看，老一代边民和新生代边民的系数均为负值，分别是 -0.909、-3.453，表明边民的社保参与度越低，其就地城镇化意愿越强烈，且老一代边民受到社保参与度的影响更明显。从家庭年储蓄来看，两代边民的系数分别为 0.356、2.009，家庭年储蓄对新生代边民就地城镇化意愿（0.001）的影响大于其对老一代边民就地城镇化意愿（0.016）的影响，说明家庭年储蓄水平的高低对不同代际边民均具有显著的正向影响，且新生代边民受到的影响更明显。实际耕种面积对老一代边民的系数是 0.431，新生代边民的系数是 2.673，实际耕种面积对新生代边民就地城镇化意愿（0.026）的影响相比其对老一代边民就地城镇化意愿（0.089）的影响更显著，表明沿边村寨边民实际耕种面积越大，其越愿意参与就地城镇化。两代边民的家庭劳动力、家庭年收入和家庭住房条件的系数均存在明显差异，且均未通过显著性检验，表明这些指标对不同代际边民就地城镇化意愿的影响并不显著。

第二，自组织能力方面。自组织能力的四项指标中，政策扶持度和社会关系网络对两代边民就地城镇化意愿均产生正向影响且都通过了显著性检验。这表明沿边村寨边民对政策扶持度和社会关系网络的满意度越高，其参与就地城镇化的意愿越强烈。政策扶持度对老一代边民的系数是 1.825，新生代边民的系数是 1.486，政策扶持度对老一代边民就地城镇化意愿（0.008）的影响明显大于其对新生代边民就地城镇化意愿（0.015）的影响。社会关系网络对老一代边民和新生代边民的系数分别为 1.260、2.273，社会关系网络对新生代边民就地城镇化意愿（0.000）的影响要大于其对老一代边民就地城镇化意愿（0.060）的影响。老一代边民大多社会参与度较低，与城镇其他群体交流甚少，社会关系网络主要是建立在血缘、亲缘、地缘的基础上的强关系型。由于在生活环境和思想观念等方面都不同于老一代边民，新生代边民对新生事物的接受能力通常比较强，更容易融入城镇生活，其社会关系网络逐步向友缘与业缘为主的弱关系型转变。邻里信任度对两代边民的就地城镇化意愿具有正向影响，但影响并不显著。融资渠道对不同代际边民的就地城镇化意愿的存在正向影响，但仅有新生代边民的就地城镇化意愿受到融资渠道满意度高低的显著影响，表明新生代边民对融资渠道的满意度越高，其越愿意参与就地城镇化。老一代边民在面对农业生产决策时大多凭借自身务农经验，且价值取向更保守，因而对融资渠道关注度还不高。伴随着农业经营方式的逐渐转变，新生代边民的"熟人圈"不再局限于农村范围，其往往会更主动地了解农业规模化经营方面的信息以及有关政策法规，并根据其对外界风险的感知程度对相关信息加以有效整合和利用，进而适时调整自身生计策略。

第三，学习能力方面。学习能力的四项指标中，技能培训机会和政策熟悉度对不同代际边民就地城镇化意愿均具有显著的正向影响，且这两项指标对新生代边民就地城镇化意愿的影响都更显著。新生代边民大多接受过更多的职业技能培训，其信息嗅觉更为敏锐，搜寻、发现、掌握和利用职业信息的能力明显增强，对城镇化政策了解程度更深入，寻求好工作的主动性也更强。老一代边民外出务工从事的职业多为力工、零工和低技能职业，工资收入相对较低，再加上受到挣钱养家的约束，致使其在城市消费方面主要以满足基本生活需要为主，属于典型的农村传统温饱型消费方式。新生代边民外出务工大多从事服务行业，受自身多元化价值观及城市居民示范性消费双重影响，其消费方式已经逐步转向城市现代性消费。家庭教育投入对两代边民的就地城镇化意愿均产生积极影响，但仅对新生代边民就地城镇化意愿的影响显著。教育是重要的人力资本要素，受教育水平的高低直接影响着沿边村寨边民的就业能力和收入水平。进城务工的边民的受教育状况明显高于农村劳动力的整体水平，但与城镇居民相比仍有较大差距。一般来说，边民的家庭教育投入越大，家庭成员受教育水平越高，获得较好的就业机会的可能性越大，其学习能力和城市适应能力也相对更强，也就越可能在更短的时间内积累更多的工作经验，从而获得更多的家庭经济收入。信息交流频率对两代边民就地城镇化意愿具有正向影响，但影响均不显著。这验证了本章提出的研究假设4。

四、研究发现与讨论

（一）研究发现

第一，基于生计风险感知的桂滇边境地区沿边村寨边民就地城镇化意愿研究发现，样本区域内愿意参与就地城镇化的边民占比为68.26%，且老一代边民具有更强烈的参与意愿。个人特征因素中，受教育程度对两代边民就地城镇化意愿均具有显著的正向影响，但老一代边民受到的影响更明显；已婚的新生代边民具有更强烈的就地城镇化意愿；性别对两代边民就地城镇化意愿的影响并不显著。从生计风险感知的各项指标来看，病虫害风险、农产品市场风险、社会保障风险等3项指标对不同代际的边民就地城镇化意愿均具有显著的正向作用；劳动力市场风险、资金投入风险、土地使用风险3项指标对不同代际的边民就地城镇化意愿均具有显著的负向作用。老一代边民受到农产品市场风险、劳动力市场风险、资金投入风险的影响都更显著，新生代边民则更容易受到病虫害风险、社会保障风险和土地使用风险的影响。

第二，基于生计恢复力的桂滇边境地区沿边村寨边民就地城镇化意愿研究发现，样本区域内愿意参与就地城镇化的边民占比达到74.74%，且老一代边民的意愿更强。个人特征因素中，婚姻状况、受教育程度对两代边民的就地城镇化意愿均具有显著的正向影响，已婚且受教育程度较高的新生代边民受到的影响更明显；性别对两代边民就地城镇化意愿的影响不显著。从生计恢复力的各项指标来看，健康状况、家庭年储蓄、实际耕种面积、政策扶持度、社会关系网络、技能培训机会和政策熟悉度7项指标对不同代际边民就地城镇化意愿均具有显著的正向影响，社保参与度对两代边民就地城镇化意愿均产生显著的负向影响。老一代边民受到政策扶持度和社保参与度的影响更大，新生代边民则更关注健康状况、家庭年储蓄、实际耕种面积、社会关系网络以及技能培训机会。

（二）讨论

现有文献中部分学者从多个视角对不同区域的农民就地城镇化意愿问题进行了实证研究，得出的研究结果不尽相同。如祁新华等（2012）选取泉州市（晋江市和惠安县）、东莞市以及昆山市3个就地城镇化发达地区，运用问卷调查和访谈法检验了乡村劳动力迁移意愿及其城镇化效应。其结果表明，该区域乡村劳动力倾向于就地转型或是迁移到近距离的中小城镇。黄振华（2014）利用30个省份267个村（社区）的问卷调查数据，分别考察了在村农民与进城农民工的城镇化需求。该研究发现，调研对象更倾向于以本地农村为中心的就地城镇化模式，尤为关注公共教育、劳动就业等公共服务和社会保障，同时期望发展利于其就地就业的行业产业。黄文秀等（2015）通过对嘉兴市海盐县典型行政村农户就地城镇化意愿研究得出，就地城镇化模式得到当地农户的普遍认可，农户较关注其就地城镇化后能否享有与原住居民相同的待遇、就业生计转型、宅基地使用权流转补偿标准、生态环境、食品安全以及空气质量等问题。白先春等（2016）从个体人口特征角度，利用安徽省各地级市的抽样调查样本数据，考察了农村居民就地城镇化意愿。结果显示，该区域农村居民迁居意愿受到其性别、年龄、受教育程度、收入水平、工作性质等因素的显著影响。

吴巍等（2017）从城乡一体化角度，利用南昌市塘南生态经济区调研样本数据，检验了农民就地城镇化的影响因素。结果显示，调研区域农民整体具有较强的就地城镇化意愿。性别、家庭年收入和种田意愿程度对农民就地城镇化意愿产生间接影响；农民家庭中留守的中高龄农民具有更强烈的就地城镇化意愿；谋生能力强的农民的农地流转意愿与其就地城镇化意愿形成冲突。但农民对融入城镇生活信心不足。李云等（2017）通过对比分析农业主导型和工贸综合型两类村镇地区村民的就地城镇化意愿发现，就业机会和生活改善是村民就地城镇化意愿的关键影响因素。陈轶等（2018）通过对南京市江北新区典型社区调研，从居村农民属性特征与居住环境评价角度，实证分析了大城市边缘区居村农民的就地城镇化意愿及其影响因素。结果表明，21~40岁、已婚且受教育程度较高的居村农民具有强烈的就地城镇化意愿，且其意愿受到务工形式、住房类型的显著影响，但外出工作意愿和土地流转支持度未通过显著性检验。

农户生计的发展方向与转型潜能取决于其所处乡村的区位条件、资源禀赋以及功能结构等因素（赵雪雁，2017）。本书利用桂滇边境地区典型沿边村寨边民就地城镇化意愿的调研数据，从生计风险感知与生计恢复力双重视角，实证探讨不同代际边民就地城镇化意愿及其主要影响因素，是对现有研究成果的有益补充。研究成果有助于充分掌握桂滇边境地区沿边村寨边民参与就地城镇化意愿的现实情况及关键影响因素，进而提高沿边村寨边民可持续生计能力，从而促进边境地区新型城镇化成效提升。

第六章

桂滇边境地区沿边村寨建设水平感知
对边民参与守土固边意愿的
影响实证研究

边民参与守土固边意愿会受到其未来家庭利益和家庭发展能力水平的影响（夏文贵，2020）。探究桂滇边境地区边民参与守土固边意愿及其影响因素，明确该地区沿边村寨建设的改进方向，可为地方政府科学制定沿边村寨建设相关政策促进边民安心居边发展进而实现守土固边提供参考依据。本章基于对桂滇边境地区 33 个县（市、区）沿边村寨边民参与守土固边意愿的调研数据，从沿边村寨建设水平感知视角，运用结构方程模型分析方法实证考察了桂滇边境地区沿边村寨建设水平感知对边民参与守土固边意愿的影响及代际差异，以此得到桂滇边境地区沿边村寨边民参与守土固边意愿的关键影响因素。

一、理论模型与研究假设

（一）理论模型

随着我国现代化进程的加快推进，边境地区基础设施建设日益完善，边民的生产生活条件逐步改善，其国家认同也得到巩固与强化，"家国共同体"得以建构。边境地区边民以家庭为单位参与到守土固边活动中，"以家固边"的社会治理机制逐渐形成。边民家庭的居边生息、抵边发展，直接关系到这一机制是否能够有效发挥作用。广大边民切实参与守土固边活动进而形成稳固的群防群治机制，才能有效地推动实现边境安全、稳定及发展。国家边境治理活动中的普遍做法是持续改善基础设施建设和边民生产生活条件，以此维持边境地区合适的人口规模（孙保全、常玲，2021）。近年来，我国出台了一系列有关边境地区和边民的专项政策，为边民参与守土固边提供了有力支撑。

桂滇边境地区沿边村寨边民参与守土固边意愿将受到个体特征因素、家庭因素、社会制度因素、心理因素等多方面因素的共同影响。相比其他区域，桂滇边境地区沿边村寨普遍存在基础设施欠完善、人居环境不尽如人意、基本公共服务不足、村庄治理现代化水平偏低等现实难题，乡村建设成效的地区差异明显。乡村建设强调乡村发展进程中运用政策制度手段对农村基础设施、公共服务等硬件设施进行改善升级，具体包括农民住宅及其所需的各项生产性房屋建设、村庄及集镇建设（梁漱溟，2006）。2021 年中央一号文件《中共中央　国务院关于全面推进乡村振兴加快农业农村现代化的意见》明确提出大力实施乡村建设行动，具体从加快推进村庄规划、加强乡村公共基础设施建设、实施农村人居环境整治提升五年行动、提升农村基本公共服务水平等方面开展工作。

农村基础设施具有要素流动效应、规模效应、结构效应以及乘数效应，因而被视为乡村产业兴旺的"先行资本"。有效发挥农村基础设施的劳动替代效应、成本节约效应和包容性增长效应，催生新产业和农村电商新业态，可以为沿边村寨边民生活富裕提供重要保障（曾福生、蔡保忠，2018）。推进乡村人居环境的持续优化对于沿边地区乡村振兴及可持续发展具有重要作用。沿边地区是基本公共服务供给的短板地带，在巩固拓展脱贫攻坚成果同乡村振兴有效衔接中公共服务发挥着重要作用（胡志平，2022）。基本公共服务质量和水平显著影响民生幸福感和获得感。沿边地区基本公共服务存在供给总量不足、结构失衡、社会力量与市场主体参与度低等问题（韩博、王丽华，2022）。村集体和村民的资源是乡村振兴的基础性资源，重构村庄治理共同体是乡村振兴的重要路径，旨在推动村庄经济社会结构性转变和治理条件根本性重构（卢福营，2022）。

习近平总书记在党的十九大报告中指出："形成有效的社会治理、良好的社会秩序，使人民获得感、幸福感、安全感更加充实、更有保障、更可持续"。2018 年中央一号文件明确提出"以促进农民共同富裕作为出发点和落脚点，促进农民持续增收，不断提升农民的获得感、幸福感、安全感"。"民生三感"（获得感、幸福感、安全感）是民生建设质量水平的衡量指标，能够反映沿边村寨边民对美好生活需要的感知程度。基于此，本章尝试从"民生三感"角度考察桂滇边境地区沿边村寨边民参与守土固边意愿。获得感是指边民对其实际获得利益与预期利益相比较后所产生的主观感觉。幸福感是指边民对其生活的预期与现实生活状态相比较后的主观感受。安全感是指边民对其目前稳定与安宁的生活状态的主观肯定（金伟、陶砥，2018）。安全感是边民美好生活的起步阶段，获得感是边民美好生活的发展阶段，幸福感是边民美好生活的落脚点。这就需要建设更高水平的平安中国，实现更高质量的供给，打造更有活力的奋斗型社会（张青卫，

2021)。因此，构建桂滇边境地区沿边村寨建设水平感知对边民参与守土固边意愿影响的理论模型，如图 6 – 1 所示。

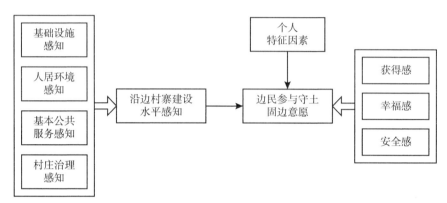

**图 6 – 1　桂滇边境地区沿边村寨建设水平感知对边民
参与守土固边意愿影响的理论模型**

（二）研究假设

基于以上理论分析，本章提出研究假设如下：

假设 5　桂滇边境地区沿边村寨边民的个人基本特征对其参与守土固边意愿影响显著。

沿边村寨边民的个人基本特征主要包括性别、年龄、婚姻状况、受教育程度等。桂滇边境地区沿边村寨中老一代已婚边民大多更习惯于与邻国跨界比较，该群体更能深刻地体会到国家安全稳定和发展对于其家庭生计可持续发展的重要性，因而老一代已婚边民可能具有更强烈的参与守土固边意愿。

假设 6　桂滇边境地区沿边村寨建设水平感知对边民参与守土固边意愿影响显著。

尽管沿边村寨边民都享有一定特殊待遇，但相对于区域发展差距引致的内地对该群体的吸引力来说，现有的边民政策的目标及内涵仍亟待优化，还需进一步完善利于边民家庭可持续发展的体制机制。桂滇边境地区沿边村寨建设水平感知对边民参与守土固边意愿影响显著，即桂滇边境地区边民对沿边村寨建设水平感知度越高，其越愿意参与守土固边。但沿边村寨建设水平感知对边民参与守土固边意愿的影响程度可能存在代际差异，新生代边民参与守土固边意愿受到沿边村寨建设水平感知的影响会更明显。

二、问卷设计与数据说明

（一）问卷设计

本章使用的数据主要通过问卷调查形式获得。调查内容包括：边民守土固边意愿、个人基本信息、沿边村寨建设水平感知、获得感、幸福感、安全感等方面。为提高观测变量的信度与效度，在进行正式问卷调查之前，课题组设计了调查问卷，并于 2022 年 7 月开展试调查工作，试调查样本数均为 200 份。结合试调查结果，最终使用的主要变量及其依据如下：

第一，关于边民参与守土固边意愿问题。从自上而下和自下而上的角度看，边民的守土固边行为不仅可以诠释为"有国才有家"，也可以理解为"卫国""富民"就是"兴边"。边民的守土固边活动既"利国"又"利家"。在客观上，家与国之间存在的命运共同体关系；在主观上，边民获得普遍感知与认同对其参与守土固边活动产生驱动作用。边境稳定发展的内在要求与外在表现是边民安居乐业，进而实现边民家庭生产生活的可持续发展。边民在边境治理中能否有效发挥作用取决于其家庭利益受到维护与增进的程度，是边民基于家庭发展的功利性考虑（孙保全、常玲，2021）。将桂滇边境地区沿边村寨边民参与守土固边意愿划分为愿意和不愿意两类，分别标记为 1 和 0。

第二，关于沿边村寨建设水平感知问题。借鉴已有的研究成果，将桂滇边境地区边民对沿边村寨建设水平的感知划分为公共基础设施感知、人居环境感知、基本公共服务感知、村庄治理感知 4 个维度。根据世界银行对基础设施的划分标准，农村基础设施包括农村经济基础设施和社会基础设施。尽管我国农田水利设施逐步改善，但抵御自然灾害能力仍较弱。相较城市地区，农村地区的交通和通信基础设施都亟待改善。虽然农村电力能源供应量逐年增长，电力设施不断改善，但农村用电需求仍难以满足。尤其是在每年夏季和春节等高峰期，农村居民的电力需求急剧上升，配电容量超载问题较突出（陈宗胜、朱琳，2021）。乡村人居环境分为乡村人文环境、地域空间环境以及自然生态环境（李伯华等，2008）。乡村人居环境由乡村生产环境、生活环境、生态环境以及社会文化环境等构成（杜岩等，2021）。改善乡村人居环境质量是沿边村寨建设的必然选择。国家《"十四五"公共服务规划》明确提出，要从义务教育、就业社保、医疗卫生、养老服务、住房保障、文化体育和社会服务等方面加快补齐软硬件短板弱项。村庄治理包含主体能力、权力结构、信任关系、村庄公共资源分配、沟通渠道以及村庄秩序等维度（谢迪、吴春梅，2015）。

对沿边村寨建设水平感知的公共基础设施感知采用交通与物流设施、水电基础设施、信息通信设施、环卫设施等方面的感知水平来衡量；人居环境感知采用生态环境、生活能源和生活垃圾治理等方面的感知水平来衡量；基本公共服务感知采用义务教育服务、就业社保服务、医疗卫生服务、养老服务、住房保障服务、文化体育服务和社会服务等方面的感知水平来衡量；村庄治理感知采用主体能力、权力结构、信任关系、村庄公共资源分配、沟通渠道以及村庄秩序等方面的感知水平来衡量。并采用李克特五级量表形式对沿边村寨建设水平感知的各项指标原始代码进行了重新赋值（非常满意为5，比较满意为4，一般为3，很不满意为2，非常不满意为1），从而使各项测量指标具有可比性。

第三，关于“民生三感”问题。要增强桂滇边境地区沿边村寨“民生三感”，需要全面掌握当前沿边村寨边民的获得感、幸福感以及安全感的现实情况。获得感和幸福感侧重于生活层面，安全感则更强调生存。现有研究主要针对“民生三感”单一维度进行分析，围绕三个维度进行全面考察的理论与实证研究成果较少。段忠贤、吴鹏（2021）构建了“民生三感”测评指标体系，将“民生三感”共细分为9个方面。其中，获得感分为经济获得感、政治获得感和民生获得感；幸福感分为公共服务、经济发展和人际关系；安全感分为社会治安、行政执法、财产安全。江维国、奚玙曦（2021）以被征地农民群体为研究对象建立“民生三感”测度模型。征地决策参与、征地补偿情况和自我价值实现3项指标表征获得感水平；出行便利程度、社会融入情况和家庭社会地位3项指标表征幸福感水平；心理健康状况、当地社会治安和未来发展信心3项指标表征安全感水平。商梦雅、李江（2022）从农村宅基地制度视角，实证检验了农民主观获得感、幸福感以及安全感的影响因素。农民主观获得感采用住房保障、养老保障、家庭社会资本以及宅基地经济资本来衡量；农户主观幸福感采用社会公平满意度和未来生活信心度来衡量；农户主观安全感采用风险承担信心度和返乡需求支撑度来衡量。路锦非（2022）探讨了社会救助对“民生三感”的影响问题，认为获得感涉及城乡低保、医疗救助、教育救助、廉租房、就业救助、失业保险待遇以及其他社会救助项目的救助金额与服务；安全感涵盖经济收入、医疗健康、子女教育、居住恐惧、忧愁、社交友好与社会信任等方面的安全感；幸福感包括当前生活满意感、对未来是否乐观以及整体幸福感。

本章对沿边村寨“民生三感”展开研究，其中，边民获得感采用政治参与度、国家边境政策、自我价值实现的满意度来测度；边民幸福感采用出行便利性、社会融入度和家庭社会地位的满意度来测度；边民幸福感采用社会治安状况、行政执法水平、财产安全性以及未来生活预期的满意度来测度。为确保测量指标具有可比性，本研究使用李克特五级量表，按照正向从大到小对"民生三感"各项指标的原始代码进行重新赋值（非常满意为5，比较满意为4，一般为3，很不满意为2，非常不满意为1）。

（二）数据说明

本章所使用的数据来自课题组2022年7～10月进行实地调查，调查对象为桂滇边境0～3千米的典型抵边村寨中边民家庭的户主或年龄在18岁及以上的家庭成员。调查内容包括：个人基本信息、守土固边意愿、基础设施感知、人居环境感知、基本公共服务感知、村庄治理感知、获得感、幸福感、安全感等方面。在试调查的基础上，课题组于2022年8～10月展开了正式的问卷调研工作。调查样本涉及桂滇边境地区33个县（市、区），在各边境县分别选取3个抵边自然村共计99个抵边村，再从这些抵边村中各随机挑选10户边民家庭进行访谈式问卷调查。各边境县（市、区）均发放问卷30份，共发放问卷990份，回收921份，样本回收率为93.03%。剔除失效样本后获得有效样本859份，有效样本率为86.77%。总体调查样本的基本情况及分布见第五章表5－5。

在859份有效样本中，具有参与守土固边意愿的边民样本为764份，占比达到88.94%，说明桂滇边境地区沿边村寨边民整体具有十分强烈的守土固边意愿。为比较桂滇边境地区沿边村寨建设水平感知对边民参与守土固边意愿的影响及其代际差异，最终使用的是764份具有参与守土固边意愿的边民样本。其中，老一代边民样本为469份，占比61.39%；新生代边民样本为295份，占比38.61%。表6－1反映了主要变量的描述性统计结果。可见，两代边民在个人特征因素、基础设施感知、人居环境感知、基本公共服务感知、村庄治理感知、获得感、幸福感以及安全感的绝大部分测量指标上均存在明显差异。

表6－1　　　　　　　　主要变量的描述性统计（N＝764）

类别	变量名称	变量定义	老一代边民（N＝469）		新生代边民（N＝295）	
			频数	百分比（%）	频数	百分比（%）
性别	男	1	274	58.42	163	55.25
	女	0	195	41.58	132	44.75
婚姻状况	已婚	1	396	84.43	241	81.69
	未婚	0	73	15.57	54	18.31

续表

类别	变量名称	变量定义	老一代边民（N=469）		新生代边民（N=295）	
			频数	百分比（%）	频数	百分比（%）
受教育程度	小学及以下	1	168	35.82	79	26.78
	初中	2	253	53.94	159	53.90
	高中（中专）	3	42	8.96	46	15.59
	大专及以上	4	6	1.28	11	3.73
基础设施感知	交通与物流设施		均值3.61（0.602）		均值3.62（0.605）	
	水电基础设施		均值3.66（0.475）		均值3.71（0.490）	
	信息通信设施		均值3.53（0.499）		均值3.48（0.501）	
	环卫设施		均值3.64（0.487）		均值3.60（0.511）	
人居环境感知	生态环境		均值3.81（0.514）		均值3.74（0.496）	
	生活能源		均值3.67（0.570）		均值3.65（0.587）	
	生活垃圾治理		均值3.68（0.476）		均值3.63（0.496）	
基本公共服务感知	义务教育服务		均值3.63（0.493）		均值3.59（0.493）	
	就业社保服务		均值3.50（0.501）		均值3.44（0.497）	
	医疗卫生服务		均值3.38（0.586）		均值3.39（0.595）	
	养老服务		均值3.29（0.577）		均值3.28（0.570）	
	住房保障服务		均值3.65（0.487）		均值3.66（0.474）	
	文化体育服务	非常满意为5，比较满意为4，一般为3，很不满意为2，非常不满意为1	均值3.43（0.561）		均值3.33（0.558）	
	社会服务		均值3.45（0.523）		均值3.40（0.491）	
村庄治理感知	主体能力		均值3.50（0.501）		均值3.46（0.499）	
	权力结构		均值3.58（0.494）		均值3.55（0.498）	
	信任关系		均值3.57（0.496）		均值3.51（0.501）	
	村庄公共资源分配		均值3.69（0.463）		均值3.65（0.476）	
	沟通渠道		均值3.61（0.488）		均值3.69（0.463）	
	村庄秩序		均值3.62（0.490）		均值3.55（0.487）	
获得感	政治参与度		均值3.53（0.500）		均值3.46（0.499）	
	国家边境政策		均值3.75（0.436）		均值3.74（0.442）	
	自我价值实现		均值3.61（0.489）		均值3.54（0.500）	
幸福感	出行便利性		均值3.77（0.545）		均值3.79（0.527）	
	社会融入度		均值3.65（0.540）		均值3.72（0.528）	
	家庭社会地位		均值3.70（0.505）		均值3.75（0.491）	
安全感	社会治安状况		均值3.67（0.469）		均值3.67（0.469）	
	行政执法水平		均值3.69（0.475）		均值3.68（0.495）	
	财产安全性		均值3.74（0.464）		均值3.76（0.464）	
	未来生活预期		均值3.83（0.475）		均值3.89（0.451）	

注：括号内的数值为样本标准差。

在个人特征因素方面，老一代边民中男性和女性的占比分别为 58.42%、41.58%，新生代边民中男性和女性的占比分别为 55.25%、44.75%，表明两代边民的性别差异仍较明显。老一代边民和新生代边民中已婚边民分别占比 84.43%、81.69%，说明两代边民的婚姻状况存在差异。从受教育程度来看，两代边民中具有大专及以上的边民仅分别占比 1.28% 和 3.73%，具有高中（中专）学历的边民仅占比 8.96%、15.59%，初中及以下学历的边民占比分别为 89.76%、80.68%。这说明沿边村寨边民的学历水平整体仍然偏低，且存在明显的受教育程度差异。这验证了本章提出的研究假设 5。

在沿边村寨建设水平感知方面，从基础设施感知来看，老一代边民对信息通信设施和环卫设施的满意度明显高于新生代边民，但其对水电基础设施的满意度明显低于新生代边民。两代边民对交通与物流设施的满意度差别较小。从人居环境感知来看，老一代边民对生态环境、生活能源和生活垃圾质量的满意度均高于新生代边民。从基本公共服务感知来看，老一代边民对义务教育服务、就业社保服务、文化体育服务和社会服务的满意度更高。两代边民对医疗卫生服务、养老服务和住房保障服务的满意度并无明显差异。从村庄治理感知来看，老一代边民对主体能力、权力结构、信任关系、村庄公共资源分配以及村庄秩序均具有更高的满意度。新生代边民对沟通渠道的满意度明显高于老一代边民。

在"民生三感"方面，从获得感来看，新生代边民对政治参与度和自我价值实现的满意度均明显低于老一代边民，但不同代际边民对国家边境政策的满意度差异较小。从幸福感来看，新生代边民对出行便利性、社会融入度和家庭社会地位的满意度均明显高于老一代边民。从安全感来看，两代边民对未来生活预期的满意度存在较大差异，新生代边民具有更高的满意度。老一代边民对财产安全性的满意度相对更低。不同代际边民对社会治安状况的满意度并无差异，对行政执法水平的满意度仅有较小差异。

三、结构方程模型构建

本章设计的调查问卷采用的是李克特量表形式，但通过实地调查获得的样本数据并不能直接度量。假如在实证研究中运用传统的统计分析方法，将难以得到较理想的分析结果。而结构方程模型既可以同时进行多个变量之间的关系探讨、预测及变量间因果模型的路径分析，又能允许外衍变量和内衍变量存在测量误差或残差项，还可以检验假设模型的适配度。由此运用 SPSS20.0 统计分析软件建立了包含 764 个具有参与守土固边意愿的边民样本数据的数据库，接着将样本数据导入 Amos24.0 统计分析软件进行实证分析。图 6-2 是桂滇边境地区沿边村寨建设水平感知对边民参与守土固边意愿影响的结构方程模型。

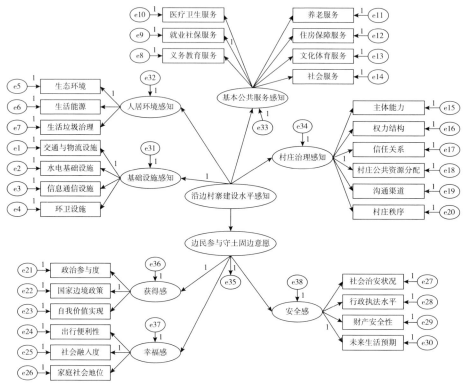

图 6-2 桂滇边境地区沿边村寨建设水平感知对边民参与
守土固边意愿影响的结构方程模型

在理论模型中，潜在变量包括了沿边村寨建设水平感知、边民参与守土固边意愿以及各个残差项，且观测变量与潜在变量也都分别包含了内衍变量和外衍变量。结构方程模型由测量模型和结构模型两个基本模型组成。其中，测量模型描述的是潜在变量与观察变量之间的关系，其一般形式如下：

$$X = \Lambda_x \xi + \delta$$
$$Y = \Lambda_Y \eta + \varepsilon$$

(6-1)

公式 (6-1) 中，X、Y 分别表示外衍观察变量和内衍观察变量；ξ、η 分别为外衍潜在变量和内衍潜在变量；Λ_x、Λ_Y 分别为观察变量 X 和 Y 的因素负荷量；δ、ε 分别为观察变量 X 和 Y 的误差项。ε 与 ξ、η 及 δ 无关，而 δ 与 ξ、η 和 ε 也无关。

本章构建的结构方程模型总共设置了 5 个外衍潜在变量、4 个内衍潜在变量、20 个外衍观察变量以及 10 个内衍观察变量。其中，外衍潜在变量包括沿边村寨建设水平感知（VC）、基础设施感知（$VC1$）、人居环境感知（$VC2$）、基本公共服务感知（$VC3$）和村庄治理感知（$VC4$）和，分别记为 ξ_{VC}、ξ_{VC1}、ξ_{VC2}、ξ_{VC3} 和 ξ_{VC4}；内衍潜在变量包括边民参与守土固边意愿（DF）、获得感（$DF1$）、幸福感（$DF2$）和安全感（$DF3$），分别记为 η_{DF}、η_{DF1}、η_{DF2} 和 η_{DF3}；外衍观察变量包含交通与物流设施（$VC11$）、水电基础设施（$VC12$）、信息通信设施（$VC13$）、环卫设施（$VC14$）、生态环境（$VC21$）、生活能源（$VC22$）、生活垃圾治理（$VC23$）、义务教育服务（$VC31$）、就业社保服务（$VC32$）、医疗卫生服务（$VC33$）、养老服务（$VC34$）、住房保障服务（$VC35$）、文化体育服务（$VC36$）、社会服务（$VC37$）、主体能力（$VC41$）、权力结构（$VC42$）、信任关系（$VC43$）、村庄公共资源分配（$VC44$）、沟通渠道（$VC45$）、村庄秩序（$VC46$）；内衍观察变量包含政治参与度（$DF11$）、国家边境政策（$DF12$）、自我价值实现（$DF13$）、出行便利性（$DF21$）、社会融入度（$DF22$）、家庭社会地位（$DF23$）、社会治安状况（$DF31$）、行政执法水平（$DF32$）、财产安全性（$DF33$）、未来生活预期（$DF34$）。构建的测量模型如下：

$$
\begin{cases}
X_{VC11} = \lambda_{VC11}\xi_{VC1} + \delta_{VC11},\ X_{VC12} = \lambda_{VC12}\xi_{VC1} + \delta_{VC12},\ X_{VC13} = \lambda_{VC13}\xi_{VC1} + \delta_{VC13}, \\
X_{VC14} = \lambda_{VC14}\xi_{VC1} + \delta_{VC14} \\
X_{VC21} = \lambda_{VC21}\xi_{VC2} + \delta_{VC21},\ X_{VC22} = \lambda_{VC22}\xi_{VC2} + \delta_{VC22},\ X_{VC23} = \lambda_{VC23}\xi_{VC2} + \delta_{VC23} \\
X_{VC31} = \lambda_{VC31}\xi_{VC3} + \delta_{VC31},\ X_{VC32} = \lambda_{VC32}\xi_{VC3} + \delta_{VC32},\ X_{VC33} = \lambda_{VC33}\xi_{VC3} + \delta_{VC33}, \\
X_{VC34} = \lambda_{VC34}\xi_{VC3} + \delta_{VC34},\ X_{VC35} = \lambda_{VC35}\xi_{VC3} + \delta_{VC35},\ X_{VC36} = \lambda_{VC36}\xi_{VC3} + \delta_{VC36}, \\
X_{VC37} = \lambda_{VC37}\xi_{VC3} + \delta_{VC37} \\
X_{VC41} = \lambda_{VC41}\xi_{VC4} + \delta_{VC41},\ X_{VC42} = \lambda_{VC42}\xi_{VC4} + \delta_{VC42},\ X_{VC43} = \lambda_{VC43}\xi_{VC4} + \delta_{VC43}, \\
X_{VC44} = \lambda_{VC44}\xi_{VC4} + \delta_{VC44},\ X_{VC45} = \lambda_{VC45}\xi_{VC4} + \delta_{VC45},\ X_{VC46} = \lambda_{VC46}\xi_{VC4} + \delta_{VC46} \\
X_{VC1} = \lambda_{VC1}\xi_{VC} + \delta_{VC1},\ X_{VC2} = \lambda_{VC2}\xi_{VC} + \delta_{VC2},\ X_{VC3} = \lambda_{VC3}\xi_{VC} + \delta_{VC3}, \\
X_{VC4} = \lambda_{VC4}\xi_{VC} + \delta_{VC4} \\
Y_{DF11} = \lambda_{DF11}\eta_{DF1} + \varepsilon_{DF11},\ Y_{DF11} = \lambda_{DF11}\eta_{DF1} + \varepsilon_{DF11},\ Y_{DF11} = \lambda_{DF11}\eta_{DF1} + \varepsilon_{DF11} \\
Y_{DF21} = \lambda_{DF21}\eta_{DF2} + \varepsilon_{DF21},\ Y_{DF22} = \lambda_{DF22}\eta_{DF2} + \varepsilon_{DF22},\ Y_{DF23} = \lambda_{DF23}\eta_{DF2} + \varepsilon_{DF23} \\
Y_{DF31} = \lambda_{DF31}\eta_{DF3} + \varepsilon_{DF31},\ Y_{DF32} = \lambda_{DF32}\eta_{DF3} + \varepsilon_{DF32},\ Y_{DF33} = \lambda_{DF33}\eta_{DF3} + \varepsilon_{DF33}, \\
Y_{DF34} = \lambda_{DF34}\eta_{DF3} + \varepsilon_{DF34} \\
Y_{DF1} = \lambda_{DF1}\eta_{DF} + \varepsilon_{DF1},\ Y_{DF2} = \lambda_{DF2}\eta_{DF} + \varepsilon_{DF2},\ Y_{DF3} = \lambda_{DF3}\eta_{DF} + \varepsilon_{DF3}
\end{cases}
$$

$$(6-2)$$

结构模型描述的是各潜在变量之间的因果关系，其一般形式为：

$$\eta = \beta\eta + \Gamma\xi + \zeta \tag{6-3}$$

公式（6-3）中，ξ、η 分别代表外衍潜在变量和内衍潜在变量，Γ 为外衍潜在变量对内衍潜在变量的影响路径系数，β 为内衍潜在变量之间的影响路径系数，ζ 为残差项。本章构建的结构模型是一个外衍潜在变量对一个内衍潜在变量的预测，将沿边村寨建设水平感知对边民参与守土固边意愿的影响记为 ϕ_1，具体模型如下：

$$\eta_{DF} = \phi_1\xi_{VC} + \zeta_{DF} \tag{6-4}$$

四、实证结果与分析

（一）模型检验与拟合

第一，信度检验。采用 Cronbach's α 系数检验不同代际的边民样本数据的信度，结果表明老一代边民样本和新生代边民样本的信度系数值分别为 0.919、0.916。由此得出研究所使用的两组样本数据的可信度均较高，可以认为两组样本数据都通过了信度检验。

第二，效度检验。运用因子分析法对各项观测变量的结构效度进行检验。从样本数据的 KMO 检验结果来看，老一代边民样本和新生代边民样本的各项观察变量的 KMO 值分别为 0.903、0.885。Bartlett 球形检验结果显示，卡方数值的显著性概率均为 0.000。因此，可以认为两组样本数据均通过了 KMO 检验和 Bartlett 球形检验。再采用极大方差法并根据特征值大于 1 的原则对两组样本数据提取公因子，结果表明各项观察变量的因素负荷量均大于 0.50，并且累计解释方差均在 50% 以上，由此可得所有样本数据都通过了效度检验。

第三，运用 8 项重要的拟合指标来检验构建的结构方程模型的拟合指标参数，通过比较拟合指标的输出值和参考值，以此判断模型与样本数据的拟合程度。基于 764 份边民样本数据，并采用 Amos24.0 统计分析软件对建立的结构方程模型进行计算分析，进而得到反映桂滇边境地区沿边村寨建设水平感知对边民参与守土固边意愿影响的结构方程模型拟合程度的 8 项拟合指标数值（见表 6-2）。可以看出，8 项拟合指标的输出值都在可以接受的范围内，表明构建的结构方程模型与样本数据在整体上能够实现较好的拟合。

表 6 - 2　　　　桂滇边境地区沿边村寨建设水平感知对不同代际边民参
与守土固边意愿影响的结构方程模型的适配度检验

拟合指标	χ^2/df	AGFI	IFI	CFI	TLI	PNFI	RMR	RMSEA
输出值	2.352	0.879	0.927	0.924	0.920	0.765	0.029	0.056
参考值	<3.00	>0.80	>0.90	>0.90	>0.90	>0.50	<0.05	<0.08
拟合情况	理想	理想	理想	理想	理想	理想	理想	理想

采用两代边民样本对结构方程模型的路径系数进行测定，进而得到桂滇边境地区沿边村寨建设水平感知对不同代际边民参与守土固边意愿影响的结构方程模型的路径估计结果（见表 6 - 3）。其结果表明，沿边村寨建设水平感知对老一代边民和新生代边民参与守土固边意愿的标准化路径系数分别为 0.910、0.933，且都在 0.001 水平下通过了显著性检验。这验证了桂滇边境地区沿边村寨建设水平感知与边民参与守土固边意愿显著正相关，且存在代际差异。换而言之，桂滇边境地区沿边村寨建设水平感知程度越高，边民参与守土固边的意愿也会越强烈，且新生代边民参与守土固边意愿受到沿边村寨建设水平感知的影响更明显。本章提出的研究假设 6 得到验证。

表 6 - 3　　　　桂滇边境地区沿边村寨建设水平感知对不同代际边民参
与守土固边意愿影响的结构方程模型的路径估计结果

年龄	结构方程模型路径	标准化路径系数
老一代边民	沿边村寨建设水平感知→边民参与守土固边意愿	0.910 ***
新生代边民	沿边村寨建设水平感知→边民参与守土固边意愿	0.933 ***

注：*** 表示在 1% 的水平下显著。

（二）参数值估计分析

为比较两代边民参与守土固边意愿的代际差异，根据构建的结构方程模型，运用 Amos 24.0 统计分析软件分别对不同代际的边民样本数据进行计算，得到桂滇边境地区沿边村寨建设水平感知对不同代际边民参与守土固边意愿影响的非标准化参数值估计模型图。再根据结构方程模型的输出结果，进一步得出桂滇边境地区沿边村寨建设水平感知对不同代际边民参与守土固边意愿影响的测量模型中潜在变量与观测变量之间的标准化路径估计结果，如表 6 - 4 所示。桂滇边境地区沿边村寨两代边民样本的潜在变量对观测变量的检验结果显示，P 值均小于

0.001，且各标准化路径系数位于 0.722～0.898 的区间范围，可以认为测量模型中的所有观测变量都能够较好地解释潜在变量。

表 6－4　　桂滇边境地区沿边村寨建设水平感知对不同代际边民参
与守土固边意愿影响的测量模型的标准化路径估计结果

测量模型路径	老一代边民	新生代边民
	标准化路径系数	标准化路径系数
交通与物流设施←基础设施感知	0.789 ***	0.828 ***
水电基础设施←基础设施感知	0.812 ***	0.804 ***
信息通信设施←基础设施感知	0.763 ***	0.784 ***
环卫设施←基础设施感知	0.745 ***	0.776 ***
生态环境←人居环境感知	0.805 ***	0.790 ***
生活能源←人居环境感知	0.763 ***	0.772 ***
生活垃圾治理←人居环境感知	0.751 ***	0.758 ***
义务教育服务←基本公共服务感知	0.722 ***	0.780 ***
就业社保服务←基本公共服务感知	0.861 ***	0.874 ***
医疗卫生服务←基本公共服务感知	0.848 ***	0.846 ***
养老服务←基本公共服务感知	0.855 ***	0.841 ***
住房保障服务←基本公共服务感知	0.789 ***	0.788 ***
文化体育服务←基本公共服务感知	0.736 ***	0.742 ***
社会服务←基本公共服务感知	0.840 ***	0.835 ***
主体能力←村庄治理感知	0.783 ***	0.794 ***
权力结构←村庄治理感知	0.811 ***	0.804 ***
信任关系←村庄治理感知	0.770 ***	0.759 ***
村庄公共资源分配←村庄治理感知	0.835 ***	0.832 ***
沟通渠道←村庄治理感知	0.792 ***	0.796 ***
村庄秩序←村庄治理感知	0.799 ***	0.822 ***
政治参与度←获得感	0.792 ***	0.807 ***
国家边境政策←获得感	0.876 ***	0.883 ***
自我价值实现←获得感	0.851 ***	0.865 ***
出行便利性←幸福感	0.738 ***	0.711 ***
社会融入度←幸福感	0.878 ***	0.869 ***
家庭社会地位←幸福感	0.820 ***	0.835 ***

续表

测量模型路径	老一代边民	新生代边民
	标准化路径系数	标准化路径系数
社会治安状况←安全感	0.827***	0.834***
行政执法水平←安全感	0.806***	0.794***
财产安全性←安全感	0.760***	0.738***
未来生活预期←安全感	0.887***	0.898***

注：*** 表示在1%的水平下显著。

1. 沿边村寨建设水平感知方面

两代边民样本的各项测量指标均达到显著性水平，且标准化路径系数值均较高，最大值和最小值分别为0.874、0.722。老一代边民的沿边村寨建设水平感知排名前三位的指标分别是就业社保服务、养老服务和医疗卫生服务。新生代边民的沿边村寨建设水平感知排名前三位的指标分别为就业社保服务、医疗卫生服务和养老服务。具体来看，在基础设施感知上，两代边民受交通与物流设施的影响程度均大于信息通信设施和环卫设施，说明边民的交通与物流设施感知度的高低对其参与守土固边意愿的影响较突出，且新生代边民受交通与物流设施、信息通信设施和环卫设施的影响更明显。加快完善沿边村寨交通与物流设施、信息通信设施和环卫设施建设，将对桂滇边境地区沿边村寨建设水平的提升起到重要的推动作用，进而有助于增强边民参与守土固边意愿。老一代边民在水电基础设施指标上的影响系数值（0.812）明显高于新生代边民的影响系数值（0.804），表明老一代边民更关注水电基础设施水平。

在人居环境感知上，两代边民均受生态环境的影响最大，其次是生活能源，再次是生活垃圾治理。但老一代边民受生态环境的影响程度明显大于新生代边民，新生代边民受生活能源和生活垃圾治理的影响更明显。乡村人居环境水平的提升有助于推动宜居宜业和美乡村建设。在乡村振兴战略和脱贫攻坚政策实施过程中，沿边地区乡村人居环境已经从过去的满足边民生产生活基本需求为主逐渐转向卫生环境品质的整体提升。共同富裕目标下，沿边村寨更需要将乡村人居环境整治与城乡要素流动、乡村产业发展有机结合，以此重塑乡村多功能价值。

在基本公共服务感知上，两代边民均受就业社保服务的影响最大，受义务教育服务的影响最小。但老一代边民更容易受到养老服务、医疗卫生服务和社会服务的影响，新生代边民更注重就业社保服务和文化体育服务。新生代边民面临城镇化意愿选择时，往往更注重长远利益，职业期望值较高，受就业条件和职业发展机会影响更大。尽管两代边民的社会保险参保意识均有所增强，但实际参保率仍偏低。新生代边民搜寻信息渠道的多元化，使其更希望获取更多的社会保险福利。自兴边富民行动实施以来，桂滇边境地区学校办学条件得到明显改善，但整体教育发展水平仍较滞后，绝大部分人口均为初中及以下文化程度，教育经费投入机制尚未能有效保障边境教育实现高质量运行。两代边民在住房保障服务指标上的影响系数值非常接近。

在村庄治理感知上，老一代边民受权力结构、信任关系和村庄公共资源分配的影响程度均明显大于新生代边民，但其受主体能力、沟通渠道和村庄秩序的影响程度均低于新生代边民。村庄秩序反映了村庄治理的社会绩效水平，并对村庄社会的稳定程度产生直接影响。乡村沟通网络被认为是村庄治理的神经系统，显著作用于村庄治理绩效。桂滇边境地区沿边村寨青壮年大量外出务工，多数村寨的沟通网络受到差序格局与团体格局的相互作用，且不同治理水平的村寨间的沟通网络形态存在明显差异。从权力结构来看，基层党组织、乡镇政府、村社自治组织、村民等构成了多元权力主体，这些主体在权力结构中处于不同的位置。乡村权力结构具有明显的"上强中薄下弱"特征，属于"中心—边缘"结构。改变这种权力结构需要进一步明确各主体权责利关系，做到权力链条有序、专业分工合理，进而助力村庄治理绩效提升。从信任关系来看，各主体之间的强信任关系有利于增强合作的意愿、达成共识和兑现承诺，从而显著促进村庄治理绩效提升。而弱信任关系将会导致交易的机会成本增加，村庄公共事务协商的难度加大，制约了村庄治理绩效改善。村庄公共资源分配范围涉及村集体经济收入、土地租赁收入以及村公共服务等的分配。调研中发现，桂滇边境地区部分沿边村寨通过引进和扶持培育龙头企业，形成"一村一品"产业发展格局，实现了村集体经济年收入增长。

2. "民生三感"方面

两代边民样本的各项测量指标均达到显著性水平，且标准化路径系数值均较高，最大值和最小值分别是 0.898、0.758。整体而言，两代边民的"民生三感"排名前三位的指标依次是未来生活预期、国家边境政策和社会融入度。

从获得感来看，两代边民均受国家边境政策的影响最大，其次是自我价值实现，再次是政治参与度。新生代边民在获得感的三项指标上的影响系数值均明显高于老一代边民。获得感是以客观获得物质利益和精神利益为前提，立足于主体的主观感受感知。改革成果的共享、社会公平公正的期待与满足等均会对沿边村寨边民的获得感产生直接促进作用。边民通过共建共治共享，切实参与到共同富裕的奋斗过程，其获得感才能更牢固，进而形成可持续的获得感。

从幸福感来看，两代边民受社会融入度的影响程度均明显大于家庭社会地位和出行便利性，且老一代边民受到社会融入度的影响更明显。老一代边民与城镇社会其他群体交流相对较少，社会关系网络主要基于血缘、亲缘和地缘，因而社会融入度对其守土固边意愿的影响更直接。

从安全感来看，两代边民均受未来生活预期的影响最大，其次是社会治安状况。除财产安全性、行政执法水平两项指标外，新生代边民在安全感的其余指标上的影响系数值均更高。安全感被视为获得感、幸福感的有力保障，是边民实现美好生活的重要基础。特别是对于低收入群体而言，帮助其提高收入，是提升其未来生活预期的关键。沿边村寨绝大多数边民在农村拥有土地、宅基地、住房等生计资产，部分日常消费品也可以实现自给自足，对于就地城镇化之后其能否获得更高的物质和精神享受表示担忧。这就需要高度关注边民在增收致富、村寨安宁等方面对安全感的诉求，使其在更高水平的安全环境中提升获得感和幸福感。

五、研究发现与讨论

（一）研究发现

第一，桂滇边境地区沿边村寨边民的个人基本特征对其参与守土固边意愿影响显著。不同代际边民的性别占比差距仍较大，新生代边民中未婚者占比更高。两代边民的受教育程度整体偏低，均以初中及以下学历水平为主。新生代边民中具有高中（中专）、大专及以上学历者占比都明显高于老一代边民。

第二，桂滇边境地区沿边村寨建设水平感知对边民参与守土固边意愿影响显著，且存在代际差异。边民对沿边村寨建设水平感知度越高，其越愿意居边发展、守土固边，且新生代边民参与守土固边意愿受到沿边村寨建设水平感知的影响更明显。从沿边村寨建设水平感知的各项指标来看，两代边民都更关注就业社保服务、医疗卫生服务和养老服务的感知度。老一代边民更容易受到水电基础设施、生态环境、养老服务、医疗卫生服务、社会服务、权力结构、信任关系、村庄公共资源分配等因素的影响；新生代边民受到交通与物流设施、信息通信设施、环卫设施、生活能源、生活垃圾治理、就业社保服务、文化体育服务、主体能力、沟通渠道、村庄秩序等因素的影响都更明显。从"民生三感"的各项指标来看，两代边民均注重未来生活预期、国家边境政策和社会融入度的感知度。新生代边民受到国家边境政策、自我价值实现、政治参与度、家庭社会地位、出行便利性、未来生活预期、社会治安状况等因素的影响更大。社会融入度、财产安全性和行政执法水平三项指标对老一代边民参与守土固边意愿均产生更显著的影响。

（二）讨论

2000 年 3 月，兴边富民行动开始在我国边境地区推动实施，并细分为试点阶段、扩大阶段和全面铺开阶段。随着"兴边富民"行动的推进，桂滇边境地区各级政府的首要任务是在改善民生条件的同时，吸引边民回流，以此巩固边境安全。因此，政策导向、边民行为均对兴边富民进程具有重要作用。兴边富民行动推动了桂滇边境地区经济、社会、文化、教育、科技等事业的全面发展，进一步增强了边民国家意识。刘少坤等（2023）的研究得出，2000～2020 年，广西边境地区兴边富民进程水平从 0.176 跃升至 0.631，年均增幅达到 60% 左右，逐渐形成"凭祥市与东兴市为核心，引领各县域稳坡上涨"的发展态势。2000～2015年，广西连续开展了四次边境地区基础设施建设大会战，通过有效整合人财物资源，加大边境地区水、电、路、通信网络等基础设施建设，使得县、乡、村三级基础设施条件由全区中下水平上升到中上水平。同时通过积极融入国家战略，广西边境地区的经济开放程度在全国沿边省（区）中处于前列，成为开放睦边的典范。广西百色市靖西市龙邦镇党基层组织和边民群众在固边建设中成为重要的固边力量。该镇通过项目援建和民生工程建设，在较大程度上改善了边民生活面貌；通过财政扶持，对 0～3 千米以内的边民发放补贴。并成立边贸经济合作社，构建经济利益共同体，边民的生活条件得到保障；通过边民固边意识与守家戍边精神教育，充分发挥党组织先锋的作用，党员带头建立护边员队伍，构建共有精神家园，进一步夯实固边建设的群众基础（罗彩娟、韦顺华，2022）。但胡超和张甜甜（2020）的研究认为，兴边富民行动理念应由"输血"式援助转变为增强自生能力的"造血"，行动主体应由政府"独唱"转变为政府、社会力量和边民协作"合唱"，行动方式应由缩小均值差距的"大水漫灌"转变为满足边民个性化和多样化需求的"精准滴灌"。

边民国家意识的强化是以边境良好的社会环境为前提条件。从长远看，只有边民具备内源性发展能力，边境地区兴边富民行动才可能实现持续长久。守边固边政策应从"个体发展能力"转向"家庭发展能力"，才能实现边民家庭安心居边发展（孙保全、常玲，2021）。本书利用桂滇边境地区典型沿边村寨边民守土固边意愿的调研数据，从沿边村寨建设水平感知视角，实证考察了不同代际边民的守土固边意愿及其主要影响因素，有助于丰富和完善沿边村寨建设与守土固边的研究成果。通过较充分地掌握沿边村寨边民参与守土固边意愿的现状，厘清其关键影响因素，有助于进一步提升桂滇边境地区沿边村寨建设水平，进而促进边民安心居边生产生活和守土固边，以此筑成全民守边固边格局。

第七章

桂滇边境地区沿边村寨建设
促进守土固边的实施路径

在前面的章节中，首先构建了桂滇边境地区沿边村寨建设影响守土固边的理论框架。其次，分别从桂滇边境地区人口分布格局演化及影响因素、沿边村寨空间格局重构展开实证研究。再次，构建结构方程模型实证考察桂滇边境地区沿边村寨边民就地城镇化意愿与影响因素，以及沿边村寨建设水平感知对边民参与守土固边意愿的影响效应。根据前文的实证研究结果，本章从加快推进基础设施现代化、有序推进经济发展现代化、全力推动社会事业现代化、加大沿边开放力度、大力推进治理体系和治理能力现代化、深入实施边境防控现代化、稳步推进沿边村寨边民思想观念现代化等七个方面，提出桂滇边境地区沿边村寨建设促进守土固边的实施路径。

一、加快推进基础设施现代化，全面改善沿边村寨发展环境

（一）科学编制"多规合一"实用性村庄规划

第一，加强沿边村寨布局专项规划与县域国土空间总体规划衔接。当地政府应对沿边村寨不同用地进行细致划分，如山区空间、坝区空间、边境一线空间、其余重点空间等，针对不同空间制定不同的发展策略。一是对于山区空间，应按照密度适中原则，推进迁村并户、引导村民迁移；对于自然消亡以及不足30户且已经不具备发展条件的村寨进行搬迁，鼓励村民积极进城发展。同时，加大山区生态建设、保持山区空间的水土，强化泥石流、滑坡等自然灾害的防治。有计划地在山区开展旅游、森林康养等产业建设。科学规划山区村寨的基础设施、医疗、教育等基础设施建设，构建人与自然和谐的沿边村寨。二是对于坝区空间，如云南等地区的坝区沿边村寨，应当优化村寨的布局，积极引导分布杂散、发展

前景低、资源配置低下的沿边村寨向县区发展。要推动县、镇的基础设施向坝区村寨延伸，扩大基础设施的覆盖范围，促进公共资源共享，推动沿边村寨与镇、县相融合。对于坝区村寨而言，应大力加快产业集群、提升土地利用水平与效率。推进"两违"整治，对私自霸占坝区永久基本农田、破坏坝区空间的行为进行严厉的惩处，将坝区建设成为具有田园综合体、管理有序的宜业宜居的农业聚集区。三是对于边境一线空间，加强沿边民族团结示范村、民族特色旅游村、国门村寨等的建设，提升边境居民的整治、管理力度、夯实守边固边的重要基础作用，严格控制沿边自然村寨的并撤。四是对于重点空间，加大九大高原湖泊等水体的监控与规划力度，禁止私自填充自然水体，有序拆除违法违章建筑，有序实行退人、退田、退房、退塘等"四退三还"政策。

第二，加大传统村落保护投入力度，探索沿边村寨传统村落保护传承新路径。传统村落是文化遗产重要的载体，是增强文化自信的有力抓手。保护传统村落应当坚持整体性原则。传统村落的保护不仅是对物质文化的保护，同时也要加强与村民息息相关的非物质化的保护，促进生活理念、习俗等与村落保持协同。应由政府带头，建立包含建设、规划、财政、国土等负责人和专家的传统村落保护小组，集中社会各方力量开展针对传统村落的保护。基层组织应持有务实办事态度，积极发动和组织参与到传统村落保护的各个环节中，如集体讨论传统村落的保护方案、监督传统农村保护成果，激发村民的责任感和成就感，形成"政府—基层组织—村民"等自循环传统村落保护和传承系统。

第三，盘活传统村落资源，实施沿边村寨差异化发展。通过在不断实践中探索传统村落发展新旅游业形式，稳定传统村落的经济发展，推动传统村落差异化发展。发掘当地所拥有的自然景观、历史文化资源，根据环境容量打造特色传统村落，在景点构建、产品生产等方面凸显特色。传统村落文化保护是传统村落发展的重要方面。在沿边村寨建设过程中，应当重视传统村落特色文化建设。如修缮祠堂、古建筑、古井等文化的物质载体，让村民有集体文化记忆。同时尊重并延续沿边村落传统节日，激发当地村民的传统文化意识。传承人关系到沿边村落文化、手艺是否能够流传，在文化保护中占据核心地位。应重视沿边村寨文化传承人的培养，除了家族传承，还应让传统手艺走入课堂，以此促进沿边村寨传统文化传承。

（二）推进"四好农村路"高质量发展

第一，推进沿边村寨通乡镇高等级公路建设。建设沿边村寨通乡镇高等级公路应大力推进乡村振兴发展工程。根据当地实际需求，科学进行规划，稳步推进沿边村寨公路网络的建设，解决沿边村寨交通不通畅等问题。充分考虑沿边村寨布局和发展，以生态保护和乡村振兴为发展主题，加强国土资源规划，推动村寨交通网络换挡升级，建设高质量的公路网络。

第二，强化沿边村寨资源路、产业路、旅游路和村内主干道建设。一方面，要推进"沿边村寨公路＋产业发展"融合。推动沿边村寨公路与旅游、康养等产业的衔接，加快经济节点公路的建设。根据沿边村寨的布局，推进高质量公路进村入户，鼓励相关部门在适宜的区域增设服务，拓展村寨旅游服务功能。另一方面，要不断提升村寨内部的道路通达度。根据沿边村寨布局特征，应在村寨内建设公路主干道，提升整个沿边村寨的通达度，形成以沿边村寨为中心的放射性网状公路体系，为村民提供便利，同时助推沿边村寨经济发展。

第三，加强沿边村寨公路养护和交通安全管理。一是实行"路长制"，完善村寨公路管理体系。各级政府应积极推进农村道路"路长制"，将沿边村寨公路养护责任落实到组织或个人，并给予其一定的养护补贴，激发其参与沿边村寨公路养护的热情。二是推行多元主体公路养护模式。将公路养护进行市场化改革，形成具有一定规模的公路养护市场，通过试点带动沿边村寨公路养护市场化，逐步推进沿边村寨养护市场化改革。三是加强沿边村寨交通安全管理。加强乡村道路安全管理，提高管理安全意识，加强巡逻检查，对各类违法行为进行严厉打击。同时，针对存在危险的路段及时修复，并增设警示标识和防护，降低交通事故发生的概率。

（三）完善水电基础设施建设

第一，构建均衡的水资源体系，实现沿边村寨水资源的高效利用。通过加大水利基础设施建设力度，全面保障沿边村寨用水。重点补齐水源、水旱灾害防御、供水工程等短板，完善水体生态治理。构建水利信息平台，共享水利信息。因地制宜发展水力发电等水能清洁资源，提高沿边村寨水资源的利用效率。

第二，加快构建供水工程安全保障体系，提升沿边村寨自来水普及率、供水保证率和水质达标率。根据沿边村寨的自然环境承载能力，可建设小型水库，以工程性缺水为导向，水利水电设施利用为依托构建沿边村寨水资源均衡配置网络。提升流经沿边村寨支流与干流的利用水平，建立多源并重、多区互补的供水工程安全保障体系，提升沿边村寨自来水普及率、供水保障率、水质达标率。

第三，加快整合优化电力配置，提高沿边村寨供电能力。一是优化沿边村寨电网结构与供电技术。为提升沿边村寨供电可靠性和供电能力，必须加强无功优化，提高供电的稳定性，尽可能地降低电压耗费，提供较高质量的电压。同时，选用合理的接线方式与构建完善的电力结构。如采用"手拉手"配电模式，扩大供电范围，减少沿边村寨停电现象。二是推进沿边村寨电网改造，切实满足沿边村寨边民生产生活用电需求。三是加强乡村供电管理。开展沿边村寨电力设备巡视，管理人员可定期针对容易出现电力问题的区域进行巡视，并做记录汇总后提交专业人员。供电技术员应进行监察巡视，了解电力设备的运行状况，及时发现可能存在的供电问题，并采取预防处理措施。

第四，加强新能源建设，提升沿边村寨经济融合发展承载力。优先推动可再生资源集群式发展。根据沿边村寨实际情况，在保护生态环境的前提下，处理好保护与可再生资源开发之间的关系。依托沿边村寨当地的自然优势，开发陆上风能。如广西百色等地区有较具规模可开发的风能资源。同时有计划地发展"光伏＋××产业"计划，深化光伏与其他产业之间的融合程度，如发展"光伏＋畜牧""光伏＋渔业""光伏＋生态修复"等，不断提升沿边村寨经济融合发展承载力。

（四）实施数字乡村建设

第一，加强沿边村寨信息基础设施建设。信息基础设施建设是沿边村寨数字化的先决条件。推动落实沿边村寨宽带、广播电视基站搭建试点。针对超过20户的沿边村寨，加强网络宽带基站的建设。提升基站和信号塔发射功率和覆盖范围，以服务更多沿边村寨。重点研发乡村数字化相匹配的技术产品和App，确保沿边村民及时获取外界信息。建立"三农"信息数字化服务平台，统筹、整合数据并对数据进行分析和运用，助力沿边村寨农业发展。加快贫困地区信息服务与应急广播体系建设，推动沿边村寨信息基础设施建设。

第二，推广运用现代信息技术，完善沿边村寨重要农产品全产业链大数据建设。一是加速数字化应用创新与转型。在农业生产过程中，加快云计算、物联网、大数据等先进技术的运用，加速其与沿边种植业、畜牧业等产业的深度融合，对新技术运用的用户进行一定的资金补贴，激发村民使用新技术的积极性。建立完善的市场信息体系，包括农产品的价格、产地、品质等，帮助沿边村民了解外界市场基本信息和探索全新业态，推动沿边地区经济发展。二是构建物流运输体系。加快"邮快合作"，增加"快邮驿站"网点数量，根据沿边村寨特点开放临时窗口，积极组织快递流动服务。深化邮政物流各主体的融合，推进寄存快递物流、农村电商等市场化。大力推进"快递进村"政策，疏通乡村物流堵点，解决乡村物流"最后一千米"问题。三是提高农业生产设备智能化和信息服务水平。改进农业生产装备，升级生产技术。加大互联网与农业生产融合深度，形成智慧播种、智能温度调控、智慧喷灌等，形成全新的智慧管理与经营模式。构建完整的农业信息平台，为村民提供完整的市场信息。同时积极为专家与村民之间的有效沟通交流创造条件，切实解决智慧农业生产中的难题。

第三，加强数字技术赋能乡村管理服务。一是积极开展"互联网＋×××"。大力推进"互联网＋雪亮工程"向沿边乡村延伸，提升沿边乡村信息服务水平。探索"互联网＋乡村平安""互联网＋乡村交通""互联网＋乡村创业""互联网＋法律咨询"等数字乡村建设模式，有效解决村民"办事难、办事慢"等乡村管理问题。二是加快城乡灾害预警信息共享。利用科学的预测技术与方法对自然灾害等突发事件进行预测，建立城乡相协调的预警信息共享机制，及时发布预警信息，最大程度地降低自然灾害所引致的边民损失。三是构建具有数字柔性的乡村管理体系。依托大数据赋能，建立具有弹性的数字乡村治理架构。如面临紧急管理，乡村两委可以自由选择工作成员，通过虚拟小组进行突发事务工作的推进。四是防治数字霸权风险。鼓励多个主体参与乡村数字化管理监管工作，防范数字乡村管理中的霸权风险。

（五）推进"美丽宜居家园"建设

第一，扎实推进农村厕所革命。首先，实施农村无害化卫生厕所覆盖工程。加快无公害化厕所的改造与建设，如将以往黑水灰水混合收集的厕所改造为分开收集的厕所，针对两种不同水体进行无污染处理。加大公厕粪污资源化利用，根据乡村实际情况鼓励村镇统一收集、集中处理。其次，有效利用乡村沼气池。在具备一定条件的乡村恢复全托付沼气管理方式，对户数达到 300 以上乡村或安置点进行公厕改造。最后，提高农村改厕和后期管护质量。规范乡村公厕建设技术、贯彻维护规范，加大公厕质量的监管力度。基层政府应安排适当资金对公厕进行后期的维修，落实公厕各个管理主体的责任，继续开展厕所粪污分类。

第二，加快推进农村生活污水治理。一方面，提升乡村生活污水治理能力。引进维护简单、投资资金少、运行成本低的乡村污水净化技术，如活性污泥技术、两段生物膜法等。当地政府应加强与相关专家合作或引进专业人才，共同制定当地污水治理方案，提升整个农村污水治理能力。另一方面，加强农村黑臭水体治理。明晰整个农村地区黑臭水现实情况，建立动态的台账，分时段制定黑臭水治理计划，对黑臭水集中地区采取优先治理策略。实施黑臭水治理试点工作，采取控制源头、清理淤泥、疏通河道、修复生态等综合治理方式，形成可借鉴、推广的农村黑臭水治理模式。建立黑臭水监管系统，实时、动态地对黑臭水治理情况进行监管，防止修复区域被二次污染。

第三，全面提升农村生活垃圾治理水平。一是健全农村生活垃圾收运处置体系。针对原有的县、乡、村三级农村垃圾转运结构体系进行优化，在不同环节采取相应的生活垃圾处理方式。鼓励相邻农村、县等建立共同的生活垃圾处理末端，降低生活垃圾处理成本，提升相邻农村生活垃圾的处理能力。根据农村实际情况，配置相应的生活垃圾运输车辆、垃圾运输站、垃圾压缩站等，提升农村的生活垃圾运输能力，及时处理生活垃圾。二是推进农村生活垃圾分类减量与资源化利用。根据当地村民的生活习惯与特性，探索垃圾处理模式，减少生活垃圾出村量。有条件的地区建设垃圾发电站并扩大服务半径，帮扶较偏远的农村地区。有序推进生活垃圾减量示范家庭、示范村寨、示范县等建设，发挥积极引导作用。

第四，推动村容村貌整体提升。一是加强村容村貌引导。制止村民私自乱建、乱堆等行为，集约利用闲置区域以扩大公共空间。按照"多规合一"村庄规划，推进农村住宅、道路等区域规划，优化农村生产生活空间，并注重保持村庄特色、凸显当地风貌。二是推进乡村绿化美化。因地制宜开展绿色美化行动，如在道路两边种植行道树、在绿廊等地种植藤蔓植物，加强农村绿色化。积极引导村民种植果树、茶树等，实现庭院绿色化，提升绿色化水平。

第五，建立健全长效管护机制。一是建立健全农村人居环境长效管护机制。推动乡村清洁日常化，聚焦农村清洁监督，建立"县—乡—村"三级农村环境监督机制，对污染农村环境的企业进行严厉惩罚并记入合作黑名单。将农村环境的保护与农村企业社会责任挂钩，保障农村清洁成果。二是建立运行管护经费保障制度。逐步建立各户合理收费、政府对运行管护经费进行适当补贴的保障制度。加大对无公害化厕所的管理，落实农村污水处理方案，推动农村垃圾分类与处理。完善农村清洁制度，根据实际情况设置保洁岗位，并营造良好社会氛围。

二、有序推进经济发展现代化，不断筑牢沿边村寨的小康根基

（一）加快发展现代特色农业

第一，立足资源优势，加快现代特色农业规模化发展。统筹发展现代农业与特色农业。云南地处高原地带，应着力发展茶叶、中药材、橡胶、咖啡等高原特色产业，推动普洱茶、临沧滇红茶、文山三七、西双版纳橡胶、保山小粒咖啡等利用当地资源优势建立的特色农业产业实现现代化、规模化及可持续发展。重点解决沿边村寨农业规模小、布局散、产业链条短等短板问题，集聚小农经济资源，形成规模效益和集群效应。充分利用沿边村寨的自然生态资源优势，打造富

有区域特色的现代特色农业。广西沿边地区要加强糖料蔗、水果、海产等优势特色农业产业发展，继续做大做强崇左甘蔗、百色芒果、靖西山楂、防城港金鲳鱼等优势产业，着力建设现代农业新型产业园，形成现代特色农业产业集群。积极引进国内外先进技术，重点攻克灌溉效率低、农药化肥使用过度、防灾抗灾能力不足等难题，提高特色农业生产效益。

第二，加快构建现代农业经营体系，创新农业经营管理方式，提高农业全要素生产率。强化农户与新型农业经营主体之间的合作是加快边境地区农业现代化发展的重要路径（覃志敏、陆汉文，2021）。在充分尊重农民意愿基础上，根据云南高原特色重点产业发展规律，推进适度规模经营，因地制宜发展现代农业。在现代农业资源配置中，由新型农业经营主体主导农业生产和市场化经营，带动边境地区农户发展。云南沿边地区多为高原山地地形，应以家庭农场和农民合作社为重要新型主体，积极发展生产合作、供销合作及消费合作，加快成立以农民为主体的综合性合作社。广西沿边地区应在保护现有耕地资源的基础上，建立完善土地流转体制机制，规范土地流转市场，依托山地丘陵地形发展优势特色农业，试点农村土地承包经营权，打造专业大户和农民专业合作社，完善现代农业经营合作体系。

第三，强化现代农业科技成果推广应用，提升边民综合素质。通过现代化农业科技的应用，加快边境地区农业生产现代化发展，推进边境地区农业现代化。广西可依托糖料蔗生产保护区和芒果、柑橘特色农产品优势区，充分发挥百色、崇左、东兴等国家和自治区农业科技园区的作用，推动农业科技成果应用于边境地区农业。云南的高原特色产业多为茶叶、橡胶、中药材等灌木、乔木种植业和林下产业，地域特点明显，可依托文山、普洱、红河三大国家农业科技园区，实现针对性产业科技成果在边境地区示范推广，促进边境地区农户生产力提升。鼓励高校、科研院所与边境地区加强合作，立足广西、云南边境地区的产业特点、资源优势及农户需求，实现科研、实践与生产需求的有机结合，成为农业科技推广的源头和重要力量。加强新型职业农民培训，提高农民科技素养及对农业科技新成果的接受能力。重点支持新型职业农民培训和农民工职业技能提升，统筹整合培训资源，形成由政府主导、部门协作、统筹安排、产业带动的培训机制，培养适应现代化农业发展需求的新型农民。

第四，鼓励农民专业合作社开展"三品一标"认证，建立健全农产品安全管理可追溯制度，提高农民专业合作社品牌化建设能力。推进农业生产"三品一标"是提高农产品品质、创建农业品牌、拓展价值链的重要手段。桂滇边境地区推进"三品一标"和农产品商标认证，需要政府进行引导，加快农业供给侧结构性改革。应立足地区优势特色农业产业，延伸产业链，促进农民增收。以质量为导向，实施全过程质量监管，建立农产品追溯体系，不断提高中药材、食用菌等特色高原农产品的品牌知名度和效益。广西边境地区应重点引导龙头企业、种养大户和农牧民专业合作社积极申报"三品一标"，推动芒果、火龙果、柑橘等热带水果产业发展壮大，切实提升绿色农业产业水平。

（二）加强培育农林产品加工业

第一，大力发展优势农产品加工业，增加优势农产品附加价值。桂滇边境地区农林资源丰富，加快发展农林产品加工业可促进资源优势转化为产业优势和经济竞争实力。加快由初级加工向精深加工、传统加工工艺向采用先进实用技术的转变，立足于地区资源优势和产业特点，推动农林产品加工业发展。广西崇左、百色边境地区应立足于糖料蔗生产保护区促进糖产业高质量发展，适应市场需求和国家发展战略，丰富糖产业品种，引导企业生产精制糖、液体糖，食糖向功能糖、营养糖等特色糖方向转化，满足市场消费升级需求。凭祥市等林木资源丰富的边境地区，应加快红木、竹藤等重要林业资源相关加工行业发展，大力发展家具制造业、林浆纸等林木资源加工业，以及以竹包装箱板、竹木中密度纤维板等产品为重点的竹藤加工产业。云南边境地区应积极推进高原特色农产品精深加工及副产品综合利用，重点提升茶叶、食用菌、咖啡等产品加工。依托边境地区周边国家进口农产品和云南省高原特色农产品，通过小包装、预制菜、食用菌精深加工等产业风口，加强农产品及其加工副产物综合循环利用、全值利用、梯次利用。采用先进的分级、提取、分离与制备技术，提升副产物综合利用水平，建立副产物收集、运输和处理渠道，结合地区特色，发展优势农林产品加工业。

第二，积极推进农业产业化示范基地建设，着力建设一批以规模化、标准化基地为依托的特色农产品精深加工示范园区。继续推进农产品加工集聚区认定与发展提升，百色、崇左、防城港等边境地区应依托已有区市县三级农产品加工集聚区集聚发展，进一步扩大辐射面带动边境地区农村产业兴旺，重点提升农产品加工集聚区建设规模、科技水平和产品品牌影响力。推进建设覆盖不同产业类型、不同地域特色、不同发展层次的现代农业产业园，加快边境地区农业农村现代化。云南要以提升农民收入、农业综合效益和竞争力为目标，重点发展边境地区的茶叶、花卉、水果、蔬菜、坚果、中药材、肉牛、咖啡八大产业加工业。在已有优势产业示范园区，建立一体化的商品化生产线和采后商品化处理中心，积极引进国内外农业龙头企业，加强农产品加工企业集群的发展，提高科技和管理创新能力，不断提升农产品加工业的规模效益和高原特色农产品品牌价值。

第三，加强农林产品加工业核心技术和基础设施的引进和升级。鼓励农产品加工企业进行技术改造升级，推广运用新工艺、新技术、新装备，建设一批现代化农产品加工企业。广西要整合相关渠道资金，重点支持农产品加工集聚区内基础仓储物流及初加工设施建设，支持集聚区内农产品加工企业实施技术改造与引进。推动广西重点研发计划向农产品加工领域倾斜，围绕农产品加工重点领域开展共性关键技术装备研发，通过大型加工企业、科研院所的技术扶持支持边境地区农产品加工业发展。云南边境地区应加快建设高标准农田，加强基础设施建设，围绕主导产业引进先进设备、工艺和技术，提高农业综合生产能力。加强农机、设施、质检、信息化、储藏、保鲜、冷链、废弃物处理等农业要素建设，延伸农业示范园区产业链条，满足现代农业发展需求。

（三）积极探索农村电商新模式和新业态

第一，加快推进国家电子商务进农村综合示范项目建设。广西边境 8 个县市中，除防城港市防城区外全部入选国家电子商务进农村综合示范县。加强政策支持，加大力度实施"数商兴农"工程、"快递进村"工程、"互联网＋"农产品出村进城工程三大强基固本工程，促进边境县（市）农村电商发展。增强沿边村寨边民参与农村电商的积极性，有计划地对边民开展数字技能培训，重点加强利用数字技术和设备致富的技能培训，提高其对数字化"新农具"的使用能力。加强电子商务专业人才培养，提升农村电商管理水平和经营效率，为电子商务进农村综合示范项目建设提供有力支撑。云南省要加强对电子商务进农村综合示范项目建设的财政补助、税收优惠和金融支持等政策支持。健全电子商务进农村综合示范项目建设的基础设施，推进物联网、云计算、大数据等信息技术的应用，建设完善的信息化基础设施，建立电子商务进农村综合示范项目的资源共享机制。完善公路铁路等交通基础设施建设，加强边境县（市）的运输网络规划，提升运输和物流网络支撑能力，促进电子商务进农村综合示范项目建设的高效实施。

第二，加强与重点电商平台合作，培育电商镇村和电商产业带。桂滇边境县（市）要充分挖掘本地资源，依托地域资源优势发展电商产业，结合电商平台特色，推进农村电商产业规模化、组织化和专业化发展，推动电商与优势产业融合发展，利用农村电商促进沿边村寨经济发展。加强与电商平台的合作，探索拓展农业的产业链、价值链，挖掘乡村价值，激活乡村资源。推动云南高原特色产品、广西砂糖橘等热带水果、少数民族民俗文化产品为主要代表特色的农副产品、旅游产品线上销售渠道。相关职能部门要督促引导产业标准及职业操守，打击不当价格竞争，引导电商企业良性发展。加大招商引资的力度，加快直播电商产业基地建设，整合电商资源，打造产品特色明显的电商产业带和电商镇村。加强优质农产品产销对接，助力农产品"出村进城"。

第三，积极发展农产品直播电商、生鲜电商、产地仓、直采基地、云仓等新模式和新业态。由政府牵头，加强和优质直播电商平台公司、直播电商经纪公司、供应链公司等的合作，与知名网红、带货达人签订合作计划、孵化和培育一批网红品牌和带货达人，大力发展直播电商产业，打造一两个叫得响、靠得住、持续长的本土网红，大力开展农产品直播带货。积极发展新媒体电商、社交电商、社区电商、内容电商等新电商模式，加快乡村团购、"电商企业 + 合作社 + 农户"、产地零售等电商销售模式应用，推进产地仓、直采基地、云仓等新供应链模式规划布局，营造良好的农村电商服务生态，在盘活已有存量资源的同时，提升边境地区农村电商可持续运营能力，实现农村电商可持续健康发展。

（四）加快推进特色旅游业转型升级

第一，发挥资源优势，加快跨境旅游合作区、边境旅游试验区和沿边开放旅游带等区域性整体旅游建设。云南边境地区要充分发挥自然风光和民俗文化资源，让游客在西双版纳、景洪等彝族，傣族少数民族聚居地体验多元文化，利用好"国界风情"（王桀等，2021）。采取有效措施加强跨境旅游合作，加快构建跨境旅游合作网络体系，进一步完善投资环境，优化服务水平，建立跨境旅游服务保障体系。制定完善旅游发展规划，利用现有自然与人文资源，推动旅游业的绿色发展，激发社会旅游投资活力。加大对边境地区开放力度，加快沿边开放旅游带建设，建立便捷高效的边境旅游出入管理机制，搭建跨境旅游融入机制，促进边境旅游新型发展。广西边境地区要加强政策引导，落实《广西边境旅游发展规划纲要》等相关政策文件，加快防城港边境旅游试验区、"中国重点边境旅游景点建设"项目建设，重点加快边境旅游试验区以及沿边开放旅游带等区域性整体旅游建设，提升边境旅游业发展水平（焦爱丽等，2022）。引导资本进入边境旅游业，弥补资金缺口，优化旅游基础设施，完善配套旅游业相关公共服务，优化边境旅游环境。完善边境旅游发展规划，推进边境旅游业环境建设，促进跨境旅游合作，建立旅游保障机制，确保双边旅游安全。

第二，加快产品和服务创新，推动本地旅游产品和服务体系多样化。云南边境地区要充分利用自然资源和传统民俗，强化服务提升，形成特色旅游文化，加入旅游产品内容，并开发出更多独特的新型旅游产品。立足云南边境地区本身特色，注重提升服务标准，加大投入力度，构建形式多样、服务态度热情的旅游服务体系。针对境外游客，制定符合境外游客需求的旅游路线，并将云南边境地区实现全方位的开放，不断拓展旅游营销渠道，挖掘旅游市场潜力。以有利的形象、文化、产品形式，塑造"云系"边境旅游品牌，做大做强云南边境旅游发展，使之成为中国开放的窗口。广西要基于边境地区的优势，开发出更具特色的旅游产品，将最真实的中越、壮族文化、自然美景以及独特的生态体验加入产品内容，打造边境旅游产业集群（黄爱莲，2022）。要引导边民和旅游团体、商户参与旅游产业的开发运营，通过加强旅游产业配套基础设施建设，提升边境村寨经济的质量和效益。边境旅游要突出壮族特色文化，增强旅游业文化软实力，深入挖掘农活、农俗、农产等内容，打造具有乡土气息的壮乡旅游品牌体系。

第三，与周边国家地区共同构建区域旅游经济合作，打造边境地区旅游经济合作共同体。云南要与邻近的缅甸、老挝、越南建立双边、多边旅游协调协商机制，通过顶层设计共同解决跨境旅游合作中的问题，打造旅游合作共同体（王鹏飞等，2021）。发挥云南和周边国家地区的经济、人文、自然资源优势，加强区域旅游的友好合作，在互利互惠的基础上，推动区域旅游经济发展。加强资源开发，创新投资开发模式，积极拓展边境旅游资源，对有潜力、有商业价值的边境旅游资源加大投入力度，促进旅游资源的合理开发和集约利用，使边境旅游资源共享繁荣发展。借助"一带一路"发展机遇，通过构建数字平台实现开放、高效、互动、对称的区域旅游信息服务，实现不同合作主体的有效信息传递和交流，解决跨境旅游合作中的信息不对称问题，推动跨境旅游合作区发展。广西边境地区要积极开拓市场，加强与周边地区和国家的联系与交流，拓宽旅游合作，提升旅游形象，打造和推广区域旅游品牌，扩大旅游市场。借助直面东盟及粤港澳大湾区的地域优势，加强竞争与合作双向发展，建设旅游经济合作体。与周边地区在旅游发展规划、项目建设、资源共享等方面进行深入合作，推进区域旅游合作规范发展，通过广西边境旅游市场竞争力的提升实现区域整体旅游实力再上一个台阶。

（五）大力发展边境贸易

第一，积极发挥沿边优势，着力优化营商环境，提升通关便利化水平，稳步推进外贸企业和边境贸易创新发展。云南接壤的缅甸、越南、老挝三国对机械设备、家居用品、建筑材料等工业制成品需求较高，应直面市场需求，充分发挥比较优势，依靠工业制成品产业来扩大出口。云南边境地区突破边境贸易规模小、市场有限的窘境，抓住市场动向，对市场战略及时调整，积极开拓新市场，让边境贸易内容更加多元化。加快政府职能转变，外贸领域的战略规划、法规标准、政策措施要围绕营造良好的外贸发展环境进一步改革优化，加快培育和发展一批有竞争力的优势企业，发挥边境地区一二级口岸城市的支点作用，推动云南边境贸易发展。广西边境贸易中主要对越南、东盟出口食品、纺织、机电和化工产品，且边境小额贸易占广西贸易总额比例接近50%。因此，对于边贸涉及产业在通关、税费等方面要给予政策支持，简化口岸通关环节的手续，降低企业的时间成本，实现申报自由、手续简便、通关高效，推动边境贸易营商环境持续优化。进一步挖掘边贸潜力，开拓相关产业中高附加值产品的市场，优化边境贸易商品结构。加快区内东兴、龙邦、爱店等七个一级口岸（通道）和通关基础设施建设，大力推进边境贸易场所建设，完成口岸边民互市贸易场所改扩建升级，落实边民互市贸易有关政策，推动边境贸易自由化智能化便利化。

第二，加快边境地区基础设施建设，实现物流资源的整合，实现互联互通。云南要加快基础设施建设，建立良好的贸易通道，拓宽贸易空间，加强大湄公河运输体系，完善跨境高速铁路和高速公路的建设，围绕将边境口岸城市打造建设成国际大通道的枢纽，实现边境口岸在边境贸易中的节点作用。以"一带一路"建设为契机，推动云南与周边国家进行资源互补和跨境监管合作，实现互联互通，促进边境贸易发展。广西要加强与越南方面的协调与沟通，重点推动越南方面加快"凭祥—谅山—河内、东兴—芒街—河内、龙邦—高平—河内"等高速公路的规划建设，在枢纽城市和口岸加速建设建成跨境交通基础设施，实现口岸对接，降低运输成本（邓玉函、王岚，2020）；统筹规划建设边境口岸地区物流中心和物流园区，将物流运输业务打造成边境新的经济增长点，发挥第三方物流企业在贸易改革中的桥梁作用和纽带作用，助力边境贸易结构优化和贸易现代化，提升边境贸易效率。

第三，加快边境贸易方式转变，鼓励和引导金融机构提供相关资金支持，促进边境贸易转型升级。云南要加强边境贸易技术水平提升，提高边境贸易交易效率，支持贸易企业在边境贸易技术方面的投资，建设互联互通的边境数字商务系统，有效改善并完善边境贸易的效率与流程。加强金融服务和边境贸易支撑，积极开展贷款政策、金融性信贷等相关的政策性支持，加大金融服务供给，不断拓宽边境贸易投融资渠道。鼓励边境贸易经营者通过金融支持，更新换代设备，提升贸易经营绩效，提高生产效率和市场竞争力，加快边境贸易转型升级。广西要加大科技创新投入，提高贸易便利化水平，大力推进贸易电子化、信息化，探索建立先进、便捷、安全的边境贸易电子支付结算机制。依托互联网、大数据等新技术，探索建立多方共享的贸易数据库，提升跨境贸易信息透明度，建立灵活有效的贸易追溯体系，改善审核检验查验措施，以科技支持服务贸易，实现边境贸易方式的转变。加大和改进财政贴息贷款政策，通过财政贴息贷款支持边境从事贸易活动的小微企业发展，增强边境贸易发展能力。发挥第三方物流企业在贸易改革方面的桥梁作用和纽带作用，把握好边境贸易结构优化和贸易现代化。

三、全力推动社会事业现代化，切实提升沿边村寨民生福祉

（一）推进居民就地就近就业创业

第一，推动互市贸易与加工、金融、旅游等产业融合发展，拓宽边民就业渠道。边民互市需要立足于当前边境贸易快速发展的环境，针对桂滇边境与周边国家主要交易的水果、坚果、冷冻海产品等资源产品，出台行业性优惠政策，完善口岸边民互市交易平台系统，进一步简化交易流程。互市贸易资源产品在境内可通过"落地加工"模式，以贸易带动当地产品加工的产业链和市场，吸引产品加工企业落户投产，从而实现加工产业升级（孟祥宁、黄增镇，2021）。积极引导边民作为产业工人参与产业加工与销售环节，为边民就业创业提供信贷、物流和电商等服务保障，推动边民互市贸易发展。深化互市与旅游产业合作，充分依托桂滇边境地区优质的旅游资源，形成互市旅游区域配套的产品交易点和产品交易中心，双向促进产品市场消费和旅游产业发展。

第二，加强沿边地区园区统筹发展，优化产业结构布局，巩固特色产业发展。保留原有乡村居民在农业产业背景下的内部转移，传统农业以边境地区农副产品等产品资源的基础上引进加工企业，落地园区实现加工集群建设。针对边境地区第二、三产业承载力不足的问题，应根据当地环境、资源等特征，合理选择培育矿产、医药、民族食品等特色产业，增加对应产业就业岗位，助力扩大产业规模。产业布局以口岸开放为中心，加快推进产业园区基础设施与技术生产设施建设。鼓励企业发挥龙头效应带动产业集群建设，增大就业吸纳能力，将产业优势转化为本地居民就业优势。

第三，加大以工代赈实施力度，吸纳沿边村寨脱贫人口和低收入人口就地就近就业。以传统帮扶车间、农民工创业园为主要手段增加就业岗位，改善就近就业的生产生活条件，吸纳脱贫人口和低收入人口就业。对于相对发达地区，在当地建设基础上应扩展以工代赈领域，增加边境地区农村基础设施建设、产业配套设施以及乡村集体经济等项目建设中的以工代赈力度，从而增加就近就业岗位。进一步完善脱贫人口帮扶就业机制。重点关注沿边村寨边民群体中的弱劳动力人群，通过统筹管理落实公益性的岗位优先安置与补贴保障，利用社会服务、电子商务等多渠道资源扎实推进就业转移。

第四，加强职业技能培训，促进边民就地就近就业。健全职业技能培训体系，围绕当地重点行业优势和企业需求，以职业院校和培训机构为载体，对沿边村寨富余劳动力集中开展多种形式的职业技能培训，提升边民职业技能水平。同时通过社会招聘等形式为边民提供更多的就业机会，形成职业技术人才培养与企业输送的互动模式，最终实现边民高质量就业。

第五，实施更积极的创业扶持政策，鼓励支持边民返乡创业。积极培育包括合作社、企业以及创业带头人在内的创新创业经营主体，创新创业模式，加大创业方面的财税扶持补贴及相应的社会保障力度，合理减免部分创业过程中的手续流程，营造返乡入乡创业良好条件。重点培养符合条件的产业工人、高校毕业生等群体返乡入乡创业，结合其自身技术优势根据市场需求展开针对性的创业技能培训，科学引导该群体创业发展方向。鼓励返乡人员依据当地产业链发展实际开展创业，依托现有产业园帮扶重点创业群体，开展创业基地建设，优化创业环境，激活市场活力进而带动边民就业。

（二）促进教育优质均衡发展

第一，加大普惠性幼儿园建设和发展，有效普及学前教育。针对目前学前教育发展不均衡的问题，以支持多元普惠幼儿园教育资源的发展为纲领，推动各地区尤其以教育资源短缺的边境市县为主，充分整合办园资源，鼓励引导民办幼儿园向多元普惠性幼儿园转办，扩大普惠性幼儿园的覆盖范围。提高认定的普惠性幼儿园相应的补助水平，改善村镇级幼儿园的办园条件，平衡资源供给与经费保障，规范普惠程度达标条件。加快园区规划与设施建设，落实幼儿教师工资福利待遇，减轻入学负担，多管齐下解决"入园难、入园贵"问题，充分保障学前教育质量。

第二，加大对边境学校的投入，建设国门学校。针对边境教师资源建立合理的薪酬分配体系，关注边境学校教师与城镇教师的薪酬差距，坚持同工同酬，提高边境教师的补贴待遇，提升教师队伍的稳定性。根据现代化教育需求，推进教学设施等基础建设，保障跨境生源教学服务需求，提升国门学校教学质量。基于当地以及周边的地方特色及文化特色，充分考虑周边国家的文化氛围，因地制宜地开展课程教学设计和实践。

第三，补充沿边乡镇办学资源，推进义务教育优质均衡发展。加强边境地区义务教育教师队伍建设，通过发展地区师范类院校培养本土教育人才，夯实教育的高质量发展的基础。通过政策和资金支持鼓励优质教师资源、高校毕业生积极投入边境地区义务教育建设，带动课程教学改革。推进义务教育学校布局和标准化建设，全面改善办学条件。通过建立内地教师支援与资源共享的模式，加强学校间义务教育资源合作共享，完善教师在校际与区域间流动机制，提升边境地区教师教学水平。

第四，全面提升沿边地区普通高中办学质量和水平。进一步优化边境地区的普通高中发展布局，通过新建、改扩建的形式扩大普通高中教育资源，并根据普通高中建设情况以及改扩建项目规模提供一定程度的补助，缓解普通高中的"大班额"教育压力。针对普通高中的发展格局，分层分类推进普通高中的优质教育的建设，以存量提质，增量保质基准打造示范性高中。全面深化改革普通高中教育方式，参考沿边地区教育资源与水平，改进高中课程教学方案以及学业水平考试制度。对接本省优质教育资源，进一步缩小地区间教育差距，保障沿边地区的教育质量的整体提升。

第五，加快推进智慧教育建设，实现优质教育资源共享。做好智慧教育顶层实际，加快推进教育云网一体化建设，提供绿色安全的教育网络，保障边境地区各级学校的稳定接入和资源获取。以"互联网＋教育"为核心，建设数字化教育平台，扩大数字教育资源向沿边地区的覆盖范围，实现优质教育资源共享。实施教育资源整合工作，提供针对性的配套资源练习、考核等服务，保障智慧教育的实用性。安排专项经费推动数字校园全覆盖，加大数字设施建设的投入，持续提升教师对数字教学技术的应用能力，提高数字教育的实践质量。

第六，加快发展沿边地区现代职业教育，促进民办教育事业发展。面向边境地区实际需求，依托地方特色产业结构，以产教融合为培养方针，实现应用型人才的培养目标和地区建设规划的有效契合，办学功能为边境地区发展服务的目标，充分发挥职业教育对边境地区产业发展的支撑作用（李丽、杨如安，2020）。规划建立专业化职业技术培训基地，深化职业教育与企业需求的对接，加强专业课程体系的实践应用性。推动建立边境地区民办教育的投融资体制，对符合办学条件的民办学校对等公办学校处理，并依法给予民办学校税收优惠和相关配套设施待遇，支持民办教育建学和自主招生工作。加强对民办教育的规范管理，健全收费管理机制，保证民办教学的质量。

（三）推进健康乡村建设

第一，不断提高沿边村寨公共卫生均等化服务水平，推进卫生站（室）建设。以普惠性、保基本、均等化、可持续为方向，加强边境地区基层医疗卫生机构标准化建设，按平补齐卫生室应具备的满足居民基本医疗需求的标准化基础项目设施，保证以村级为单位一所标准化卫生室的数量，改善边境地区医务人员的工作条件。建立健全沿边村寨基本医疗保障制度，在供给端乡镇医疗的财政支持，尤其是沿边村寨中卫生领域的投入相较城市而言长期不足，需要根据基础卫生情况对乡村缺少的药品、设备等物资予以保障，满足乡村建设过程中卫生服务的基本供给需求。加强基本医疗保险的保障能力，调整财政补贴政策，向边境地区的乡村居民群体倾斜，扩大医保病保的保障力度和覆盖范围，完善沿边居民全民健康体检的制度，提升预防体系的效果。

第二，落实乡村医生待遇，加大乡村医生培训力度。对医疗人才在合理范围内简化引进方式，拓宽引进渠道，统一规范乡村医生业务绩效等考核管理，推行村医"乡聘村用"，在落实乡村医生基本补助的基础上给予学历职称晋升奖励，进一步提升边境乡村医生的薪酬待遇，吸引高水平医疗人才资源进入。落实乡村医生养老机制，"留得住、能发展、有保障"，从政策上改善乡村医生人员流失的环境问题。加强乡村医疗队伍的人才培养，制定基础医疗公共卫生等服务项目的培训实施方案，以视频教学、集中授课等形式开展规范性培训与进修交流活动，通过理论培训结合临床实践培训，加强相关的理论知识和实操技能，进而提升乡村医疗健康服务水平。

第三，加强公共卫生服务体系建设，持续推进紧密型县域医共体建设。完善医共体管理机制，制定明确分工职责清单，履行西南边境地区公共卫生服务的主体责任，通过整合城乡卫生服务资源，深入推动各层级卫生服务一体化。加强对边区的地理环境、医疗资源等情况的评估，以综合实力较强的县及卫生机构作为主体，由各村镇卫生院以及卫生站形成医共体，落实乡村一体化管理模式。整合医共体的信息资源，建立内部信息系统，利用信息化共享和远程医疗等平台打通组织协作，提升各渠道的处理效率，实现医疗信息与公共卫生服务信息互联互通。

第四，构建慢性病综合防治工作机制，推进慢性病防、治、管融合发展。从构建慢性病综合防治服务网络入手，网络全面覆盖以自治区、市、县和乡镇各级主体，深入展开各级疾病预防控制中心、医院以及基层卫生机构建立优势互补的合作机制。加强面向边区群众的慢性病知识普及和健康教育，充分利用网络媒体形式开展健康教育宣传，提供便捷的健康知识咨询服务。对患有慢性病群体，提倡早诊早治，优化健康检查服务，通过多元化医疗保险制度降低相关医疗服务成本，加强学生、老人等重点群体的定期健康检查制度。强化基层医疗设施对常见慢性病的治疗水平，完善相应的护理、康复等服务，实际诊疗过程中简化患者转诊程序尤其是县级以上医院的向上转诊，为患者提供便捷的双向转诊服务。建立慢性病和相关因素的检测评估体系，对慢性病病例信息、环境卫生安全、健康风险等内容进行实时监控。针对常见慢性病药品需求，保障药品的常态化供应。

（四） 加强社会保障力度

第一，健全重特大疾病医疗保险和救助制度，建立防范和化解因疾病致贫返贫长效机制。构建政府为主体的医疗保障体系，强化三重制度保障，协同慈善救助商业保险等社会层面的互补手段，按规落实对农村因病易致贫返贫人口的帮扶措施。根据医疗救助对象类别细化确定救助对象范围，合理制定救助的金额标准，并明确费用保障所覆盖的范围，保证实事求是、公平适度的实施原则。提升困难边民规避疾病致贫风险能力，做到应保尽保，避免因病返贫。

第二，落实城乡居民社会养老保险制度和政策，鼓励有条件的边民提高缴费档次。通过构建有效的缴费激励机制，加大居民社会养老保险参保力度。根据边境地区城乡居民收入增长情况，灵活调整设置缴费标准的多级档次，加大多缴多得政策宣传力度，鼓励沿边村寨边民根据自身实际情况参保，并根据不同缴费档次给予相应补贴，对符合条件的困难群众提供有效帮扶。

第三，规范基本养老保险缴费政策，完善缴费激励约束机制。全面实施养老保险改革与全民参保，根据实际情况调整沿边村寨边民基础养老金标准，在多个保障领域实现法定人群的全覆盖。保障沿边村寨边民老有所养，在退休后能够得到满足基本生活需求的社会保险费。适时调整养老保险标准，为全民参保打通渠道，最大限度降低传统家庭养老的不确定风险，从长远上减轻沿边村寨家庭负担。

第四，按照"先保后征"的原则，推进被征地边民养老保险政策落实。积极宣传被征地居民养老保险政策，组织征地工作人员开展政策业务相关培训，档案化被征地农民的基本信息、征地面积等内容。落实过程中注意协调配合，主动对接边民核查确认养老保险的保障对象，以保证被征地边民了解政策内容。征地项目坚持"先保后征"原则，集中调配征地养老保险补贴的专项基金，统一办理流程，加强环节跟踪，层层把控政策落实工作，确保被征地边民切实得到参保。

第五，巩固提升脱贫攻坚成果，扶持沿边地区人口较少民族发展。基于地区所辖人口的相对集中的区域进行设计，升级道路网络等基础设施，改善周边人居环境，给予人口较少的民族发展的基本条件支撑，以及生产生活、教育医疗等相应配套的公共服务水平。通过扶持边境民族特色产业，建设县域经济增强发展的内生动力，围绕特有的产品、文化旅游等资源进行产业化，促进地区的经济增长。重点保护非物质文化遗产以及当地的文化资源传承延续，加强少数民族公共文化服务能力，建设民族文化生态乡村。

四、加大沿边开放力度，推动形成更高水平对外开放新格局

沿边地区全面服务和融入"一带一路"建设和长江经济带建设，应抓住区域全面经济伙伴关系协定（RCEP）释放的红利，增强口岸综合服务和客货通行能力，提升重点开发开放试验区、自由贸易试验区、边（跨）境经济合作区、边民互市区等开放平台质量。

（一）加快沿边重点开发开放试验区建设

建设沿边重点开发开放试验区是党中央、国务院做出的重大决策部署，在广西与云南建设沿边重点开发开放试验区是边疆民族地区高质量发展、打开新时代发展局面的重要支撑。自云南瑞丽国家重点开发开放试验区（2012 年）、广西东兴国家重点开发开放试验区（2012 年）、云南勐腊重点开发开放试验区（2015 年）、广西凭祥重点开发开放试验区（2016 年）、广西百色重点开发开放试验区（2020 年）先后获批以来，广西和云南的沿边地区实现了国家沿边重点开发开放试验区战略全覆盖，为加快开放发展奠定了坚实基础（朱华丽，2021）。

第一，推进沿边重点开发开放试验区建设贸易和投资便利化。新冠疫情以来，广西和云南的沿边地区疫情防控压力加大，沿边地区经济发展形势险峻。要推进两地沿边重点开发开放试验区的贸易建设，推动跨境要素自由流动。可参考先进试验区的改革措施，如海南洋浦保税港区试点了"一线放开，二线管住"的贸易政策，将资本、货物、劳务、服务等要素进行自由化和便利化。广西与云南地处西南边疆，应通过对具体的跨境产业、跨境电商、跨境供应链等进行管放，增强边境区域贸易、投资吸引力和竞争力。二是持续提升通关效率。强化跨部门通关协作，推进"一站式"通关，广西和云南可探索设立专项通道监管与越南、老挝、缅甸等国特定交流物品，结合其他地区经验实施特定的措施，持续深入开展口岸降费提效，最大程度上降低通关时间和提升通关速度。

第二，构筑沿边重点开发开放试验区建设对外交流合作新高地。跨国竞争、区域竞争给边境地区省份的发展带来了挑战，尤其邻国越南、缅甸、老挝等加快发展步伐，对广西和云南沿边地区发展形成压力。广西和云南沿边重点开发开放试验区要充分发挥与越南、缅甸等国毗邻的优势探索深化对越、对缅沟通交流和全方位开放合作新机制，构筑对越、对缅的交流合作新高地。一是进一步完善对外沟通交流机制。加强广西云南与越南、老挝、缅甸等国政府间沟通机制，在双边口岸间合作、基础设施合作、产业发展合作等方面加深交流，探索中越、中缅

等国相互交流的经济园区建设方案、相关联的行业内部协商方案，进一步地保障双边积极畅通的经济合作。二是引领中越、中缅合作朝纵深处延伸。广西、云南两省（区）与越南等国均有旅游、金融、电商等方面的合作交流，在原有跨境发展的基础上，进一步利用现有的中国—东盟教育合作平台等交流平台继续深化，将沿边重点开发开放试验区建设成为对外交流合作新高地。

（二）加强自由贸易试验区建设

广西壮族自治区政府印发的《促进中国（广西）自由贸易试验区高质量发展的支持政策》和云南省人民政府印发的《"十四五"中国（云南）自由贸易试验区建设规划》，提出自由贸易试验区要实现更高质量发展，强化云南自贸区昆明片区、红河片区、德宏片区，广西自贸区南宁片区、钦州港片区、崇左片区区域联动。广西和云南的自贸试验区建设最大特点在于沿边和跨境，最大发展优势在于区位优势，但两省的发展基础、经济形势和面临环境各有差异。

广西自由贸易试验区的建设不同于上海、海南等较为成熟区域，因其独特的地理位置，加强广西自贸区建设要重点关注对外贸易转型升级。一是加快加工贸易产业创新发展，发挥南宁、钦州加工贸易产业集聚区的引领作用，建设北海、梧州等加工贸易承接地，吸引邻近省份如广东等地先进产业、知名品牌落户集聚区和承接地。进一步延伸加工贸易产业链，将自由贸易试验区内产业如新兴制造产业、电子信息、大数据产业与加工贸易产业融合发展，打造加工贸易产业发展的新格局。重点关注国际贸易"单一窗口"建设，结合自身的边境口岸管理实际，学习上海、海南等地经验，进行一次性办理、同步化信息、并联式流程建设，同时要改善广西口岸营商环境，继续缩短广西沿海口岸的进出口通关时间，减小相关费用。二是推动高水平招商引资。整合招商资源，创新工作机制，重点关注广东、福建等地高新技术型、环保集约型、科技生态型的项目，加大招引力度，使其在广西自贸区落户，以高质量精准招商引资助推广西经济和社会高质量发展。以广西未来产业发展重点如智能制造、电子信息等布局，重点关注珠三角、长三角等区域，同时衔接北方的京津冀和东北地区，再利用粤港澳大湾区高速发展时机，建立起在全国范围的招商引资网络。

目前云南自贸试验区在金融、投资、法律、产业发展等多个方面制度体系仍不够完善，相关政策法律法规的出台存在滞后性。加强云南自贸区建设，应继续推进"1＋4＋N"高质量发展系列政策，结合要素保障政策、重点产业政策对多方面的相关领域的制度建设进行优化和完善，为招商引资和产业发展提供有力支撑，并优化制度设计，提高各级政府与部门的办事效率。同时，应调整片区内产业结构，建设自由贸易试验片区联动机制。总体来看，云南全省经济高度集中于昆明片区周边，而如红河、德宏片区的经济体量较小，应加快推进昆明片区的数字经济、生物医药、跨境电商、航空物流、金融服务、文化产业、工业大麻等 8 个产业转型，推进红河、德宏片区的工业、商贸、物流、建筑、酒店宾馆、农林牧渔业等发展，以及跨境电商、跨境产能合作、跨境金融升级。

（三）完善边（跨）境经济合作区建设

建设边境经济合作区、跨境经济合作区（以下合称边（跨）合区）是党中央、国务院就沿边开放做出贡献的重要决策。广西先后于 1992 年设立凭祥边境经济合作区、1992 年东兴边境经济合作区、2014 年百色（靖西）边境经济合作区。云南于 1992 年设立瑞丽、畹町、河口 3 个边境经济合作区，此后又在 2012 年设立麻栗坡、耿马、腾冲、孟连、泸水和勐腊 6 个边境经济合作区。两省区分别发布《广西壮族自治区人民政府关于促进边境经济合作区高质量发展的若干意见》《云南省边境经济合作区管理办法》等文件，推动了边（跨）合区提升发展水平，打造了沿边地区对外开放的重要节点和平台。

广西边境经济合作区在发展建设过程中存在管理模式、产业结构和土地利用等问题。完善广西边（跨）境经济合作区建设，需要创新边（跨）境经济合作区管理模式，借鉴二连浩特等地的建制市模式，继续推进"互市产品 + 落地加工"的模式，增加治理自主性，减少各层级行政指令，加强行政活力，减少制度运行成本。目前广西边境经济合作区内主要产业集群为资源型产业，应充分利用各项优惠政策，积极引入先进地区的企业，为边境经济合作区内的资源型企业提供活力和竞争力，促使其迅速发展。要借助"一带一路"建设与广西的区位优势，对传统的资源型产业进行升级，鼓励新兴产业发展。此外，还应合理调配劳动力要素，提高其流动效率，实现土地资源的合理利用。

云南边境经济合作区建设存在基础设施建设滞后、产业支撑带动不强等问题。完善云南边（跨）境经济合作区建设，应继续夯实互联互通基础网络，以交通、贸易、能源等基础设施为基础，构筑云南边境经济合作区与省内各经济发展区以及通往东南亚各国的运输通道，形成集公路、铁路和航运，以及集交通、能通、信通等的网络体系。要科学错位实现协同发展，合理确定发展重点方向和支撑项目，以昆明为龙头，延伸至云南边境经济合作区。将云南省内如昆明等地产业发展强劲地区辐射带动到边境地区，发挥边境口岸优势承接优势产业，形成产业集群产业链条，构建优势互补、联动发展的边境经济合作区，使边境经济合作区内贸易、加工、物流等方面全面发展。

（四）强化边民互市区建设

广西边境线上分布着 26 个边民互市贸易点，云南有 19 个边民互市贸易点，这些贸易点为广西和云南的进出口贸易发展和边境地区经济社会发展具有重要作用。强化边民互市区建设，一是开辟广西、云南与越南、老挝、缅甸等国的双边贸易通道。保持进出口贸易的稳定，实现进出口平衡发展的贸易结构，积极组织边民以形成互助组，通过"边民互市贸易＋互助组"的方式和具有进出口经营权的公司联合，打造两省如建材、水果、海产品、汽贸机电、红木、轻纺、粮食、中草药等贸易产业面向越南等东盟国家以及国内的专业市场，形成规模经济以扩大跨境电商园区的覆盖面，把服务于传统的外贸企业和发展跨境电子商务相结合，打造综合性服务平台。二是边民互市贸易的方式要注重其内容的创新，加强边民互市示范区的监管。营运要保持规范，功能要实现多维度交叉，政策要结合实际，积极建设一个集保税仓储、加工展示、自由交易为一体的边民互市示范区。通过多种途径集资，全面推动招商引资，采取独资、合资、协作和出租、物流经营权转移等市场化方法，增加新的投资途径；积极引导地方银行业机构进驻边民互市贸易区，增加边民互助组的融资信贷额度，增加边民互市的贸易规模，为边境贸易的开展提供便利；与亚洲开发银行保持良好的合作关系，重视基础设施综合发展项目。三是实现政府间双边交流的畅通。维持边合区管委会和外放之间双边交流机制的稳定，有效发挥边境经济贸易交易会的作用。形成每月定期互访交流的机制，针对贸易过程中出现的执法、合作、入境和疾病防控等各类问题，及时采取相对应的解决措施。通过相关政府职能部门的纽带作用加强政府间的交流，对各种违法行为采取相关管制措施，确保双边互市贸易安全稳定，逐步提高沿边开放水平。

（五）推进沿边金融综合改革试验区建设

建设沿边金融综合改革试验区是多元化现代金融体系建立的基础。具体而言，金融创新能力、金融开放水平、金融市场体系、金融生态环境、金融支持沿边经贸发展和金融服务实体经济的能力得到了全方位的发展。借此加强了云南、广西与东盟和南亚国家经贸金融合作关系，并对周边地区的国际影响力产生辐射效应。建设沿边金融综合改革试验区对促进沿边金融、跨境金融、地方金融改革先行先试，促进人民币周边区域化，使两省区对外开放和贸易投资更加方便，对于沿边地区开放发展方式的突破具有重要意义。

推进沿边金融综合改革试验区建设，一是巩固和提升跨境人民币结算业务。

继续完善人民币对东盟国家货币银行间市场区域交易平台，开放中国—东盟银联体的发展，发挥孟中印缅经济走廊的作用。加强与越南、缅甸、老挝等国的金融合作，创新开展银行间区域交易提取现钞新模式，支持广西和云南符合条件的跨国企业集团开展跨境双向人民币资金池业务。二是构建参与"一带一路"建设跨境金融服务保障体系。继续推进在外汇管理创新试点业务，建立健全面向东盟国家的外币现钞跨境调运业务，用好全口径跨境融资宏观审慎管理新政，大力发展跨境融资。三是加快农村金融产品和服务方式创新。稳妥推进农村"两权"抵押贷款试点，农村地区支付服务环境更加完善，持续深化农村信用体系建设。四是推动完善地方金融管理体制。明确地方金融监管职责，从划分原则、地方监管范围、地方承担职责三个方面，强调地方各级政府承担地方金融监管、打击非法金融活动、金融风险防范处置的职责。

五、大力推进治理体系和治理能力现代化，提升沿边村寨社会治理能力

（一）加强基层组织建设

第一，完善基层党组织体系，深入推进抓党建促乡村振兴。一是全面深化党支部标准化规范化建设。根据沿边村寨实际情况，着力沿边村寨党组织的覆盖点，逐渐完善沿边村寨组织体系，对于超过 5 名党员的沿边村寨可成立党支部。积极采取"上提下分"的方式，将人数较多的支部升为党总支、党委，明确各个任务，提升办事效率。将党小组建立村民家中，建立"乡镇党委—村党组织—网格党小组"三级党组织体系，完善基层党组织体系。二是突出抓好沿边村寨党组织和村民小组党支部建设。紧抓沿边村寨党组织、村民小组支部建设，注重人员工作能力建设，积极组织理论学习，深刻领会党的会议精神与政策规划，提升整个村寨支部的政治素养。重视沿边村寨党支部的团结关系，坚持民主集中制原则，严格执行党的章程与规定，认真按照上级部门领导分配的任务，扎根于乡村建设问题。加强沿边村寨支部党员思想政治教育，组织不同形式的党建活动、组织生活等，认真坚持"三会一课"制度。坚持组织内部考核工作，对优秀工作者进行表彰，对失职人员进行批评、记过处理。三是鼓励党员创办农业合作社等新型农村合作经营方式，提倡每个党员致富能手至少帮带一个贫困户，加大致富能手、农村外出务工经商人员中发展党员力度。

第二，坚持共建共享，完善村民自治机制。一是修订完善村规民约。在坚持

民主性、合法性、适用性、时代性、普及性的原则下，对沿边乡村日常行为、调解纠纷、民风民俗等内容纳入村规修订内容，尤其是针对铺张浪费、"黄赌毒"、赡养老人等相关问题提出更为细致的约束。二是围绕沿边村寨的治理目标，积极开展乡村自治现代化建设，坚持乡党委全面领导县、乡的各项工作。坚持共享共建，完善沿边村寨自治机制，发挥村民理事会、村"五老"等在改善乡村治理中的积极作用。三是实施村级事务"阳光工程"，规范村级事务运行，加强村干部监督管理。规范权力运行，制定"四议两公开"议事决策机制，坚持党务、村务、财务"三公开"，建立沿边村寨自治微小权力清单。采取"四议两公开"的决策模式，涉及村民个人的利益采用"一事一议"的决策程序。建立村支书、村干部履责行为的负面清单，对其履责情况进行考核，防止不作为行为的发生。

第三，不断提高基层党组织领导基层治理的能力。加强沿边村寨基层组织建设，时刻发挥沿边村寨支部党员的先锋模范作用。持续优化村"两委"班子特别是带头人队伍，推动在全面推进乡村振兴中担当作为、干事创业。支持乡村基层干部外出参加培训学习。加大青年干部人才的培养，制定乡村优秀人才引进计划和具体方案，引进先进的青年人才。加强组织建设，进一步增强组织整体的治理能力。吸收乡村优秀党员为领导班子注入新鲜血液，保证队伍成员完整。严格把控党员的发展流程。加强沿边村寨基层干部围绕乡村振兴主题等相关培训，提升基层干部的管理、治理能力。

（二）建立自治、法治、德治有机结合的村级治理评价体系

第一，积极探索村级治理新模式。村民自治机制是实现现代化治理的必要条件，在沿边治理中要以村民需求为基础，维护村民利益，充分调动村民参与基层民主建设的意识。为村民参与构建合理规范的章程体系，提升村民自治管理能力。村民自治首先要完善村务的公开制度，通过村务公开栏等有效形式，对涉及财务等村民利益的重大问题内容及时公开，充分保障村民的知情权，在此基础上进一步参与民主讨论与决策，并切实落实决策成果。加强村民自治体系建设，为村民自治提供有效的法律支撑。健全务实管用的监督和管理机制，建立决策责任追究制度。关注各类民间社会组织的农村社会事业的影响，为多元社会群体在乡村治理中的良性合作创造条件，实现社会力量的有机融合。将民主法治与平安建设、乡村振兴等工作相结合，加强边境民主法治示范村、平安村寨的建设与宣传力度。

第二，深入开展法治宣传教育。边境地区法治建设需要加强基层党支部建设对乡村治理工作的引导作用。通过普法工作、提供法律咨询服务等提升村民对法

治的认知。法律法规的制定应以乡村基层管理的实际情况为基础做到精细化，为乡村建设治理提供法律法规参考，将普法融入立法、执法、司法过程。面对不同程度阻碍乡村基层治理的行为，应以法律手段进行有效引导、干预或打击，通过实际案例的处理推进法治意识建设。

第三，加强农村公共文化服务体系建设，推动形成文明乡风、良好家风、淳朴民风。德治是"以德治理"对"依法治理"基础的辅助，也是对村民自治的支撑。德治在价值层面要以社会主义核心价值观构建现代化农村的观念，持续推动农村公共文化服务体系一体建设。应升级文化基础设施，提升公共服务质量，推进农村思想道德阵地建设，注重村民生产生活水平的同时提升居民的道德素养。培育文明乡风、良好家风、淳朴民风，在实践层面对村民的行为进行规范引导，基于桂滇边境地区民族历史、传统民俗等多个方面塑造文化品牌，促进文旅融合、民俗推广等形式的价值转化，展现沿边村寨文明的新气象，提升综合治理水平。

（三）完善村级权力监督机制

第一，建立健全村级微权力运行制约监督制度。桂滇边境地区情况复杂，多民族多文化共存，因此要把村级微权力运行制约监督制度纳入国家社会治理体系，确立村级微权力运行制约监督制度的精神，建立健全村级微权力运行制约监督体制（刘有军，2021）。完善监督、预警措施，加强社会公众对村干部权力使用情况的监督。建立责任追究机制，对违纪行为进行严厉惩戒，限制违纪行为的发生。在边境村建立多层次督查机制，实行上级督查下级，县政府向市政府上报村级微权力运行制约监督情况，以此防止村级微权力运行制约监督制度的滥用和腐败。建立完善的村级微权力运行制约监督制度体系，确定各项权力的运行范围及权限分配，有效制约和监督村级人员的权力行使。完善和强化村级法治教育，使边民知晓自己的权利和义务以及政府的权力职能，让更多的村民参与到村级微权力运行制约监督制度中。

第二，形成基层纪检监察组织、村务监督委员会及村民参与的多方监督体系。建立基层党组织纪检监察机构，构建阳光式村务公开纪律审查和监察反馈机制，严格村务公开纪律，坚决反对政绩工程、超标准建设等违法行为。各边境村要进一步完善村级"小微权力"清单建设，提高村民参与村务公开的积极性，让村民了解村务的有关情况，参与村级的决策和监督。建立有效的村民参与机制，建立村务监督委员会制度，设立村民参与代表，尤其是少数民族村民要真正参与。积极引导村民参与村务管理，构建村民参与政府决策的综合性机制。建立完善的村财务会计核算监督体系，实行全过程管理，加强村庄财务审计，定期对村寨建设项目的资金使用情况进行监督。

第三，狠抓思想教育，增强纪法红线意识。根据新时期新要求，不断更新、创新廉政教育培训方式，加强纪法宣传，廉洁教育，确保不流于形式化，教育内容能够深入人心，切实增强村干部的敬畏和戒惧意识，筑就拒腐防变的思想堤坝，使村干部主观上不想越红线、不敢碰底线，在合法合规的范围内服务于边民。

（四）推进村级治理方式和手段现代化建设

第一，建立和完善"互联网＋"治理模式，建立健全防范和化解边境重大风险的体制机制。构建"互联网＋"治理模式，整合各地区网络工程的监控数据，建立基于互联网的网格化、可视化的乡村数字综合治理平台，对边境地区的乡村村民述求和反应，相关社会管理部门结合治理平台进行第一时间的处理，及时回应民众的需求，完善村级治理方式。加强边境地区的风险应急预警，加强对边境地区的信息安全和网络安全保护，并建立针对边境重大风险的处置机制，为国家安全提供有力保障。

第二，建立和完善边境村突发公共事件预警机制和应急管理制度。加强对边境村的信息收集，利用媒体平台、监控平台等对村内和村边的信息进行管理经营，重点建设"点、线、面"三位一体的应急信息网络。在保障信息收集完全完善的基础上，对应急事件、突发事件进行设置处理预案，以国家预案衔接划分相关等级，做到事发时有预案可循，避免依赖预案处理，根据具体情势可直接采取有效处理措施，做到预警机制和应急管理实事求是，维护边境地区安全和社会稳定。

第三，提高村组织的应急管理能力。建立完善应急演练机制，建设完善村社"多案合一"综合性应急手册和应急指南，加强培训演练，争取村社群众3年内应急预案受教育率达到100％，应急突击队每年至少组织1次业务培训和专项演练，沿边多灾易灾村每年至少开展1次应急预案演练。建立完善村社紧急信息报送机制，一般灾情村社在灾害发生后1小时内上报，较大以上灾害在灾害发生后30分钟内上报。建立完善领导包联机制，在防汛抗旱、消防安全、地震和地质灾害等重大任务中，全面落实"镇领导包村社、村社干部包户到人"和部门包联机制，每个村社有联村（社）领导包联、联村（社）干部根据网格划分包片，每个位于危险区域或存在风险影响家庭户有1名村社干部或党员包联，确保责任落实到人到岗。

第四，创新治理方式，提高善治水平。根据各村寨实际情况，积极为村寨基层干部创造学习条件，对驻村基层干部的工作队员、村支两委成员实行定期培训，推动创新工作思路与工作方法。加大对驻村干部的监管力度，围绕强村党组织、推进强村富民、提升治理水平、为民办事服务四个方面的工作，制订驻村干部任务清单，建立驻村干部个人实绩档案，及时过问未落实的工作，问责不作为驻村干部，督促责任担当、履职尽责。构建自治、法治、德治"三治融合"的乡村治理体系，在自治的基础上提高农民与自身事务相关工作的参与积极性，充分发挥村民会议、村民监事会等的职能与作用，以法治指引乡村治理实践。坚持在法治化轨道上统筹社会力量、平衡社会权益、调节社会关系，开展一系列弘扬传统文化美德的活动，带动边民参与活动。对表现优异者进行表彰和宣传，发挥道德模范作用，宣扬优秀农民的事迹和精神。

六、深入实施边境防控现代化，构筑边境安全稳定屏障

（一）深入推进立体化边境防控体系建设

第一，加快立体化边境防控体系建设。一是坚持立体化边防信息导向。收集网络信息提升边防安全响应速度与能力，最大限度发挥边防警务的作用，增加警民联系定点，拓宽群众反馈安全问题的信息渠道。二是推进圈层查控。构建科技防、人防和物防的三层防护圈层，在沿边村寨地区防控圈层设置视频图像前端、人脸卡口、边境检查站等，并采取点上守、全面覆盖等措施。三是建立网格巡防机制，设立网格"格长"，发挥边防主力军的带头作用，实现被动型警务体系向主动警务的转型。根据边防的具体要求，以城、区为节点分时段、地区、线路为依据构建三级巡逻网络，保证边境安全，促进立体化边防体系建设。

第二，深化多部门、多警种合力管边控边机制建设。在发挥边联防所、警务室以及边防执勤点作用的同时，重视改善边联防所等地工作人员的工作条件。加大对边境地区民警辅警的关怀力度，如节日时发放相关慰问品，给其家属寄送慰问品等。加速"雪亮工程"的进度，构建沿边科学管控、安全防护网立，严厉打击跨境犯罪，切断境外补发输入。

第三，采取"五个管住"举措，坚决打击跨境犯罪。一是把人管住。严禁没有相关证件外籍人员进入我国尤其是沿边地区，要求邻国通过办理正常手续进入我国，禁止私自进入。同时加强入境外籍人员管理，严厉打击违法犯罪行为。二是把村管住。加强对沿边村寨边民的国家安全教育与宣传，动员群众参与到村寨的网格管理中，形成跨境犯罪打击网络。三是把通道管住。严格管理出入境场所、区域等严格审批出入境手续、跨境方案。排查非法入境通道，严厉取缔非法

渡口。四是把证件管住。严格管理《中华人民共和国边境地区通行证》《中华人民共和国入境通行证》《中国人民因私普通护照》等，严格执行国家相关法律对跨境人员进出境资质进行审查。五是把边境线管住。落实沿边警民联控，及时发现并依法进行打击犯罪行为。

（二）加强军警民联防联勤联动人防体系建设

第一，进一步完善对边民守土固边的激励机制，构筑共建共治共享边疆社会治理新格局。边境地区的空间地理位置特殊，仅依靠军警写作无法完全触及所有边防细节，边防部分依赖于边民全方位参与，提升保障边境的立体防控能力。在以往边境安全问题中，民兵始终是守土固边的主力军。新时代边疆社会治理环境下，应继续发挥民兵的重要作用，深化战备意识，规范战备秩序，确保民兵队伍的整体战斗水平。军警民协同合作中关键是边民群众的深度参与，要充分调动当地群众的积极性，形成高覆盖率的信息网络。加强以爱国主义为核心的边防安全意识教育，对边民进行普法宣讲，帮助其认识宗教渗透、走私贩毒等犯罪行为的严重危害。制定相关政策以及奖励机制引导营造边民积极参与边防建设，抹消边境犯罪活动的空间。

第二，做好党政军警民"五位一体"合力强边固防工作。在军警民主体外，党政机关是固边联防的重要主导机构。军警民的合作需要权威的领导机构来处理跨部门、跨领域的安全问题，对三方资源进行统筹调配，并赋予相关部门对应的权力与责任，以此避免在军警民合作中出现职责混乱、联而不合的现象。推进当地党政机关统一领导、公安边防为主体、部队与职责部门协同配合，广大群众积极支持的联合形式。党政军警民"五位一体"实施联防的模式合力守卫边关，强化守边固防机制，筑牢西南屏障。在保障边境地区安全的基础上，帮助扶持生产建设活动，利用组织力量促进当地经济发展，与边区民众在生活上深度融合，切实提升边民安全感和幸福感。

第三，全面实施科技控边战略，加快推进边境立体化防控体系建设。提升军警民联合的管控能力，具体体现在执行能力与信息能力两个方面。推进人防、物防、技防"三位一体"的边境立体化防控体系建设，提升边境巡防巡逻能力。根据地区常见问题针对性地进行联合演练，强化协同作战机制，清晰定位军警民在行动过程中的分工配合，并以预案切实落实边区治理的防控工作。信息能力则主要体现在信息资源的交换共享与完善公共安全风险监测预警。三方应整合各自信息渠道搭建信息共享平台，保证平台上军警民之间信息的快速更新、高效交换和精准处理，为预防边防问题发生制定相关预案提供基础，在应对突发性事件上保障应急系统的资源配置。

（三）打牢边民维护边境安全稳定的重要基础

第一，建立健全边境管控的法治体系。法治手段是边疆地区安全治理的根本手段，首先是民族自治地区立法机关要根据当地经济社会实际情况，制定有利于民族地区发展和不破坏民族团结的差别化政策；其次是在不违背上位法的前提下，制定地区经济文化发展需要的法律法规补充规定和执行条例（宋才发，2020）。从地理位置上看，云南与越南、老挝、缅甸接壤，但云南主要受到来自缅甸"三非人员"问题困扰，云南在地方边境管理法律法规及管理条例方面要进行改革创新，对缅越老尤其缅甸"三非人员"问题的成因、发展规律进行深入分析，拿出切实的解决办法（罗刚，2019）。《云南省边境管理条例》等地方性法规要加强对非法入境人员伴生的走私、贩毒、绑架、跨境赌博、电信诈骗、偷渡等刑事犯罪的打击力度，政府层面要加强与接壤国家边境地区的合作，共同维护边境地区群众生活生产安全。广西边境地区受越南"三非"人员入境带来的走私、偷渡、非法务工、涉外婚姻纠纷等问题导致边境地区安全稳定存在隐患。广西要不断完善《广西壮族自治区边防治安管理条例》，边境各级政府要加强各警种间的配合，加强与监管场所沟通协调，推动建立边境立体防控战略形成，进一步加强对边境地区跨境违法犯罪活动的精准打击力度和防控国外敌对势力的渗透破坏活动。秉持以人为本的理念，对有务工、嫁娶需求的边民及非法移民进行重点管理，并在未来的法律法规及条例修订中积极探索解决办法和疏通路径，有效防止由于监管失控造成的犯罪延伸问题。

第二，充分发挥边民群防群治作用，教育引导边民自觉履行守边固边的责任和义务。广西要加强对边民的国防安全教育工作，强化边民国家安全责任，提高边民的防范意识。尤其在凭祥市、东兴市等边境口岸城市和拥有长边境线的宁明县等地区，坚持走群众路线，大力开展国家安全宣传教育，充分调动边民的积极性和主动性，组织开展群众性红色教育实践活动，充分发挥烈士陵园、军事类博物馆、纪念馆等红色场所的教育功能，常态化组织边境群众瞻仰学习。对黄文秀、李延年等当地时代楷模和模范人物重点宣传，增强边民的荣誉感和爱国意识。云南由于跨境民族地区宗教多元性、民族多样性、区位国际性和经济落后性等特性，相关部门要加大力度研究境外向我国境内渗透模式，如文化渗透、宗教渗透、经济渗透和意识形态渗透等多种模式，针对不同模式提前制定相应的预防应急措施。要善于发现护边守边的模范代表，通过大力宣传和表彰奖励，发挥其模范带头作用，在广大基层组织和人民群众中，营造学先进、做贡献、当表率的良好氛围，不断增强护边守边队伍的凝聚力、创造力和战斗力。

第三，坚持专群结合、群防群治，健全社会治安防控体系。新时代边境地区的治理防控，要继续坚持以人为本，继续发挥群众力量，坚持发展新时代"枫桥经验"，进一步提高边境地区各族人民群众获得感、幸福感和安全感（宋世明、黄振威，2023）。云南边境地区要建立和完善边境地区社会群体、组织、居民或者农牧民共同参加的协助公安机关维护社会治安的群防群治组织。继续推进社会治安巡逻防控网、城乡社区治安防控网、单位行业场所治安防控网、重点人员治安防控网、公共安全视频防控网、信息网络防控网"六张网"建设，着力构建全方位、立体化的社会治安防控体系。广西边境地区要建立健全治保会、联防队、护村队等群防群治组织，加强法治意识和边防意识教育培训工作，协助有关机关单位开展治安防范和治理，打击和防范危害社会治安的违法犯罪行为，维护当地社会秩序。持续推进立体化和智能化南疆边境社会治安防控体系建设，全力加快边境立体化防控体系技防、人防和物防"三防"建设，构建全方位"三环"圈层防控体系，发挥新时代"枫桥经验"，充分利用边境地区群众的力量和情报网，强化边境地区治安防控。

（四）加强边境公共卫生和动植物疫病防控体系建设

第一，建立跨境传染病联防联控机制，提高边境地区疾病预防控制能力。建立重点传染病跨境联防联控和信息交流制度，广西、云南与邻边各国保持就流行疾病、组织传染病跨境联防联控工作，共同遏制重点传染病在边境地区的传播和蔓延。共同落实防控措施，为预防和控制重大传染病的双边合作制定可持续的安全政策和措施，支持边境疾病监测、公共卫生紧急情况和重大传染病治疗方面的交流与合作，并加强边境地区的应急储备。大力实施外援项目，通过加大对越南、缅甸、老挝的卫生防控人员的培训，推动其能力素质提升，帮助外方实施计划免疫接种，从国家、省级层面加强与外方沟通会晤，深化联防联控机制和措施，提高边境地区疾病预防控制能力。

第二，建立传染病救治基地和疾病防控监测网，提升边境地区医疗救治水平。一是建立传染病救治基地。改建病房实现"平战结合"，传染病救治基地平时主要为市民提供发热、感冒、流感治理，将整个基地部分设置为普通病区，部分设置为较严重传染病区，当重大事件发生后再转为全部的集中救治。加强重症床位及应急物资储备，加强重症监护病区（ICU）建设，重点关注重症监护病区的病房、手术室以及必要的医疗设备是否充足，保证设备和相关物资供应充分。二是建立疾病防控监测网。健全疾病监测网络。结合当地实际，设立流感、乙肝、碘缺乏病、疟疾、土源性线虫与食源性线虫等寄生虫病、肿瘤、心脑血管疾病等监测点，健全疾病监测网络，规范开展监测，按时报送相关数据，完善相关疾病防控措施。开展艾滋病防治攻坚。针对不同年龄层次的民众加强和创新教育宣传，全面落实艾滋病免费咨询检测、免费筛查工作，对其传播方式进行源头控制。广西和云南境内二级以上医疗机构保证对感染者感染群体进行集中救治，避免再次传播。组织医院医生护士定期到沿边村寨进行走访和调查，定期检测，提升边境地区医疗救治水平。

七、稳步推进沿边村寨边民思想观念现代化，进一步铸牢中华民族共同体意识

（一）积极培育和践行社会主义核心价值观

第一，引导各族群众增强"五个认同"。一是在各类学校积极开展"五个认同"教育。教育工作者应当明确"五个认同"目标与培养计划，将它们充分融入政治理论、课内外等环节，同时开发 MOOC 和平台教学等，打造学生第二课堂，从学生开始引导树立正确的国家观、历史观、民族观、文化观、宗教观，增强"五个认同"。二是发挥榜样力量。在宣传过程中，歌颂"伟大出自平凡，英雄来自人民"的人民群众首创精神，积极宣传身边好人事迹，营造良好的社会氛围，增强村寨群众的认同感。邀请先进模范企业、杰出青年等走进社区、乡村进行交流，把新时代文明建设作为"五个认同"的重要载体，推动"五个认同"走向实处。

第二，大力弘扬民族精神和时代精神，推动中华优秀传统文化融入育人体系。积极大力宣传爱国主义和改革创新的民族与时代精神，将中华民族传统优秀文化与爱国教育、日常生产、文化创建等方面进行深度结合，将爱国主义和改革创新融入沿边村寨村民的日常生活中。推进沿边村寨国旗、国歌、国家纪念日、国家安全、民族意识等教育与宣传，定期组织爱国主题的活动，持续增强沿边村寨村民的爱国意识、民族意识、守土固边的责任感，促进各民族团结共铸中华民族共同体意识。

（二）深入开展民族团结进步创建工作

第一，深化民族团结进步宣传教育。族群融合与和谐是强化中华民族共同体意识、促进西南民族地区经济社会健康发展的需要。加强少数民族身为中华民族

共同意识中主人翁的意识，将民族团结进步教育以融入家庭教育、学校课程教育和社会文化活动教育等形式统筹推进民族文化建设，建立健全民族团结进步教育长效机制，切实引导各族人民了解、认同各民族优秀文化和中华优秀传统文化，进而传承与弘扬。充分运用媒体形式展开宣传，传统媒体与新媒体相结合，深挖民族团结进步教育资源，积极宣传民族团结进步精神，营造多民族共同发展的良好氛围（宁德鹏，2022）。

第二，促进各民族交往交流交融。在少数民族群体之间构建正式与非正式的沟通渠道，采取多种形式丰富文化生活，真正消解民族之间的隔阂。丰富少数民族节庆传统内涵，将民族文化活动外延化，充分联结边境地区各民族的生活，在社区环境下发挥群众组织的主动性，以社会实践、志愿服务、职业培训、旅游展示多种创新形式促进各民族各群体参与交流活动。引导各族群众融入互嵌式居住生活，实现各民族在空间和社会结构上交错的社会条件，搭建日常生活层面的文化交流平台，营造相互交流交融的社区环境。

第三，提升民族团结进步创建工作水平。进一步深化民族团结进步创建工作，以民族团结进步示范家庭、社区为单位，树立模范典型发挥引领作用，逐步扩大民族团结进步创建的社会参与，总结可复制经验，形成从点到面的创建格局。依托各级各类基地为载体，开展民族团结进步教育宣传，结合沿边村寨边民需求，开展丰富多彩的民族团结进步创建工作。充分发挥民族工作委员会的主导作用，以分级联创的形式不断完善创建工作，提质扩面，强化工作指导性设计，规范创建工作考评机制，自上至下扎实推动少数民族群体的民族团结进步创建工作。

（三）大力传承弘扬中华优秀传统文化

第一，开展中华优秀传统文化、革命文化和社会主义先进文化宣传教育，提升中华文化在边境村寨的影响力。在各类传统节庆活动中加强中华文化的宣传教育，提升中华文化的影响力。在边境学校、爱国主义教育基地等实施现代化的中国文化教育，在边境乡村推广中华传统文化和革命文化，通过宣传活动、文艺团演、文化交流活动、文化赛事等形式，将中华文化的精神传播到每一个角落。建立网络文化平台，鼓励边境乡村建设网络文化频道，丰富乡村文化新闻及革命历史，传播基层文化精神，提高中华传统文化的知名度。组织开展文字、图书和网络文化活动，在边境社区、乡村建立文学讲堂，增强中华文化在边境社区中的影响力。

第二，将优秀中华文化融入边民生活场景，激发认同感和凝聚力。鼓励边境地区通过文化活动（如中华传统节日庆典、文艺晚会、晚会表演、舞蹈展演等），宣传普及中华优秀传统文化、革命文化和社会主义先进文化的精神，弘扬中华文化精神。在边境地区组织文化旅游产品，歌舞、戏剧、国画、书法等文化活动，深入到边境乡村，以文化活动向边境村民展现中华优秀文化精神。加强对当地社会文化建设和发展的指导，建立新型的社会文化结构，激发边民的中华文化认同感和凝聚力。大力支持边境地区建设小型文化角，为边民提供具有中华文化气息的文化活动场所，推动更多当地文化元素的凝聚。支持当地学校、社区建设展览馆、纪念廊，加深对中华文化的认识。引导当地政府投资文化产业，重点发展如服装、首饰、文字、图书、画等中华文化产品，将优秀中华文化植根到边境地区。

第三，加大对边民的国家通用语言文字普及教育力度，让他们更充分地、深入地掌握国家通用语言文字。开展普及教育活动，尤其是要开展以实际语言为主的实践性教学，在实践过程中注重启发式教学，让边民对国家通用语言文字有更深刻的了解。加大社会力量，推动制定专门的政策法律，确保边民使用国家通用语言文字的权利。鼓励当地政府部门、企业、学校等使用国家通用语言文字作为公共交流的工具。建立国家通用语言文字文化保护体系，推动当地边民用国家通用语言文字广泛传播，切实增强该群体对国家通用语言文字的文化认同感。

（四）不断丰富沿边村寨边民精神文化生活

第一，依托乡镇文化站推进沿边村寨文化建设，加强基层文艺人才培养。基层文化人才队伍是推动乡村文化繁荣发展的重要基础力量。一是加大投入力度，规范投入机制。政府和相关社会机构要加大投入，对基层文化文艺人员进行资金上的补贴，对沿边交通不便、发展落后村寨进行资金上的倾斜与扶持，为村民精神文化生活提供支撑。二是探索农村文化人才教育培训新机制，不断提高人才能力素质。重视农村本土文化人才的培养，加强对文化工作的引导，针对文化文艺工作者、爱好者和文艺团体进行规范性培训。鼓励文化文艺工作者积极宣传文艺活动，定期在村寨开展文艺活动，壮大沿边村寨文化队伍。

第二，加强培育乡土文化能人、民族民间文化传承人，彰显边民文化魅力。充分利用乡村新乡贤、能人精英等乡土人才和文艺团体，扭转乡村文化建设主体的"空心化"，引导社会各类人才积极投身乡村文化振兴过程，吸引青年乡土文化能人回乡创业。组织开展面向青年乡土文化能人的培训和交流。由政府牵头，邀请高水平的文化名人和民间艺人为本地的青年文化能人和文化积极分子授艺支招，定期组织举办会演、调演、比赛之类的活动，为各类青年乡土文化能人沟通交流提供平台。

第三，充分利用民间文化资源，开发具有民族特色的民间工艺项目、民间艺术和民俗表演项目，增强边民幸福感和获得感。桂滇边境地区少数民族众多，应充分利用少数民族民间文化资源，开发具有民族特色的民间工艺项目、民间艺术和民俗表演项目。针对特色产业进行政策引领，坚持请进来、走出去，成立发展少数民族特色产业领导小组，推进优秀少数民族民间工艺项目、民间艺术和民俗表演项目引进来一批、走出去一批。加强对外宣传，拓展工艺项目、民间艺术和民俗表演项目发展空间。

第八章

结论与展望

本书以桂滇边境地区沿边村寨建设对守土固边的影响为研究对象，通过梳理与总结国内外相关文献资料，构建桂滇边境地区沿边村寨建设对守土固边的影响机制与实施路径的理论框架，得出桂滇边境地区沿边村寨建设与边民守土固边之间的内在作用机制。进一步建立了多元实证分析框架，首先，对桂滇边境地区人口分布格局演化及影响因素进行考察，其次，探讨桂滇边境地区沿边村寨空间格局重构，而后检验桂滇边境地区沿边村寨边民就地城镇化意愿及影响因素，再次，对比分析桂滇边境地区沿边村寨建设水平感知对边民参与守土固边意愿影响的代际差异，最后，基于实证分析结果提出桂滇边境地区沿边村寨建设促进守土固边的实施路径的政策建议。本书的创新之处与主要结论如下：

第一，通过建立桂滇边境地区沿边村寨建设与守土固边关系的理论模型，揭示了桂滇边境地区沿边村寨建设对守土固边的影响机制，是对边境安全及乡村建设理论研究的有益补充。本书基于对桂滇边境地区沿边村寨建设的内涵的界定，明确了桂滇边境地区沿边村寨建设的维度及基本特征。通过分析桂滇边境地区沿边村寨建设的效应，总结其现实困境，厘清桂滇边境地区沿边村寨建设促进守土固边的动力机制。再结合对桂滇边境地区沿边村寨建设对守土固边影响机制的理论依据的分析，按照"桂滇边境地区沿边村寨建设效应有效发挥→沿边村寨的基础设施建设水平、经济发展水平、社会保障水平、对外开放层次和水平、基层治理体系和治理能力现代化水平、边境安全防控水平均逐步提升，且边民中华民族共同体意识不断铸牢→沿边村寨边民家庭可持续生计优化实现守土固边"的作用过程，构建了桂滇边境地区沿边村寨建设对守土固边的影响机制的分析框架。

第二，通过构建桂滇边境地区沿边村寨建设对守土固边的影响机制的实证分析框架，综合运用空间自相关、修正的城镇引力模型、二元 Logistic 模型、结构方程模型等实证分析方法，考察桂滇边境地区人口分布格局演化及影响因素、城镇经济联系强度的空间格局及其演化规律，以及县域乡村空间发展水平及其格局。并从生计风险感知与生计恢复力双重视角，检验沿边村寨边民就地城镇化意愿及其主要影响因素。再从沿边村寨建设水平感知角度，验证边民参与守土固边意愿及代际差异。研究较全面地实证考察了桂滇边境地区沿边村寨建设对守土固边的影响效应及其主要影响因素，相对于以往仅从单一层面分析桂滇边境地区乡村建设问题或是仅从单一视角分析桂滇边境地区边民城镇化和守土固边问题的研究成果而言具有一定的创新性。①桂滇边境地区人口分布格局演化及影响因素的实证分析结果表明，桂滇边境地区人口分布集聚态势不断增强，且存在显著的正空间自相关，但不均衡化状态持续加剧，人口分布差异扩大。工业发展水平、金融发展水平、消费市场发展水平、医疗水平对桂滇边境地区人口分布格局均具有显著的正向直接效应，居民收入水平对人口分布具有显著正向直接效应和空间溢出效应。除医疗水平以外的其他因素均对人口分布具有正向总效应。②桂滇边境地区城镇经济联系强度的空间格局及其演化规律的实证分析结果表明，代表性年份内桂滇边境地区城镇中心性总得分整体变动不大，但部分地区出现较大幅度变化。各城镇经济联系呈现不断增强的变化趋势，各城镇间的空间经济联系强度表现为"西南和东南边界较强、中部和北部区域较弱"的特点。③桂滇边境地区县域乡村空间发展水平及其格局的实证分析结果表明，桂滇边境地区乡村空间综合发展指数稳步提升，但高值区数量总体偏少。乡村空间土地发展指数、经济发展指数整体都得到显著提升，但乡村空间人口发展指数、人居环境发展指数的增长速度均较慢。桂滇边境地区乡村空间综合发展指数存在显著的正空间自相关，空间集聚特征明显，局部空间自相关显著的区域为低—低类型。④基于生计风险感知的沿边村寨边民就地城镇化意愿的实证分析结果表明，样本区域内愿意参与就地城镇化的边民占比为68.26%，且老一代边民具有更强烈的参与意愿。年龄、受教育程度和婚姻状况对边民就地城镇化意愿均具有显著的正向影响。老一代边民受到农产品市场风险、劳动力市场风险、资金投入风险的影响都更显著，新生代边民则更容易受到病虫害风险、社会保障风险和土地使用风险的影响。⑤基于生计恢复力的沿边村寨边民就地城镇化意愿的实证分析结果表明，样本区域内愿意参与就地城镇化的边民占比达到74.74%，且老一代边民的参与意愿更强。年龄、受教育程度和婚姻状况均显著正向作用于边民就地城镇化意愿。老一代边民受到政策扶持度和社保参与度的影响更大，新生代边民则更关注健康状况、家庭年储蓄、实际耕种面积、社会关系网络以及技能培训机会。⑥桂滇边境地区沿边村寨建设水平感知对边民参与守土固边意愿影响的实证分析结果表明，桂滇边境地区沿边村寨边民的个人基本特征对其参与守土固边意愿影响显著。桂滇边境地区沿边村寨建设水平感知对边民参与守土固边意愿影响显著，且存在代际差异。

两代边民均关注就业社保服务、医疗卫生服务、养老服务、未来生活预期、国家边境政策和社会融入度的感知度。老一代边民更容易受到水电基础设施、生态环境、养老服务、医疗卫生服务、社会服务、权力结构、信任关系、村庄公共资源分配、社会融入度、财产安全性和行政执法水平等因素的影响。新生代边民则受到交通与物流设施、信息通信设施、环卫设施、生活能源、生活垃圾治理、就业社保服务、文化体育服务、主体能力、沟通渠道、村庄秩序、国家边境政策、自我价值实现、政治参与度、家庭社会地位、出行便利性、未来生活预期、社会治安状况等因素的影响都更明显。

第三，通过构建桂滇边境地区沿边村寨建设对守土固边的影响机制的制度顶层设计，从七个方面创新性地提出桂滇边境地区沿边村寨建设促进守土固边的实施路径。①在加快推进基础设施现代化方面，科学编制"多规合一"实用性村庄规划，推进"四好农村路"高质量发展，完善水电基础设施建设，实施数字乡村建设，推进"美丽宜居家园"建设；②在有序推进经济发展现代化方面，加快发展现代特色农业，加强培育农林产品加工业，积极探索农村电商新模式和新业态，加快推进特色旅游业转型升级，大力发展边境贸易；③在全力推动社会事业现代化方面，推进居民就地就近就业创业，促进教育优质均衡发展，推进健康乡村建设，加强社会保障力度；④在加大沿边开放力度方面，加快沿边重点开发开放试验区建设，加强自由贸易试验区建设，完善边（跨）境经济合作区建设，强化边民互市区建设，推进沿边金融综合改革试验区建设；⑤在大力推进治理体系和治理能力现代化方面，加强基层组织建设，建立自治、法治、德治有机结合的村级治理评价体系，完善村级权力监督机制，推进村级治理方式和手段现代化建设；⑥在深入实施边境防控现代化方面，深入推进立体化边境防控体系建设，加强军警民联防联勤联动人防体系建设，打牢边民维护边境安全稳定的重要基础，加强边境公共卫生和动植物疫病防控体系建设；⑦在稳步推进沿边村寨边民思想观念现代化方面，积极培育和践行社会主义核心价值观，深入开展民族团结进步创建工作，大力传承弘扬中华优秀传统文化，不断丰富沿边村寨边民精神文化生活。

本书为学术界从沿边村寨建设角度探究桂滇边境地区边民守土固边的实现路径提供了一个新的综合分析框架，研究成果有助于学术界深入认识桂滇边境地区沿边村寨建设对边民守土固边的影响机制及其影响效应，是对现有边境安全、乡村建设的理论研究与实证研究成果的丰富和完善。但本书仍然存在一定的局限性，主要体现在两个方面：一是受客观数据的限制，对桂滇边境地区沿边村寨空间格局重构的实证研究，仅探讨了桂滇边境地区城镇经济联系强度的空间格局的演化规律和县域乡村空间发展水平及其格局。后续研究可以进一步收集桂滇边境地区镇域和村域的相关数据，以便于更全面地开展市—县—镇—村空间发展水平及其格局的分析；二是由于桂滇边境地区共有抵边自然村 2496 个，涉及范围广，全面获取该区域的相关调研数据的难度很大，限制了研究开展的两次调研的样本量。因此，在实证分析生计风险感知、生计恢复力对桂滇边境地区沿边村寨边民就地城镇化意愿的影响，以及实证检验桂滇边境地区沿边村寨建设水平感知对边民参与守土固边意愿的影响中，最终使用的有效样本量均偏少。后续研究可以进一步扩大调研范围，以便于更精准地掌握桂滇边境地区沿边村寨边民就地城镇化意愿和参与守土固边意愿的关键影响因素。

参 考 文 献

[1] 安平平，张择. 云南省边疆少数民族地区经济发展不平衡的原因及对策 [J]. 时代金融，2014（8）：305 - 306.

[2] 安显楼. 美丽乡村视域下传统村落景观改造策略研究 [J]. 西南大学学报（自然科学版），2021（5）：9 - 17.

[3] 白利友. 陆地边境安全治理的多维向度 [J]. 社会科学战线，2020（12）：195 - 204.

[4] 白先春，柯婧，李一忱. 农村居民个体特征对其就地城镇化意愿的影响——基于安徽省的调查 [J]. 江苏农业科学，2016（12）：631 - 635.

[5] 保继刚，陈求隆. 资源依赖、权力与利益博弈：村寨型景区开发企业与社区关系研究——以西双版纳勐景来景区为例 [J]. 地理科学，2022（1）：43 - 53.

[6] 保继刚，孙九霞. 旅游规划的社区参与研究——以阳朔遇龙河风景旅游区为例 [J]. 规划师，2003（7）：32 - 38.

[7] 毕秀晶. 长三角城市群空间演化研究 [D]. 上海：华东师范大学，2013.

[8] 蔡继明. 乡村振兴战略应与新型城镇化同步推进 [J]. 人民论坛·学术前沿，2018（10）：76 - 79.

[9] 曹宗平. 西部地区既有城镇化模式的弊端与现实选择偏好 [J]. 当代经济研究，2011（2）：60 - 64.

[10] 车冰清，沈正平，陆玉麒，等. 江苏省流动人口分布的格局演变及其驱动因素——基于城乡建设用地的探讨 [J]. 人文地理，2017（6）：80 - 86.

[11] 车蕾，杜海峰. 就地就近城镇化进程中"农转非"居民的收入获得——基于陕西汉中的经验研究 [J]. 当代经济科学，2018（5）：36 - 46.

[12] 陈斌开，林毅夫. 发展战略、城市化与中国城乡收入差距 [J]. 中国社会科学，2013（4）：81 - 102.

[13] 陈佳，杨新军，尹莎. 农户贫困恢复力测度、影响效应及对策研究——

基于农户家庭结构的视角 [J]. 中国人口·资源与环境, 2016 (1): 150 – 157.

[14] 陈剑, 李忠斌, 罗永常. 特色村寨民族文化产业业态创新与高质量发展 [J]. 广西民族研究, 2020 (4): 167 – 172.

[15] 陈君武, 王亚龙. 我国边疆旅游安全问题及管控措施研究 [J]. 净月学刊, 2015 (5): 66 – 71.

[16] 陈丽, 黎鹏. 技术进步、农村消费需求变动与产业结构升级——来自东南沿海诸省 (区) 的实证 [J]. 广西经济, 2021 (Z2): 99 – 104.

[17] 陈丽莎. 论新型城镇化战略对实现乡村振兴战略的带动作用 [J]. 云南社会科学, 2018 (6): 97 – 102.

[18] 陈卫民, 施美程. 发达国家人口老龄化过程中的产业结构转变 [J]. 南开学报 (哲学社会科学版), 2013 (6): 32 – 41.

[19] 陈炜, 高翔, 龚迎均. 旅游场域下民族村寨传统体育文化生态的变迁: 表征、机理与保护模式——以程阳八寨为例 [J]. 青海民族研究, 2022 (2): 84 – 90.

[20] 陈新建. 感知风险、风险规避与农户风险偏好异质性——基于对广东适度规模果农风险偏好的测度检验 [J]. 广西大学学报 (哲学社会科学版), 2017 (3): 85 – 91.

[21] 陈雪婷, 陈才, 徐淑梅. 国际区域旅游合作模式研究——以中国东北与俄、蒙毗邻地区为例 [J]. 世界地理研究, 2012 (3): 152 – 159.

[22] 陈轶, 刘涛, 李子豪, 等. 大城市边缘区居村农民就地城镇化意愿影响因素——以南京江北新区为例 [J]. 地域研究与开发, 2018 (6): 70 – 75.

[23] 陈振华, 郁秀峰. 就近就地城镇化: 西南少数民族地区城镇化模式研究——以云南省红河州为例 [C]. 持续发展理性规划——2017 中国城市规划年会论文集 (16 区域规划与城市经济), 2017: 1526 – 1542.

[24] 陈宗胜, 朱琳. 论完善传统基础设施与乡村振兴的关系 [J]. 兰州大学学报 (社会科学版), 2021 (5): 28 – 39.

[25] 程东亚, 李旭东. 中国西南山地流域人口空间分布影响因素探究——以贵州乌江流域为例 [J]. 西北大学学报 (自然科学版), 2019 (5): 791 – 800.

[26] 崔凤, 蔡启鸿, 钟法送, 等. BIM 技术在清远市农村住宅中的建模应用 [J]. 山西建筑, 2022 (22): 43 – 46.

[27] 崔海亮. "一带一路" 背景下中国跨境民族的中华民族认同 [J]. 云南民族大学学报 (哲学社会科学版), 2016 (1): 35 – 41.

[28] 崔凯, 冯献. 数字乡村建设视角下乡村数字经济指标体系设计研究

[J].农业现代化研究,2020(6):899-909.

[29]崔曙平,赵青宇.苏南就地城镇化模式的启示与思考[J].城市发展研究,2013(10):47-51.

[30]崔哲浩,吴雨晴,张俊杰.边境安全视角下边疆民族地区乡村"空心化"问题研究[J].民族学刊,2023(1):87-94,149.

[31]丹珠昂奔."一带一路"国家战略与民族文化"走出去"[J].西南民族大学学报(人文社科版),2017(5):58-61.

[32]邓宏乾,刘梦晓,邵胜.人口流动的影响机制研究——基于气候变化及区域差异[J].华中师范大学学报(人文社会科学版),2020(5):59-72.

[33]邓玉函,王岚.中越边境智慧口岸建设与边民贸易畅通研究——以东兴为例[J].广西大学学报(哲学社会科学版),2020(3):82-89.

[34]丁翠翠,杨凤娟,郭庆然,等.新型工业化、新型城镇化与乡村振兴水平耦合协调发展研究[J].统计与决策,2020(2):71-75.

[35]丁静.新时代乡村振兴与新型城镇化的战略融合及协调推进[J].社会主义研究,2019(5):74-81.

[36]董大敏.城市化战略中的城镇规模问题研究[J].云南社会科学,2005(4):79-83.

[37]董志勇,李大铭,李成明.数字乡村建设赋能乡村振兴:关键问题与优化路径[J].行政管理改革,2022(6):39-46.

[38]杜琼.云南沿边经济带建设形势分析与建议[J].社会主义论坛,2017(10):34-35.

[39]杜巍,车蕾,郭玉.就地就近城镇化背景下农民工生计恢复力测量及现状[J].甘肃行政学院学报,2019(4):95-104,127-128.

[40]杜巍,牛静坤,车蕾.农业转移人口市民化意愿:生计恢复力与土地政策的双重影响[J].公共管理学报,2018(3):66-77,157.

[41]杜岩,李世泰,秦伟山,等.基于乡村振兴战略的乡村人居环境质量评价与优化研究[J].中国农业资源与区划,2021(1):248-255.

[42]段超.保护和发展少数民族特色村寨的思考[J].中南民族大学学报(人文社会科学版),2011(5):20-24.

[43]段成荣,盛丹阳,刘涛.人口流动对边境地区人口安全的影响及机制分析[J].人文地理,2022(4):149-157.

[44]段顾,刘冲,钱留杰.父母外出务工对农村留守儿童基础教育的影响[J].世界经济文汇,2020(3):107-120.

[45] 段韶华. 美丽乡村建设背景下乡村景观的规划与发展 [J]. 环境工程, 2022 (3)：324 - 325.

[46] 段忠贤, 吴鹏. "民生三感" 测评指标体系构建及检验 [J]. 统计与决策, 2021 (24)：171 - 175.

[47] 樊亚明, 刘慧. "景村融合" 理念下的美丽乡村规划设计路径 [J]. 规划师, 2016 (4)：97 - 100.

[48] 方创琳. 改革开放 40 年来中国城镇化与城市群取得的重要进展与展望 [J]. 经济地理, 2018 (9)：1 - 9.

[49] 方创琳. 中国新型城镇化高质量发展的规律性与重点方向 [J]. 地理研究, 2019 (1)：13 - 22.

[50] 方曼. 风险感知跨学科研究的理论进展与范式变迁——基于心理学视域的解读 [J]. 国外理论动态, 2017 (6)：117 - 127.

[51] 方盛举, 张增勇. 总体国家安全观视角下的边境安全及其治理 [J]. 云南社会科学, 2021 (2)：100 - 108, 188.

[52] 方世巧, 熊静, 刘佳林. 边境地区旅游脱贫户可持续生计资本评价及路径选择——基于广西那坡县 352 户旅游脱贫户的实证研究 [J]. 资源开发与市场, 2022 (9)：1145 - 1180.

[53] 方天建. 乡村振兴视野下的中越边境地区 "空心化" 问题研究——基于滇桂交界地区的实证考察 [J]. 民族学刊, 2018 (6)：34 - 43.

[54] 费孝通. 小城镇　大问题 (之二) ——从小城镇的兴衰看商品经济的作用 [J]. 瞭望周刊, 1984 (3)：22 - 23.

[55] 冯珊珊. 旅游产业与新型城镇化耦合协调发展评价研究——以中原城市群 11 市为例 [J]. 贵州商学院学报, 2018 (1)：33 - 40.

[56] 冯雅婷. 西南边境地区 "空心村" 治安状况及治理对策研究 [J]. 湖南警察学院学报, 2018 (3)：22 - 27.

[57] 冯彦, 何大明, 李运刚. 基于国际法的跨境水分配关键指标及其特征 [J]. 地理学报, 2013, 68 (3)：357 - 364.

[58] 傅才武, 严星柔. 论建设 21 世纪中华民族文化共同体 [J]. 华中师范大学学报 (人文社会科学版), 2016 (5)：63 - 74.

[59] 傅瑶. 乡村振兴战略下乡村文化空间建设路径研究 [J]. 农业经济, 2021 (4)：59 - 61.

[60] 傅玉, 毛秀玲, 李高, 等. 边境旅游与兴边富民耦合协调研究——以广西三个边境市为例 [J]. 黑龙江生态工程职业学院学报, 2022 (5)：51 - 57.

［61］高鸣.中国农村人口老龄化：关键影响、应对策略和政策构建［J］.南京农业大学学报（社会科学版），2022（4）：8-21.

［62］高其才，张华.乡村法治建设的两元进路及其融合［J］.清华法学，2022（6）：42-63.

［63］高强，程长明，曾恒源.以县城为载体推进新型城镇化建设：逻辑理路与发展进路［J］.新疆师范大学学报（哲学社会科学版），2022（6）：1-11.

［64］高向东，王新贤.中国少数民族人口分布与变动研究——基于1953—2010年人口普查分县数据的分析［J］.民族研究，2018（1）：58-69.

［65］高延雷，王志刚.城镇化是否带来了耕地压力的增加？——来自中国的经验证据［J］.中国农村经济，2020（9）：65-85.

［66］高延雷，王志刚，郭晨旭.城镇化与农民增收效应——基于异质性城镇化的理论分析与实证检验［J］.农村经济，2019（10）：38-46.

［67］戈大专，龙花楼.论乡村空间治理与城乡融合发展［J］.地理学报，2020（6）：1272-1286.

［68］戈大专，陆玉麒.面向国土空间规划的乡村空间治理机制与路径［J］.地理学报，2021（6）：1422-1437.

［69］耿振善.乡村振兴背景下农村发展的突出问题与对策［J］.农村经济与科技，2020（13）：256-258.

［70］宫攀，张槊，王文哲.人口视角下中国城市收缩的演变特征与时空格局——基于第七次全国人口普查公报数据的分析［J］.人口与经济，2022（3）：1-15.

［71］辜胜阻，李永周.我国农村城镇化的战略方向［J］.中国农村经济，2000（6）：14-18.

［72］辜胜阻，刘江日.城镇化要从"要素驱动"走向"创新驱动"［J］.人口研究，2012（6）：3-12.

［73］辜胜阻，易善策，李华.中国特色城镇化道路研究［J］.中国人口·资源与环境，2009（1）：47-52.

［74］谷国锋，贾占华.东北地区人口分布演变特征及形成机制研究［J］.人口与发展，2015（6）：38-46，94.

［75］谷国锋，吴英哲.吉林省人口年龄结构变化对区域经济影响研究［J］.经济地理，2019（1）：47-55.

［76］顾朝林，吴莉娅.中国城市化研究主要成果综述［J］.城市问题，2008（12）：2-12.

[77] 官冬杰，谭静，张梦婕，等．重庆市人口与经济发展空间耦合分布研究 [J]．人文地理，2017（2）：122 – 128．

[78] 管睿，余劲．生计恢复力、抱负水平与农户风险投资行为 [J]．华中农业大学学报（社会科学版），2021（4）：69 – 78．

[79] 郭贯成，韩冰．城市近郊农户非农就业和宅基地流转意愿作用研究——基于南京市栖霞区的问卷调查 [J]．山西农业大学学报（社会科学版），2018（4）：1 – 8．

[80] 郭蕾蕾，尹珂．田园综合体建设对农户生计恢复力的影响——以重庆市忠县为例 [J]．中国农业资源与区划，2020，41（9）：136 – 145．

[81] 郭熙保．中国共产党工业化道路理论的学理性探析 [J]．中国工业经济，2022（1）：19 – 33．

[82] 郭翔宇，李佳丽，杜旭．新型城镇化与乡村振兴协同发展——基于黑龙江省的微观考察 [J]．商业研究，2022（2）：49 – 55．

[83] 郭晓东，马利邦，张启媛．陇中黄土丘陵区乡村聚落空间分布特征及其基本类型分析——以甘肃省秦安县为例 [J]．地理科学，2013（1）：45 – 51．

[84] 郭雅琪，高更和，王玉婵，等．回流农民工预期购房区位选择及影响因素——以河南省45村为例 [J]．地理科学，2022（9）：1600 – 1608．

[85] 郭寅曼，季铁．社会转型与乡村文化建设中的设计参与 [J]．装饰，2018（4）：39 – 43．

[86] 郭远智，周扬，刘彦随．中国农村人口外流的时空演化及其驱动机制 [J]．地理科学，2020（1）：50 – 59．

[87] 韩博，王丽华．乡村振兴战略下沿边地区基本公共服务绩效评价与提升路径 [J]．云南师范大学学报（哲学社会科学版），2022（3）：96 – 104．

[88] 韩长赋．坚持农业农村优先发展大力实施乡村振兴战略 [J]．求是，2019（7）：29 – 35．

[89] 韩俊．乡村振兴与城镇化不是非此即彼的关系 [J]．环境经济，2018（5）：32 – 33．

[90] 韩瑞波．技术治理驱动的数字乡村建设及其有效性分析 [J]．内蒙古社会科学，2021（3）：16 – 23．

[91] 韩淞宇．边境地区人口过疏化问题研究——以延边朝鲜族自治州为例 [J]．人口学刊，2019（4）：104 – 112．

[92] 郝爱民，谭家银．数字乡村建设对我国粮食体系韧性的影响 [J]．华南农业大学学报（社会科学版），2022（3）：10 – 24．

[93] 何成军，李晓琴，程远泽．乡村旅游与美丽乡村建设协调度评价及障碍因子诊断 [J]．统计与决策，2019（12）：54－57．

[94] 何成军，李晓琴，银元．休闲农业与美丽乡村耦合度评价指标体系构建及应用 [J]．地域研究与开发，2016（5）：158－162．

[95] 何大明，吴绍洪，彭华．纵向岭谷区生态系统变化及西南跨境生态安全研究 [J]．地球科学进展，2005，20（3）：338－344．

[96] 何慧丽．当代中国乡村复兴之路 [J]．人民论坛，2012（31）：52－53．

[97] 何江，闫淑敏，关娇．中国新型城镇化：十年研究全景图谱——演进脉络、热点前沿与未来趋势 [J]．经济地理，2020（9）：70－81．

[98] 何平，倪苹．中国城镇化质量研究 [J]．统计研究，2013（6）：11－18．

[99] 何仁伟．城乡融合与乡村振兴：理论探讨、机理阐释与实现路径 [J]．地理研究，2018（11）：2127－2140．

[100] 何山河，李赵北．五位一体：怒江傈僳族自治州沿边村寨建设与守土固边研究 [J]．黑龙江民族丛刊，2023（1）：51－58．

[101] 何雪松，覃可可．社会工作参与乡村振兴的目标与定位：以城乡社会学为视角 [J]．西北民族研究，2021（3）：163－172．

[102] 何燕丽，陈红，牛建农．义乌农民就地城镇化的实践及启示 [J]．规划师，2015（S2）：225－229．

[103] 何植民，蓝玉娇．脱贫"脆弱户"的可持续生计：一个新的理论分析框架 [J]．农村经济，2022（9）：52－58．

[104] 何忠盛．"双循环"新发展格局下我国现代农业发展的机遇与对策 [J]．农业经济，2022（8）：15－17．

[105] 贺丹．新时代乡村人口流动规律与社会治理的路径选择 [J]．国家行政学院学报，2018（3）：26－31．

[106] 贺能坤．民族村寨开发的基本要素研究 [J]．贵州民族研究，2010（1）：127－132．

[107] 洪菊花．区域合作与地缘安全协同演进研究 [D]．云南师范大学，2017．

[108] 胡超，张甜甜．广西兴边富民行动实践及转向 [J]．民族研究，2020（6）：41－54，140．

[109] 胡桂胜，陈宁生，Khanal N，等．科西河跨境流域水旱灾害与防治

[J]. 地球科学进展, 2012, 27 (8): 908 - 915.

[110] 胡恒钊. 中国农村就地城镇化的三维向度: 战略意义、意愿分析与路径选择 [J]. 云南民族大学学报 (哲学社会科学版), 2019 (6): 56 - 60.

[111] 胡洪斌, 江宇. 区域民族特色文化产业带的发展进程与演进逻辑——从"藏羌彝文化产业走廊"到"西南特色民族文化产业带" [J]. 理论月刊, 2022 (6): 92 - 97.

[112] 胡焕庸. 中国人口之分布——附统计表与密度图 [J]. 地理学报, 1935 (2): 33 - 74.

[113] 胡江霞, 于永娟. 人力资本、生计风险管理与贫困农民的可持续生计 [J]. 公共管理与政策评论, 2021 (2): 80 - 90.

[114] 胡美术. 中越边境的"空心村"治理实践研究: 以东兴河洲村为例 [J]. 黑龙江民族丛刊, 2016 (6): 45 - 51.

[115] 胡晓亮, 李红波, 张小林, 等. 乡村概念再认知 [J]. 地理学报, 2020 (2): 398 - 409.

[116] 胡志平. 公共服务: 巩固脱贫攻坚成果同乡村振兴有效衔接新探索 [J]. 学习与探索, 2022 (3): 49 - 57.

[117] 胡最, 郑文武, 刘沛林, 等. 湖南省传统聚落景观基因组图谱的空间形态与结构特征 [J]. 地理学报, 2018 (2): 317 - 332.

[118] 黄爱莲. 边境县域旅游兴边富民竞争力评价——以广西边境 8 县 (市、区) 为对象 [J]. 社会科学家, 2022 (7): 22 - 31.

[119] 黄德龙. 西藏珞巴族特色村寨保护与发展研究——以南伊珞巴民族乡琼林村为例 [J]. 现代交际, 2020 (1): 106 - 107.

[120] 黄皓中, 苏鹏浩, 王冉, 等. 基于密集匹配点云的 DEM 生产可行性研究 [J]. 测绘通报, 2022 (9): 170 - 174.

[121] 黄璜, 杨贵庆, 菲利普·米塞尔维茨, 等. "后乡村城镇化"与乡村振兴——当代德国乡村规划探索及对中国的启示 [J]. 城市规划, 2017 (11): 111 - 119.

[122] 黄健英. 边境少数民族县域经济发展模式研究 [J]. 黑龙江民族丛刊, 2010 (4): 42 - 47.

[123] 黄乾, 李竞博. 人口综合因素对产业结构升级的影响研究 [J]. 经济问题探索, 2018 (1): 130 - 137.

[124] 黄文秀, 杨卫忠, 钱方明. 农户"就地城镇化"选择的影响因素研究——以嘉兴市海盐县为例 [J]. 浙江社会科学, 2015 (1): 86 - 92.

［125］黄旭东，冉光仙．城乡"关系"的建构、形塑与共美——马克思恩格斯城乡关系论述对当代中国乡村振兴的启示［J］．贵州社会科学，2020（12）：11 – 17.

［126］黄嫣，蔡振华．党建引领乡村文化建设的现实依据、作用机理及实现路径［J］．湘潭大学学报（哲学社会科学版），2022（3）：105 – 110.

［127］黄艳．生态博物馆理念嵌入民族村寨文化遗产保护研究［J］．广西民族研究，2018（6）：102 – 107.

［128］黄振华．城镇化进程中的农民需求——基于7687位农民的实证分析［J］．社会科学，2014（6）：65 – 73.

［129］黄宗智．重新思考"第三领域"：中国古今国家与社会的二元合一［J］．开放时代，2019（3）：12 – 36.

［130］黄祖辉，马彦丽．再论以城市化带动乡村振兴［J］．农业经济问题，2020（9）：9 – 15.

［131］黄祖辉．准确把握中国乡村振兴战略［J］．中国农村经济，2018（4）：2 – 12.

［132］姬广礼，戴永红．边境安全共同体：中国—尼泊尔边境安全的协同治理［J］．西藏大学学报（社会科学版），2022（1）：223 – 231.

［133］季凯文，周吉．以田园综合体促进江西美丽乡村建设再升级的实践与思考［J］．中国农机化学报，2018（9）：108 – 111.

［134］贾翠花．乡村法治建设的路径依赖与范式转换［J］．劳动保障世界，2018（8）：51.

［135］江维国，吴玙曦．被征地农民"民生三感"的测度及提升［J］．统计与信息论坛，2021（2）：69 – 77.

［136］姜爱．湖北少数民族特色村寨保护与发展经验解析［J］．湖北社会科学，2012（9）：196 – 198.

［137］姜长云．科学理解推进乡村振兴的重大战略导向［J］．管理世界，2018（4）：17 – 24.

［138］姜长云，李子文，巩慧臻．推动现代服务业同先进制造业、现代农业深度融合的调查与思考——以HN省ZZ市为例［J］．江淮论坛，2022（1）：33 – 41.

［139］姜广多．乡村振兴战略中乡村文化建设对策［J］．农业经济，2022（7）：52 – 53.

［140］蒋团标，朱本慧，刘一笑．珠江—西江经济带人口分布时空演化规律

及影响因素分析 [J]. 南方人口, 2020 (4): 57 - 67.

[141] 蒋晓唐. 跨境生物多样性保护与生态安全维护的模式研究: 纵向岭谷区案例 [D]. 昆明: 云南大学, 2007.

[142] 蒋永穆. 基于社会主要矛盾变化的乡村振兴战略: 内涵及路径 [J]. 社会科学辑刊, 2018 (2): 15 - 21.

[143] 焦爱丽, 黄彩虹, 朱圣卉. "一带一路" 背景下跨境旅游合作区高质量发展研究 [J]. 经济纵横, 2022 (12): 81 - 87.

[144] 焦世泰, 王鹏, 戴其文, 等. 滇黔桂省际边界区域城镇经济联系的网络结构特征与演化分析 [J]. 人文地理, 2018 (6): 77 - 86.

[145] 焦世泰. 左右江区域红色旅游开发模式研究 [J]. 改革与战略, 2017 (12): 149 - 152, 191.

[146] 焦晓云. 新型城镇化进程中农村就地城镇化的困境、重点与对策探析——"城市病" 治理的另一种思路 [J]. 城市发展研究, 2015 (1): 108 - 115.

[147] 金红磊, 和慧英. 社会组织参与少数民族特色村寨保护: 实践价值与应对策略 [J]. 黑龙江民族丛刊, 2020 (4): 33 - 40.

[148] 金伟, 陶砥. 新时代民生建设的旨归: 增强群众获得感、幸福感与安全感 [J]. 湖北社会科学, 2018 (5): 153 - 157.

[149] 巨英英, 程励. 革命老区美丽乡村建设满意度的影响机制研究——基于山西省左权县的实证分析 [J]. 西北师范大学学报 (自然科学版), 2021 (5): 96 - 103.

[150] 李柏文. 社会学视角下的区域性旅游安全问题 [J]. 华东经济管理, 2007 (12): 28 - 32.

[151] 李本庆, 周清香, 岳宏志. 数字乡村建设对产业兴旺影响的实证检验 [J]. 统计与决策, 2022 (17): 5 - 10.

[152] 李伯华, 曾菊新, 胡娟. 乡村人居环境研究进展与展望 [J]. 地理与地理信息科学, 2008 (5): 70 - 74.

[153] 李灿松, 胡志丁, 葛岳静, 等. 当前国外政治地理学边境安全研究进展 [J]. 热带地理, 2014 (4): 454 - 462.

[154] 李昌平. 中国乡村复兴的背景、意义与方法——来自行动者的思考和实践 [J]. 探索与争鸣, 2017 (12): 63 - 70.

[155] 李聪, 高梦, 李树苗, 等. 农户生计恢复力对多维贫困的影响——来自陕西易地扶贫搬迁地区的证据 [J]. 中国人口·资源与环境, 2021 (7): 150 - 160.

［156］李国辉，王心．美丽乡村建设视域下森林康养产业发展对策研究
［J］．农业经济，2022（1）：68－69.

［157］李国平．我国工业化与城镇化的协调关系分析与评估［J］．地域研
究与开发，2008（5）：6－11.

［158］李红波，胡晓亮，张小林，等．乡村空间辨析［J］．地理科学进展，
2018（5）：591－600.

［159］李慧燕．京津冀城市群新型城镇化与乡村产业振兴耦合协调关系比较
研究［J］．生态经济，2022（9）：118－124.

［160］李佳洺，陆大道，徐成东，等．胡焕庸线两侧人口的空间分异性及其
变化［J］．地理学报，2017（1）：148－160.

［161］李健，杨传开，宁越敏．新型城镇化背景下的就地城镇化发展机制与
路径［J］．学术月刊，2016（7）：89－98.

［162］李杰，苏丹丹，李忠斌．生态资本与少数民族特色村寨建设：作用机
理与政策选择［J］．贵州民族研究，2018（7）：145－148.

［163］李杰，万兆海，乔瑞婧，等．缅甸省域人口分布格局及其影响因素研
究［J］．世界地理研究，2022（9）：1－14.

［164］李菁，叶云，翁雯霞．美丽乡村建设背景下传统村落资源开发与保护
研究［J］．农业经济，2018（1）：53－55.

［165］李军，吕庆海．中部地区城乡一体化路径探析：就地城镇化［J］.
贵州社会科学，2018（8）：121－127.

［166］李军，罗永常，李忠斌．"固本扩边"理论视角下民族特色小镇空间
圈形扩展研究［J］．广西民族研究，2017（6）：126－133.

［167］李军，向轼，李军明．民族村寨文化振兴的三维视角：时间·空间·
价值［J］．广西民族研究，2019（3）：120－129.

［168］李俊清，刘应美．云南边境社会安全风险的"治理缝隙"与全周期
管理路径研究［J］．湘潭大学学报（哲学社会科学版），2022（2）：21－28.

［169］李丽，杨如安．乡村振兴背景下边境民族地区农村职业教育的困境与
路径［J］．云南师范大学学报（哲学社会科学版），2020（4）：111－119.

［170］李梦娜．新型城镇化与乡村振兴的战略耦合机制研究［J］．当代经
济管理，2019（5）：10－15.

［171］李牧，李丽．当前乡村法治秩序构建存在的突出问题及解决之道
［J］．社会主义研究，2018（1）：131－137.

［172］李骞国，石培基，刘春芳，等．黄土丘陵区乡村聚落时空演变特征及

格局优化——以七里河区为例 [J]. 经济地理, 2015 (1): 126 – 133.

[173] 李强, 陈振华, 张莹. 就近城镇化与就地城镇化 [J]. 广东社会科学, 2015 (1): 186 – 199.

[174] 李强, 张莹, 陈振华. 就地城镇化模式研究 [J]. 江苏行政学院学报, 2016 (1): 52 – 60.

[175] 李强. 主动城镇化与被动城镇化 [J]. 西北师范大学学报 (社会科学版), 2013 (6): 1 – 8.

[176] 李莎, 刘卫东. 俄罗斯人口分布及其空间格局演化 [J]. 经济地理, 2014 (2): 42 – 49.

[177] 李涛, 王明康. 县域乡村旅游投资空间特征与区域差异——以 266 家全国休闲农业与乡村旅游示范县为例 [J]. 旅游研究, 2021 (3): 47 – 60.

[178] 李同彬. 公共产品投资与农村有效需求可持续增长 [J]. 调研世界, 2010 (1): 18 – 19.

[179] 李小云, 杨宇, 刘毅. 中国人地关系的历史演变过程及影响机制 [J]. 地理研究, 2018 (8): 1495 – 1514.

[180] 李晓飞. 代理倒逼行政: 村干部在乡村建设中的道义驱动 [J]. 理论与改革, 2021 (5): 107 – 128.

[181] 李艳. 农村就地城市化推进策略研究 [J]. 吉林农业, 2010 (8): 25 – 26.

[182] 李燕琴, 刘莉萍. 民族村寨旅游扶贫的冲突演进与应对之策——以中俄边境村落室韦为例 [J]. 西南民族大学学报 (人文社科版), 2016 (10): 130 – 134.

[183] 李云, 陈宇, 卓德雄. 乡村居民的就地城镇化意愿差异特征——基于两省 21 村的调查 [J]. 规划师, 2017 (6): 132 – 138.

[184] 李智, 张小林, 陈媛, 等. 基于城乡相互作用的中国乡村复兴研究 [J]. 经济地理, 2017 (6): 144 – 150.

[185] 李忠斌, 单铁成. 少数民族特色村寨建设中的文化扶贫: 价值、机制与路径选择 [J]. 广西民族研究, 2017 (5): 25 – 31.

[186] 李忠斌, 李军, 文晓国. 固本扩边: 少数民族特色村寨建设的理论探讨 [J]. 民族研究, 2016 (1): 27 – 37.

[187] 李忠斌, 骆熙. 特色村寨文化产业高质量发展评价体系研究 [J]. 民族研究, 2019 (6): 32 – 47, 139 – 140.

[188] 李忠斌, 郑甘甜. 特色村寨建设、民族文化旅游与反贫困路径选择

［J］. 广西民族研究，2015（1）：153－159.

［189］李周. 乡村振兴战略的主要含义、实施策略和预期变化［J］. 求索，2018（2）：44－50.

［190］李子成，李新武. 民族地区对外开放度与经济增长相关性分析——以云南省为例［J］. 云南民族大学学报（哲学社会科学版），2011（1）：92－96.

［191］李子元，唐超，徐杨. 大数据背景下跨境型边境安全风险防控机制研究［J］. 中国公共安全（学术版），2019（1）：98－102.

［192］厉以宁. 中国应走农民"就地城镇化"道路［J］. 农村工作通讯，2013（21）：40.

［193］梁漱溟. 乡村建设理论［M］. 2 版. 上海：上海人民出版社，2011.

［194］梁漱溟. 乡村建设理论［M］. 上海：上海人民出版社，2006.

［195］梁双陆，兰黎娜，杨孟禹. 中国兴边富民行动促进边境地区经济增长了吗？——边境地区 136 个县的"准自然实验"分析［J］. 广西民族研究，2021（4）：160－170.

［196］廖彩荣，陈美球. 乡村振兴战略的理论逻辑、科学内涵与实现路径［J］. 农林经济管理学报，2017（6）：795－802.

［197］廖永伦. 就地就近城镇化：新型城镇化的现实路径选择［J］. 贵州社会科学，2015（11）：123－127.

［198］林长云，衣保中. 政府卫生投入、空间分布与公平性研究——基于历史数据的集中指数法分析［J］. 兰州大学学报（社会科学版），2019（6）：174－179.

［199］刘爱娇，聂姣. 西藏察隅县沿边村寨建设与守土固边发展问题研究［J］. 西部学刊，2021（11）：20－23.

［200］刘爱娇，王垚，周筠松. 滇藏沿边区域建设与守土固边研究：基于 Citespace5. 3 的可视化分析［J］. 云南行政学院学报，2020（1）：54－65.

［201］刘爱娇. 西藏沿边村寨建设情况及对策研究［J］. 西部学刊，2021（6）：12－14.

［202］刘碧莹. 乡村法治文化建设症结及对策［J］. 人民论坛，2018（11）：100－101.

［203］刘呈艳，何伟，李幼常. 场域理论视角下西藏特色村寨文化保护与旅游开发研究——以俊巴渔村为例［J］. 农村经济与科技，2018（22）：63－64.

［204］刘传明，李顺茂，刘城，等. 淮安市就地城镇化导向下农民集中居住

意愿与模式比较 [J]. 广西城镇建设, 2022 (2): 56-64.

[205] 刘春芳, 张志英. 从城乡一体化到城乡融合: 新型城乡关系的思考 [J]. 地理科学, 2018 (10): 1624-1633.

[206] 刘慧, 程艺. "一带一路" 建设对中国沿边地区发展影响的区域分异 [J]. 区域经济评论, 2018 (6): 85-91.

[207] 刘健. 基于城乡统筹的法国乡村开发建设及其规划管理 [J]. 国际城市规划, 2010 (2): 4-10.

[208] 刘君, 许才明. 基于农业多功能性的江苏美丽乡村建设研究 [J]. 江苏农业科学, 2022 (7): 242-247.

[209] 刘科伟. 西北地区农村城镇化发展模式研究 [D]. 咸阳: 西北农林科技大学, 2004.

[210] 刘灵辉, 张迎新, 毕洋铭. 数字乡村助力乡村振兴: 内在机制与实证检验 [J]. 世界农业, 2022 (8): 51-65.

[211] 刘涛, 彭荣熙, 卓云霞, 等. 2000—2020 年中国人口分布格局演变及影响因素 [J]. 地理学报, 2022 (2): 381-394.

[212] 刘文勇, 杨光. 以城乡互动推进就地就近城镇化发展分析 [J]. 经济理论与经济管理, 2013 (8): 17-23.

[213] 刘夏, 周超. 民族地区乡镇人口规模及其影响因素——以渝东南 165 个乡镇为例 [J]. 中南民族大学学报 (人文社会科学版), 2020 (2): 108-113.

[214] 刘昕悦. 加强农民思政教育 推进法治乡村建设 [J]. 中学政治教学参考, 2022 (32): 113-114.

[215] 刘雪莲, 欧阳皓玥. 从共存安全到共生安全: 基于边境安全特殊性的思考 [J]. 国际安全研究, 2019 (2): 3-23, 156.

[216] 刘雪莲, 杨雪. 新时期维护我国边境安全的思路转向与精准治理 [J]. 云南师范大学学报 (哲学社会科学版), 2021 (5): 21-32.

[217] 刘雪莲, 杨雪. 以新型周边关系应对中国边境安全的新挑战 [J]. 社会科学研究, 2021 (3): 22-33.

[218] 刘炎周, 王芳, 郭艳, 等. 农民分化、代际差异与农房抵押贷款接受度 [J]. 中国农村经济, 2016 (9): 16-29.

[219] 刘彦随, 龙花楼, 李裕瑞. 全球乡城关系新认知与人文地理学研究 [J]. 地理学报, 2021 (12): 2869-2884.

[220] 刘彦随. 中国新时代城乡融合与乡村振兴 [J]. 地理学报, 2018

（4）：637－650.

［221］刘彦随，周扬，李玉恒．中国乡村地域系统与乡村振兴战略［J］．地理学报，2019（12）：2511－2528.

［222］刘洋．数字经济、消费结构优化与产业结构升级［J］．经济与管理，2023（2）：68－75.

［223］刘一．九一一事件以来美国边境政策的调整：基于"再边境化"视角的分析［J］．美国研究，2019（2）：53－73，72.

［224］刘一．西方边境安全治理研究：现有方式、问题与可能路径［J］．东北亚论坛，2021（5）：40－55，127.

［225］刘有军．西部边境地区基层社会治理的现实困境、理念转型和路径优化［J］．广西民族研究，2021（3）：26－35.

［226］刘悦美，田明，杨颜嘉．就地城镇化的推动模式及其特征研究——以河北省四个村庄为例［J］．城市发展研究，2021（6）：10－16.

［227］刘韫．困境与选择：民族村寨旅游的社区参与研究［J］．青海社会科学，2008（2）：133－135.

［228］刘宗永．乡村振兴战略与农民思想观念现代化内涵初探［J］．农村·农业·农民（B版），2022（10）：41－44.

［229］龙花楼．论土地整治与乡村空间重构［J］．地理学报，2013（8）：1019－1028.

［230］龙花楼，屠爽爽．论乡村重构［J］．地理学报，2017（4）：563－576.

［231］龙静云．农民的发展能力与乡村美好生活——以乡村振兴为视角［J］．湖南师范大学社会科学学报，2019（6）：46－55.

［232］卢福营．乡村振兴背景下的村庄治理共同体重构［J］．社会科学，2022（6）：146－153.

［233］陆欢，戢晓峰，刘小兰，等．集中连片特困地区公路可达性的时空演化特征研究——以滇西边境山区为例［J］．物流工程与管理，2019（1）：88－92.

［234］陆铭，陈钊．城市化、城市倾向的经济政策与城乡收入差距［J］．经济研究，2004（6）：50－58.

［235］陆益龙．"数字下乡"：数字乡村建设的经验、困境及方向［J］．社会科学研究，2022（3）：126－134.

［236］路锦非．社会救助中的民众获得感、幸福感、安全感研究——基于上海浦东新区的实证调查［J］．社会科学辑刊，2022（3）：60－70.

［237］吕宾．文化自信视角下乡村文化振兴：实践困境与应对策略［J］．

湖湘论坛，2021（4）：71－84．

[238] 吕东辉，张郁，刘岳琪．乡村收缩背景下松嫩平原乡村地区人口—经济空间耦合关系［J］．经济地理，2022（1）：160－167．

[239] 吕萍，余思琪．我国新型城镇化与乡村振兴协调发展趋势研究［J］．经济纵横，2021（11）：76－82．

[240] 吕文利，张玲．中国边疆治理的文化"内驱力"建设研究——以西南边疆为中心［J］．西南民族大学学报（人文社会科学版），2021（4）：25－34．

[241] 罗必良．基要性变革：理解农业现代化的中国道路［J］．华中农业大学学报（社会科学版），2022（4）：1－9．

[242] 罗彩娟，韦顺华．新时代中越边境固边睦邻建设的路径研究——基于靖西市龙邦镇的调查［J］．广西民族研究，2022（6）：93－100．

[243] 罗刚．西南边境地区非法移民的产生条件及历史发展［J］．云南大学学报（社会科学版），2019（5）：137－144．

[244] 罗捷，罗小龙，顾宗倪，等．就地城镇化地区的"再城市化"——基于汕头市澄海区中部地区的案例分析［J］．小城镇建设，2021（4）：94－102．

[245] 罗永常．民族村寨旅游发展问题与对策研究［J］．贵州民族研究，2003（2）：102－107．

[246] 罗政骐，宋山梅．数字普惠金融与农业产业升级——来自柯布道格拉斯生产函数的证据［J］．科技与经济，2022（2）：31－35．

[247] 麻国庆．民族村寨的保护与活化［J］．旅游学刊，2017（2）：5－7．

[248] 马长发，朱晓旭．西部地区新型城镇化和乡村振兴互动关系研究［J］．生态经济，2021（5）：99－105．

[249] 马广兴．河南新型城镇化与乡村振兴耦合性分析［J］．中国农业资源与区划，2020（3）：103－112．

[250] 马海韵，李梦楠．人口就地就近城镇化：理论述评与实践进路［J］．江海学刊，2018（6）：105－111．

[251] 马淇蔚，李咏华．2000—2010 年杭州市人口分布格局时空演变［J］．经济地理，2016（8）：87－92，119．

[252] 马庆斌．就地城镇化值得研究与推广［J］．宏观经济管理，2011（11）：25－26．

[253] 马志飞，尹上岗，张宇，等．中国城城流动人口的空间分布、流动规律及其形成机制［J］．地理研究，2019（4）：926－936．

[254] 毛一敬，刘建平．乡村文化建设与村落共同体振兴［J］．云南民族

大学学报（哲学社会科学版），2021（3）：92 – 99.

[255] 孟广文，Hans Gebhardt. 二战以来联邦德国乡村地区的发展与演变[J]. 地理学报，2011（12）：1644 – 1656.

[256] 孟莉. 乡村治理法治化建设的现实困境与路径[J]. 领导科学，2019（24）：108 – 110.

[257] 孟祥宁，黄增镇. 加快打造边海联动经济带 发展沿边高质量开放型经济——广西沿边开发开放情况调研报告[J]. 桂海论丛，2021（4）：115 – 119.

[258] 苗丝雨，肖扬. 就地城镇化能否缓解流动人口的健康不平等研究——基于2014年全国流动人口调查数据[J]. 城市发展研究，2021（2）：32 – 39.

[259] 苗毅，苏晓波，宋金平，等. 瑞丽、畹町口岸区城市扩张过程与特征[J]. 地理研究，2021（6）：1716 – 1731.

[260] 闵婕，杨庆媛. 三峡库区乡村聚落空间演变及驱动机制——以重庆万州区为例[J]. 山地学报，2016（1）：100 – 109.

[261] 穆学青，郭向阳，明庆忠. 多维贫困视角下县域旅游扶贫效率时空演化及影响机理——以云南25个边境县（市）为例[J]. 经济地理，2020（12）：199 – 210.

[262] 倪鹏飞. 新型城镇化的基本模式、具体路径与推进对策[J]. 江海学刊，2013（1）：87 – 94.

[263] 倪叶颖. 扶贫视域下农民思想观念现代化的探讨[J]. 农村·农业·农民（B版），2021（2）：26 – 28.

[264] 聂选华. 云南边疆民族地区生态文明建设可持续发展研究[J]. 昆明理工大学学报，2017（2）：33 – 39.

[265] 宁德鹏. 西南边疆民族地区地方政府的治理能力提升研究——基于铸牢中华民族共同体意识的视角[J]. 中国行政管理，2022（6）：131 – 136.

[266] 宁满秀，袁祥州，王林萍，等. 乡村振兴：国际经验与中国实践——中国国外农业经济研究会2018年年会暨学术研讨会综述[J]. 中国农村经济，2018（12）：130 – 139.

[267] 宁越敏. 新城市化进程——90年代中国城市化动力机制和特点探讨[J]. 地理学报，1998（5）：88 – 95.

[268] 牛建宏. "一带一路"战略背景下临沧边境经济合作区面临的机遇与挑战[J]. 云南行政学院学报，2016（6）：166 – 171.

[269] 牛亚丽. 农业产业链高质量发展的治理生态研究——基于"互联网＋农业产业链"的融合创新视角[J]. 经济与管理，2021（3）：1 – 10.

[270] 潘海生，曹小锋．就地城镇化：一条新型城镇化道路——浙江小城镇建设的调查 [J]．政策瞭望，2010 (9)：29 – 32.

[271] 潘雨红，孙起，孟卫军，等．中国西南山区旅游村镇就地城镇化路径 [J]．规划师，2014 (4)：101 – 107.

[272] 盘小梅，汪鲸．边界与纽带：社区、家园遗产与少数民族特色村寨保护与发展——以广东连南南岗千年瑶寨为例 [J]．广西民族研究，2017 (2)：111 – 117.

[273] 庞莉，陆路．新民风建设引领乡村文化创新发展——乡村文化建设的安康金寨实践 [J]．图书馆论坛，2021 (4)：53 – 59.

[274] 庞新军，冉光和．传统城镇化与就地城镇化对农民收入的影响研究：基于时变分析的视角 [J]．中国软科学，2017 (9)：91 – 98.

[275] 普拉提，莫合塔尔，海米提，等．我国西部边境的跨国旅游合作研究——以新疆与中亚五国旅游合作为例 [J]．干旱区资源与环境，2009 (1)：136 – 141.

[276] 祁新华，朱宇，周燕萍．乡村劳动力迁移的"双拉力"模型及其就地城镇化效应——基于中国东南沿海三个地区的实证研究 [J]．地理科学，2012 (1)：25 – 30.

[277] 钱学礼．"一带一路"背景下中越跨境民族文化旅游合作开发问题研究 [J]．贵州民族研究，2017 (3)：173 – 177.

[278] 覃志敏，陆汉文．细分式组织化：小弱农户和现代农业发展有机衔接的具体路径——以广西两个脱贫村的农业发展为例 [J]．江汉论坛，2021 (11)：125 – 131.

[279] 邱波．我国沿海地区农业巨灾风险保障需求研究——来自浙江省308户农民的调查数据 [J]．农业经济问题，2017 (11)：101 – 108.

[280] 邱婷．从"城乡失衡"到"城乡均衡"：乡村振兴背景下的农业产业化与就地城镇化实践 [J]．华中农业大学学报（社会科学版），2022 (4)：141 – 149.

[281] 仇保兴．新型城镇化：从概念到行动 [J]．行政管理改革，2012 (11)：11 – 18.

[282] 仇童伟．土地确权如何影响农民的产权安全感知？——基于土地产权历史情景的分析 [J]．南京农业大学学报（社会科学版），2017 (7)：95 – 109.

[283] 任成金．国家治理现代化视域下乡村文化建设的多维透视 [J]．云南社会科学，2020 (5)：49 – 55.

[284] 任舒．流通创新促进农村消费需求增长的机理研究 [J]．商业经济

研究，2019（17）：54-57.

［285］单卓然，黄亚平."新型城镇化"概念内涵、目标内容、规划策略及认知误区解析［J］.城市规划学刊，2013（2）：16-22.

［286］商梦雅，李江.农村宅基地制度对农户主观获得感、幸福感、安全感的影响［J］.西北农林科技大学学报（社会科学版），2022（4）：60-71.

［287］申端锋，王孝琦.城市化振兴乡村的逻辑缺陷——兼与唐亚林教授等商榷［J］.探索与争鸣，2018（12）：108-112.

［288］申明锐，沈建法，张京祥，等.比较视野下中国乡村认知的再辨析：当代价值与乡村复兴［J］.人文地理，2015（6）：53-59.

［289］沈费伟，叶温馨.数字乡村建设：实现高质量乡村振兴的策略选择［J］.南京农业大学学报（社会科学版），2021（5）：41-53.

［290］盛亦男，杨旭宇.中国三大城市群流动人口集聚的空间格局与机制［J］.人口与经济，2021（6）：88-107.

［291］石龙宇，李杜，陈蕾，等.跨界自然保护区——实现生物多样性保护的新手段［J］.生态学报，2012，32（21）：6892-6900.

［292］时伟.大学生融入乡村文化建设的有效路径［J］.人民论坛，2022（Z1）：120-122.

［293］宋才发.边疆民族地区安全治理的法治思维探讨［J］.云南民族大学学报（哲学社会科学版），2020（2）：145-151.

［294］宋世明，黄振威.在社会基层坚持和发展新时代"枫桥经验"［J］.管理世界，2023（1）：28-41.

［295］宋周莺，祝巧玲.中国边境地区的城镇化格局及其驱动力［J］.地理学报，2020（8）：1603-1616.

［296］苏芳，尚海洋.农户生计资本对其风险应对策略的影响——以黑河流域张掖市为例［J］.中国农村经济，2012（8）：79-87.

［297］苏芳，殷娅娟，尚海洋.甘肃石羊河流域农户生计风险感知影响因素分析［J］.经济地理，2019（6）：191-197.

［298］苏芳，周亚雄.新型城镇化背景下劳动力转移对农户生计策略选择的影响分析［J］.数理统计与管理，2017（3）：391-401.

［299］苏岚岚，彭艳玲.数字乡村建设视域下农民实践参与度评估及驱动因素研究［J］.华中农业大学学报（社会科学版），2021（5）：168-179.

［300］苏小庆，王颂吉，白永秀.新型城镇化与乡村振兴联动：现实背景、理论逻辑与实现路径［J］.天津社会科学，2020（3）：96-102.

［301］孙保全．边民意识：一种重要的边境治理资源［J］．广西民族研究，2019（2）：65 – 73.

［302］孙保全，常玲．家国共同体：边民守土固边的基础性逻辑［J］．西北民族大学学报（哲学社会科学版），2021（2）：28 – 35.

［303］孙久文，崔雅琪．我国边境城镇体系建设的条件、价值与政策建议［J］．甘肃社会科学，2022（4）：194 – 203.

［304］孙乐强．农民土地问题与中国道路选择的历史逻辑——透视中国共产党百年奋斗历程的一个重要维度［J］．中国社会科学，2021（6）：49 – 76.

［305］孙蓉，费友海．风险感知、利益互动与农业保险制度变迁——基于四川试点的实证分析［J］．财贸经济，2009（6）：35 – 40，68.

［306］孙士银，程俊峰．美丽乡村建设视野下农业旅游的可持续性研究［J］．灌溉排水学报，2021（11）：155 – 156.

［307］孙晓霞，杨扬．边境地区人口安全对区域可持续发展的影响——以延边地区为例［J］．延边大学学报（社会科学版），2014（2）：5 – 11.

［308］谭炳才．促进农村人口就地城市化［N］．广州日报，2004 – 06 – 22.

［309］谭立力．西南边境新型城镇化的指数型评价体系构建研究——以云南边境县（市）［J］．广州大学学报（社会科学版），2022（2）：103 – 114.

［310］谭鑫，杨怡，韩镇宇，等．欠发达地区新型城镇化与乡村振兴战略协同水平的测度及影响因素——基于政府效率和互联网发展视角［J］．经济问题探索，2022（11）：101 – 112.

［311］谭元敏．少数民族特色村寨建设中的文化遗产保护问题研究——以"中国少数民族特色村寨"石桥坪村为例［J］．湖北民族学院学报（哲学社会科学版），2016（1）：56 – 60.

［312］汤爽爽．法国快速城市化进程中的乡村政策与启示［J］．农业经济问题，2012（6）：104 – 109.

［313］汤爽爽，周婧，邓颖慧，等．江苏省流动人口城—镇—乡分布的时空分异与影响因素［J］．地理学报，2022（12）：3055 – 3071.

［314］唐聪聪，王宛．提升普洱对外开放水平 打造西南开放前沿窗口——基于孟连、西盟、澜沧三个边境县的调研［J］．中国经贸导刊，2021（9）：58 – 61.

［315］唐红萍，谭珊．乡村振兴背景下农村人口就近就地城镇化研究——以安徽省农村人口迁移为例［J］．安徽农业大学学报（社会科学版），2021（2）：8 – 12.

［316］唐文浩．数字技术驱动农业农村高质量发展：理论阐释与实践路径

[J]．南京农业大学学报（社会科学版），2022（2）：1－9.

[317] 唐亚林．区域中国：乡愁和城愁的交融与舒解——兼与李昌平、贺雪峰、熊万胜商榷 [J]．探索与争鸣，2018（2）：89－94.

[318] 陶涛，樊凯欣，朱子阳．数字乡村建设与县域产业结构升级——基于电子商务进农村综合示范政策的准自然实验 [J]．中国流通经济，2022（5）：3－13.

[319] 藤荣刚，周若云，张瑜，等．日本农业协同组织的发展新动向与面临的挑战——日本案例和对中国农民专业合作社的启示 [J]．农业经济问题，2009（2）：103－109.

[320] 田俊迁．论"边境安全"的几个问题 [J]．贵州民族研究，2021（2）：47－51.

[321] 田鹏．社会空间视域下就地城镇化的实践逻辑研究——兼论制度红利型就地城镇化 [J]．学习论坛，2019（11）：81－87.

[322] 田馨，罗阳．贵州省县域乡村空间发展评价与格局分析 [J]．中国农业资源与区划，2021（9）：178－186.

[323] 田韫智．美丽乡村建设背景下乡村景观规划分析 [J]．中国农业资源与区划，2016（9）：229－232.

[324] 仝德，刘涛，李贵才．外生拉动的城市化困境及出路——以珠江三角洲地区为例 [J]．城市发展研究，2013（6）：80－86.

[325] 佟伟铭，张平宇．乡村城镇化新模式：基于陈家店新型农村社区建设过程与动力机制的分析 [J]．农业现代化研究，2016（6）：1100－1106.

[326] 童玉芬，杨艳飞，和明杰．中国主要城市群的人口分布格局特征、问题及政策思考 [J]．人口学刊，2022（4）：1－13.

[327] 涂明辉，谢德城．数字乡村建设的理论逻辑、地方探索与实现路径 [J]．农业考古，2021（6）：266－272.

[328] 涂圣伟．"十四五"时期畅通城乡经济循环的动力机制与实现路径 [J]．改革，2021（10）：22－30.

[329] 涂同玲．壮族村落就地城镇化研究 [D]．南宁：广西民族大学，2021.

[330] 涂裕春，刘彤．民族地区口岸经济发展预判——基于"一带一路"建设的分区域类型研究 [J]．西南民族大学学报（人文社科版），2016（1）：162－166.

[331] 万俊毅．发展乡村特色产业，拓宽农民增收致富渠道 [J]．农业经

济与管理，2022（6）：19-22.

[332] 汪先平.当代日本农村土地制度变迁及其启示 [J].中国农村经济，2008（10）：74-80.

[333] 汪亚楠，徐枫，叶欣.数字乡村建设能推动农村消费升级吗？ [J].管理评论，2021（11）：135-144.

[334] 王博峰.美丽乡村建设背景下乡村景观规划设计问题研究 [J].农业经济，2022（4）：71-73.

[335] 王超，王志章.西部少数民族地区旅游包容性发展动力模式研究——以贵州省为例 [J].西南民族大学学报（人文社科版），2016（6）：135-138.

[336] 王成，黄宇航.乡村生产空间系统适应性循环阶段判别及驱动机制——以重庆市为例 [J].经济地理，2022（9）：155-165.

[337] 王成利，孙学涛，刘雪燕.农村基础设施完善对土地流转行为的影响研究 [J].江淮论坛，2022（5）：39-47.

[338] 王翠翠，夏春萍，蔡轶.农业电商扶贫可以提升农户的可持续生计吗？——基于农产品上行视角 [J].浙江农业学报，2022（3）：636-651.

[339] 王丹彤，明庆忠，王峰.云南边境旅游安全治理模式与对策研究 [J].旅游论坛，2012（1）：64-69.

[340] 王东.法治乡村建设推进乡村振兴的价值耦合、行动构设与路径选择 [J].西北农林科技大学学报（社会科学版），2020（5）：93-101.

[341] 王发曾.从规划到实施的新型城镇化 [J].河南科学，2014（6）：919-924.

[342] 王桂新.新中国人口迁移70年：机制、过程与发展 [J].中国人口科学，2019（5）：2-14，126.

[343] 王海娟.制度性自治：面向国家治理现代化的村民自治创新 [J].云南民族大学学报（哲学社会科学版），2022（6）：104-113.

[344] 王桀，张琴悦，李雪松.边境旅游系统空间耦合特征及其演化——以中缅边境瑞丽市为例 [J].地域研究与开发，2021（3）：86-92.

[345] 王景利，张国忠，张冰，等.我国农业现代化的发展进程与经验启示 [J].农业经济，2021（10）：8-9.

[346] 王婧，刘奔腾，李裕瑞.京津冀地区人口发展格局与问题区域识别 [J].经济地理，2017（8）：27-36.

[347] 王莲琴，刘力.东北地区沿边开放与口岸经济的发展 [J].经济地理，1999（5）：21-23.

［348］王培玲．双创视野下农村科技人员创新动力激励机制创新研究［J］．农业经济，2017（7）：107－109.

［349］王鹏飞，夏杰长，胡典成．边疆民族地区旅游业发展模式与对策［J］．社会科学家，2021（12）：76－82.

［350］王曙光，王丹莉．中国农村社会保障的制度变迁与未来趋势［J］．新疆师范大学学报（哲学社会科学版），2020（4）：80－87.

［351］王廷勇，杨丽，郭江云．数字乡村建设的相关问题及对策建议［J］．西南金融，2021（12）：43－55.

［352］王伟同．农业转移人口市民化的政策逻辑——基于民生、经济与改革的视角［J］．财政研究，2015（5）：39－44.

［353］王湘军，康芳．和合共生：基层治理现代化的中国之道［J］．中国行政管理，2022（7）：16－22.

［354］王向楠．我国农村基础设施建设的消费效应研究［J］．西安财经学院学报，2013（2）：72－76.

［355］王新哲，陈田，何彩园．西南沿边民族地区城镇化建设中的利益相关者博弈［J］．广西师范学院学报（哲学社会科学版），2018（1）：88－95，108.

［356］王新哲，何彩园．广西边境地区城镇化发展路径探析［J］．广西财经学院学报，2015（3）：41－46.

［357］王垚，朱美琳，孟晓东，等．苏锡常都市圈人口要素流动特征与空间治理策略［J］．规划师，2022（6）：27－33.

［358］王雨枫．京津冀区域人口与经济时空演变分析［J］．经济问题探索，2022（11）：90－100.

［359］王云凯，蒋毅，何燕兰，等．机载 LiDAR 与倾斜摄影技术融合在美丽乡村建设中的应用研究［J］．测绘通报，2021（S1）：37－41.

［360］王智勇，胡纯广，严慧慧，等．我国市级人口的时空演化特征及空间引导策略——基于 317 个地级市"五普"、"六普"和"七普"人口数据［J］．规划师，2022（5）：14－20.

［361］卫言．四川省新型城镇化水平及指标体系构建研究［D］．成都：四川师范大学，2012.

［362］魏后凯，年猛，李玢．"十四五"时期中国区域发展战略与政策［J］．中国工业经济，2020（5）：5－22.

［363］魏后凯．如何走好新时代乡村振兴之路［J］．人民论坛·学术前沿，2018（3）：14－18.

[364] 温腾飞，石育中，杨新军，等．黄土高原半干旱区农户生计恢复力及其影响因素研究——以榆中县为例 [J]．中国农业资源与区划，2018（5）：172 - 182．

[365] 文丰安．数字乡村建设：重要性、实践困境与治理路径 [J]．贵州社会科学，2022（4）：147 - 153．

[366] 文晓国，李忠斌，李军．论特色村寨建设中社区居民利益保障机制及实现方式 [J]．贵州民族研究，2016（5）：27 - 32．

[367] 沃纳·赫希．城市经济学 [M]．北京：中国社会科学出版社，1990．

[368] 吴碧波，黄少安．乡村振兴战略背景下西部地区农村就地城镇化的模式选择 [J]．广西民族研究，2018（2）：16 - 23．

[369] 吴碧波，张协奎．乡村振兴背景下西部地区农村城镇化：作用机理、基本要求及模式比较 [J]．农村经济，2019（6）：57 - 65．

[370] 吴臣辉，何光文．地缘政治视角下的保山面向南亚优势探析 [J]．保山师专学报，2008（6）：37 - 39．

[371] 吴春飞，罗小龙，田冬，等．就地城镇化地区的城中村研究——基于福建晋江市、石狮市 8 个典型城中村的实证分析 [J]．城市发展研究，2014（6）：86 - 91．

[372] 吴丹丹，吴杨，马仁锋，等．浙江美丽乡村空间格局及可持续发展模式研究 [J]．世界地理研究，2022（2）：363 - 375．

[373] 吴捷，成忠厚，黄小勇．"互联网＋"驱动传统农业创新发展的效应研究 [J]．江西社会科学，2021（8）：37 - 49．

[374] 吴梅华．晋江市就地城镇化研究 [D]．福州：福建师范大学，2006．

[375] 吴秋林．"一带一路"中民族文化保护的前瞻性思考 [J]．西南民族大学学报（人文社科版），2018（6）：1 - 10．

[376] 吴巍，陈定，陈敏，等．城乡一体化视角下农民就地城镇化影响因素研究——以南昌市边缘区为例 [J]．城市发展研究，2017（8）：11 - 16．

[377] 吴文旭，吴业苗．数字乡村建设如何促进乡村振兴——基于政策法律文本的扎根理论研究 [J]．中国农业大学学报（社会科学版），2022（5）：69 - 92．

[378] 吴忠军，代猛，吴思睿．少数民族村寨文化变迁与空间重构——基于平等侗寨旅游特色小镇规划设计研究 [J]．广西民族研究，2017（3）：133 - 140．

[379] 武婕．农村科技创新服务体系建设与农业高质量发展研究 [J]．农业经济，2023（2）：29 - 30．

［380］习近平. 决胜全面建成小康社会 夺取新时代中国特色社会主义伟大胜利［N］. 人民日报，2017－10－28（001）.

［381］习近平. 习近平谈治国理政：第四卷［M］. 北京：外文出版社，2022.

［382］习近平. 携手推进"一带一路"建设［N］. 人民日报，2017－05－15（003）.

［383］夏丹波. 法治乡村建设中的国家法与民族习惯规则［J］. 贵州民族研究，2021（4）：40－46.

［384］夏四友，文琦，赵媛，等. 榆林市人口与经济空间关系及格局演变实证研究［J］. 农业现代化研究，2017（6）：1067－1074.

［385］夏文贵. 边境安全问题及其治理［J］. 西北民族大学学报（哲学社会科学版），2017（6）：64－70.

［386］夏文贵. 戍边文化：构建边境安全治理机制的新思维［J］. 中南民族大学学报（人文社会科学版），2021（3）：30－40.

［387］夏文贵. 以家固边：边民家庭发展政策的目标取向与路径选择［J］. 广西民族研究，2020（5）：48－57.

［388］向红玲，张宜红，陈昭玖. 乡村振兴战略下生态农业产业化：理论阐释与实践探索［J］. 中国农业资源与区划，2023（11）：172－180.

［389］肖国泓. 重庆市乡村空间结构及驱动力研究［J］. 中国农业资源与区划，2018（10）：138－142.

［390］肖琼. 民族村寨旅游环境困境及路径选择［J］. 广西民族研究，2009（4）：183－186.

［391］谢迪，吴春梅. 农民理性、村庄治理与农村公共服务效率关系的实证分析——以湖北省为例［J］. 农村经济，2015（6）：8－13.

［392］谢尔顿·克坦姆斯基，多米尼克·戈尔丁. 风险社会的社会理论学说［M］. 徐元玲，等译. 北京：北京大学出版社，2005.

［393］谢天成，张研，王洌瑄，等. 乡村振兴与新型城镇化协同发展——基于省级尺度时空演化分析［J］. 经济问题，2022（9）：91－98.

［394］谢文帅，宋冬林，毕怡菲. 中国数字乡村建设：内在机理、衔接机制与实践路径［J］. 苏州大学学报（哲学社会科学版），2022（2）：93－103.

［395］谢学兴，秦红增. 中越边境口岸城镇化：模式演进、原始动力与推进策略——以凭祥市为例［J］. 广西大学学报（哲学社会科学版），2019（2）：115－121.

［396］谢治菊. 西部地区农民对农村社会的风险感知与行为选择 ［J］. 南京农业大学学报（社会科学版），2013（4）：12 – 21.

［397］邢启顺. 西南民族文化产业与旅游融合发展模式及其社会文化影响 ［J］. 云南民族大学学报（哲学社会科学版），2016（4）：122 – 127.

［398］邢一新. 从榔约到村规：苗族村寨生态治理的实践 ［J］. 云南社会科学，2019（2）：120 – 126.

［399］邢振江. 数字乡村建设的国家逻辑 ［J］. 吉首大学学报（社会科学版），2021（6）：58 – 68.

［400］熊斌，陈柯霏. "一带一路"背景下西南地区就业结构与产业结构的协调性研究——以广西、云南、西藏三省（区）为例 ［J］. 工业技术经济，2021（11）：86 – 93.

［401］熊浩，王强，鄢慧丽，等. 多尺度下中国休闲乡村空间分布特征及其影响因素研究 ［J］. 中国农业资源与区划，2019（8）：232 – 239.

［402］徐冬，黄震方，吕龙，等. 基于 POI 挖掘的城市休闲旅游空间特征研究——以南京为例 ［J］. 地理与地理信息科学，2018（1）：59 – 64.

［403］徐慧清，王焕英. 风险社会中农民的风险意识与应对策略研究 ［J］. 中国农学通报，2006（6）：496 – 499.

［404］徐秦法，刘星亮. 新时代乡村文化建设的需求转向与实践策略 ［J］. 中国行政管理，2021（4）：65 – 69.

［405］徐琴. 政府主导型城市化的绩效与成本 ［J］. 学海，2004（3）：85 – 90.

［406］徐少癸，方世巧，甘永萍，等. 广西边境民族地区旅游扶贫效率测度与时空演化分析 ［J］. 世界地理研究，2021（2）：367 – 377.

［407］徐铜柱. 城乡一体化进程中乡村法治秩序构建逻辑 ［J］. 天津行政学院学报，2016（4）：69 – 74.

［408］徐维祥，李露，周建平，等. 乡村振兴与新型城镇化耦合协调的动态演进及其驱动机制 ［J］. 自然资源学报，2020（9）：2044 – 2062.

［409］徐苇苇，李忠斌. 少数民族特色村寨建设与旅游产业交融互促研究 ［J］. 广西民族研究，2021（4）：171 – 179.

［410］徐雪，王永瑜. 甘肃省新型城镇化与乡村振兴协调水平及其影响因素 ［J］. 中国沙漠，2022（5）：1 – 13.

［411］徐永平. 中国社会公共权利社会化发展与社会和谐构建初探 ［J］. 云南行政学院学报，2016（1）：148 – 152.

[412] 许恒周，殷红春，石淑芹. 代际差异视角下农民工乡城迁移与宅基地退出影响因素分析——基于推拉理论的实证研究 [J]. 中国人口·资源与环境，2013（8）：75-80.

[413] 许建伟. 云南沿边金融综合改革试验区建设的法治问题及其对策——以金融改革的法治维度为视角 [J]. 云南民族大学学报（哲学社会科学版），2020（2）：152-160.

[414] 许经勇，任柏强. 对我国乡镇企业产权制度的深层思考 [J]. 经济纵横，2001（9）：16-21.

[415] 许庆红，王英琦. 中国少数民族流动人口的空间格局及其影响因素——基于2010年人口普查分地级市数据的分析 [J]. 人口与发展，2022（4）：50-58.

[416] 许学强，李郇. 改革开放30年珠江三角洲城镇化的回顾与展望 [J]. 经济地理，2009（1）：13-18.

[417] 宣超，陈甬军. "后危机时代"农村就地城镇化模式分析——以河南省为例 [J]. 经济问题探索，2014（1）：122-126.

[418] 薛凤旋，杨春. 外资：发展中国家城市化的新动力——珠江三角洲个案研究 [J]. 地理学报，1997（3）：3-16.

[419] 闫东升，孙伟，孙晓露. 长江三角洲人口时空格局演变及驱动因素研究 [J]. 地理科学，2020（8）：1285-1292.

[420] 闫东升，杨槿. 长江三角洲人口与经济空间格局演变及影响因素 [J]. 地理科学进展，2017（7）：820-831.

[421] 严宇珺，龚晓莺. 新发展格局助推乡村振兴：内涵、依据与路径 [J]. 当代经济管理，2022（7）：57-63.

[422] 杨传开. 县域就地城镇化基础与路径研究 [J]. 华东师范大学学报（哲学社会科学版），2019（4）：114-122.

[423] 杨春娥，赵君. 少数民族特色村寨振兴的实践困境及路径探索——基于鄂西南民族地区的考察 [J]. 民族学刊，2020（6）：17-28，152-154.

[424] 杨发祥，茹婧. 新型城镇化的动力机制及其协同策略 [J]. 山东社会科学，2014（1）：7.

[425] 杨芳，方旭红. 我国边境旅游安全问题探析 [J]. 乐山师范学院学报，2010（9）：87-91.

[426] 杨桂华. 民族生态旅游接待村多维价值的研究——以香格里拉霞给村为例 [J]. 旅游学刊，2003（4）：76-79.

[427] 杨江华，王玉洁．数字乡村建设与乡村新人口红利的生成逻辑 [J]．人文杂志，2022 (4)：81 - 89.

[428] 杨钧，李建明，罗能生．农村基础设施、人力资本投资与农业全要素生产率——基于空间杜宾模型的实证研究 [J]．河南师范大学学报（哲学社会科学版），2019 (4)：46 - 52.

[429] 杨磊．广西建设沿边沿海经济带与"一带一路"发展战略的思考 [J]．广西经济，2015 (2)：40 - 43.

[430] 杨磊．广西沿边经济带建设之城市经济发展探析 [J]．广西经济，2016 (8)：57 - 58.

[431] 杨丽，孙之淳．基于熵值法的西部新型城镇化发展水平测评 [J]．经济问题，2015 (3)：115 - 119.

[432] 杨刘军，朱战强．广东省乡村休闲旅游地空间分布格局及影响因素 [J]．热带地理，2023 (2)：293 - 307.

[433] 杨璐璐．中部六省城镇化质量空间格局演变及驱动因素——基于地级及以上城市的分析 [J]．经济地理，2015 (1)：68 - 75.

[434] 杨明洪，王周博．我国陆地边境地区"空心化"的类型、成因与治理 [J]．四川师范大学学报（社会科学版），2020 (6)：13 - 24.

[435] 杨佩卿．西部地区新型城镇化动力机制及其测度 [J]．人文杂志，2019 (11)：63 - 73.

[436] 杨佩卿．新型城镇化和乡村振兴协同推进路径探析——基于陕西实践探索的案例 [J]．西北农林科技大学学报（社会科学版），2022 (1)：34 - 45.

[437] 杨忍，陈燕纯．中国乡村地理学研究的主要热点演化及展望 [J]．地理科学进展，2018 (5)：601 - 616.

[438] 杨嵘均．论新型城镇化与乡村振兴战略的内在张力、政策梗阻及其规避 [J]．南京农业大学学报（社会科学版），2019 (5)：24 - 32.

[439] 杨世松．探索新农村"就地城市化"之路 [J]．理论与现代化，2007 (4)：46 - 51.

[440] 杨卫忠．农业转移人口就地城镇化的战略思考 [J]．农业经济问题，2018 (1)：53 - 63.

[441] 杨艳．"一带一路"语境下滇西北边境少数民族旅游扶贫研究 [J]．中央民族大学学报（哲学社会科学版），2018 (2)：65 - 74.

[442] 杨义炜，刘辉，付银．就地城镇化地区城乡建设用地时空格局演变——以福建省晋江市为例 [J]．贵州科学，2020 (3)：50 - 58.

［443］叶超，于洁．迈向城乡融合：新型城镇化与乡村振兴结合研究的关键与趋势［J］．地理科学，2020（4）：528－534．

［444］叶莉，夏惟怡，钟璇．广西城市经济发展—旅游产业—生态环境耦合协调评价及其时空格局演变［J］．广西财经学院学报，2022（4）：76－89．

［445］叶力．关于云南边境地区意识形态安全问题的思考［J］．云南行政学院学报，2013（6）：88－90．

［446］叶兴庆．迈向2035年的中国乡村：愿景、挑战与策略［J］．管理世界，2021（4）：98－112．

［447］叶兴庆．新时代中国乡村振兴战略论纲［J］．改革，2018（1）：65－73．

［448］尹广文．乡村振兴背景下数字乡村建设的行动主体激活与培育［J］．社会发展研究，2021（4）：27－38．

［449］尹君锋，石培基．甘肃省县域乡村振兴发展评估与空间格局分异［J］．中国沙漠，2022（5）：158－166．

［450］尹旭，王婧，李裕瑞，等．中国乡镇人口分布时空变化及其影响因素［J］．地理研究，2022（5）：1245－1261．

［451］尤伟琼．我国西南陆地边境的虚空态势及其治理思考［J］．思想战线，2019（3）：103－109．

［452］游珍，封志明，雷涯邻，等．中国边境地区人口分布的地域特征与国别差异［J］．人口研究，2015（5）：87－99．

［453］游中敏．厦门农村就地城市化问题研究［D］．厦门：厦门大学，2009．

［454］于爱水，李江涛，汪大海．习近平乡村振兴战略观的基本内涵、理论贡献与实践路径［J］．学术探索，2023（5）：1－7．

［455］于斌斌．产业结构调整与生产率提升的经济增长效应——基于中国城市动态空间面板模型的分析［J］．中国工业经济，2015（12）：83－98．

［456］于法稳．"十四五"时期农村生态环境治理：困境与对策［J］．中国特色社会主义研究，2021（1）：44－51．

［457］余侃华，刘洁，蔡辉，等．基于人本导向的乡村复兴技术路径探究——以"台湾农村再生计划"为例［J］．城市发展研究，2016（5）：43－48．

［458］余瑞林，陈慧媛，陈广平，等．湖北省乡村旅游地空间分布及其影响因素——以高星级农家乐为例［J］．经济地理，2018（6）：210－217．

［459］俞云峰，张鹰．浙江新型城镇化与乡村振兴的协同发展——基于耦合理论的实证分析［J］．治理研究，2020（4）：43－49．

［460］袁方. 法治乡村建设的体系与实践 ［J］. 核农学报，2022（7）：1513.

［461］袁锦标，曹永旺，倪方舟，等. 中国县域人口集聚空间格局及影响因素的空间异质性研究 ［J］. 地理与地理信息科学，2020（3）：25 - 33.

［462］袁镜身. 当代中国的乡村建设 ［M］. 北京：中国社会科学出版社，1987.

［463］袁志香. 以核心价值观为引领的思政教育对乡村文化建设的影响研究 ［J］. 农业技术经济，2022（4）：146.

［464］曾福生，蔡保忠. 农村基础设施是实现乡村振兴战略的基础 ［J］. 农业经济问题，2018（7）：88 - 95.

［465］曾金伟，刘辉. 就地城镇化地区耕地细碎化及其影响因素分析——以福建省晋江市为例 ［J］. 海南大学学报（自然科学版），2020（4）：397 - 408.

［466］张琛，孔祥智. 乡村振兴与新型城镇化的深度融合思考 ［J］. 理论探索，2021（1）：92 - 100.

［467］张宸嘉，方一平，陈秀娟. 基于文献计量的国内可持续生计研究进展分析 ［J］. 地球科学进展，2018（9）：969 - 982.

［468］张国磊，张新文. "美丽乡村" 建设中的政府动员与基层互动——基于广西钦州的个案调研分析 ［J］. 北京社会科学，2015（7）：32 - 39.

［469］张合林，申政永. 乡村振兴与新型城镇化耦合协调发展研究 ［J］. 区域经济评论，2021（4）：135 - 144.

［470］张红梅. 基于地缘环境视角的云南边境地区旅游安全评价研究 ［D］. 昆明：云南财经大学，2020.

［471］张建华，洪银兴. 都市圈内的城乡一体化 ［J］. 经济学家，2007（5）：98 - 104.

［472］张京祥，申明锐，赵晨. 乡村复兴：生产主义和后生产主义下的中国乡村转型 ［J］. 国际城市规划，2014（5）：1 - 7.

［473］张娟，陈凡，角媛梅，等. 哈尼梯田区不同旅游模式村寨土地利用变化对生态系统服务与人类福祉的影响 ［J］. 生态学报，2020（15）：5179 - 5189.

［474］张军. 乡村价值定位与乡村振兴 ［J］. 中国农村经济，2018（1）：2 - 10.

［475］张立辉，张友. 贵州黔南州传统民族特色村寨保护与开发利用研究 ［J］. 民族学刊，2019（6）：17 - 22.

［476］张丽琴，陈烈. 新型城镇化影响因素的实证研究——以河北省为例

[J]. 中央财经大学学报，2013（12）：84 – 91.

[477] 张露，郭晴，张俊飚，等. 农户对气候灾害响应型生产性公共服务的需求及其影响因素分析——基于湖北省十县（区、市）百组千户的调查 [J]. 中国农村观察，2017（3）：102 – 116.

[478] 张明斗，代洋洋. "两业"融合发展对区域经济韧性的影响研究——基于先进制造业与现代服务业融合视角 [J]. 华东经济管理，2023（4）：88 – 100.

[479] 张明皓. 乡村振兴与新型城镇化的战略耦合及协同推进路径 [J]. 华中农业大学学报（社会科学版），2022（1）：45 – 52.

[480] 张沛，张中华，孙海军. 城乡一体化研究的国际进展及典型国家发展经验 [J]. 国际城市规划，2014（1）：42 – 49.

[481] 张鹏，郝宇彪，陈卫民. 幸福感、社会融合对户籍迁入城市意愿的影响——基于2011年四省市外来人口微观调查数据的经验分析 [J]. 经济评论，2014（1）：58 – 69.

[482] 张琦，庄甲坤. 高质量乡村振兴的内涵阐释与路径探索 [J]. 贵州社会科学，2023（5）：145 – 152.

[483] 张琦，庄甲坤，李顺强，等. 共同富裕目标下乡村振兴的科学内涵、内在关系与战略要点 [J]. 西北大学学报（哲学社会科学版），2022（3）：44 – 53.

[484] 张青卫. 获得感幸福感安全感的科学内涵与实践路径 [J]. 中国高校社会科学，2021（3）：51 – 58，158.

[485] 张庆红，李旭东，张士杰. 脱贫户生计可持续性及其影响因素分析——以南疆四地州为例 [J]. 福建农林大学学报（哲学社会科学版），2022（6）：20 – 29.

[486] 张荣天，焦华富. 中国新型城镇化研究综述与展望 [J]. 世界地理研究，2016（1）：59 – 66.

[487] 张尚武，李京生. 保护乡村地区活力是新型城镇化的战略任务 [J]. 城市规划，2014（11）：28 – 29.

[488] 张挺，李闽榕，徐艳梅. 乡村振兴评价指标体系构建与实证研究 [J]. 管理世界，2018（8）：99 – 105.

[489] 张万录，陆伟，徐洋. 农村就地城市化中居住隔离的应对策略 [J]. 规划师，2010（S2）：243 – 246.

[490] 张显伟. 少数民族特色村寨保护与发展的基本原则 [J]. 广西民族

研究，2014（5）：91－97.

［491］张祥俊．人口城镇化及其异质性对创业的影响研究［J］．技术经济与管理研究，2018（3）：59－66.

［492］张艳芳．完善乡村治理法治化建设的新路径［J］．人民论坛·学术前沿，2020（19）：106－109.

［493］张耀军，齐婧含."十四五"时期中国人口发展的重大问题［J］．哈尔滨工业大学学报（社会科学版），2022（2）：144－153.

［494］张义博．现代服务业与制造业、农业融合发展的国际经验及启示［J］．江淮论坛，2022（4）：60－68.

［495］张永江，周鸿，刘韵秋，等．宜居宜业和美乡村的科学内涵与建设策略［J］．环境保护，2022（24）：32－36.

［496］张跃，舒丽丽．传统与现代间的彝族文化探析——以松子园彝村为例［J］．广西民族大学学报（哲学社会科学版），2009（2）：37－44.

［497］张正河，武晋．论农村生产要素的准城市化［J］．农业经济问题，2001（7）：20－25.

［498］赵晨．要素流动环境的重塑与乡村积极复兴——"国际慢城"高淳县大山村的实证［J］．城市规划学刊，2013（3）：28－35.

［499］赵纯凤，杨晴青，朱媛媛，等．湖南区域经济的空间联系和空间组织［J］．经济地理，2015（8）：53－60.

［500］赵德昭，许家伟．河南省县域就地城镇化时空演变与影响机理研究［J］．地理研究，2021（7）：1978－1992.

［501］赵定东，张慧．政策推力、乡愁抑或城市性缺场——就地城镇化中农民生活方式变革影响因素分析［J］．社会科学战线，2017（4）：197－203.

［502］赵凌．重塑村规民约之于乡村法治建设的作用［J］．人民论坛，2019（25）：82－83.

［503］赵罗英．海南省人口迁移、空间互嵌与各民族交往交流交融论略［J］．贵州民族研究，2022（5）：104－109.

［504］赵旭东．乡村成为问题与成为问题的中国乡村研究——围绕"晏阳初模式"的知识社会学反思［J］．中国社会科学，2008（3）：110－117.

［505］赵雪雁．地理学视角的可持续生计研究：现状、问题与领域［J］．地理研究，2017（10）：1859－1872.

［506］赵溢鑫，郑甘甜，李忠斌．少数民族特色村寨评价指标体系实证研究——以长阳武落钟离山为例［J］．贵州民族研究，2015（1）：127－131.

[507] 赵玉菡，孙良媛，田璞玉．农村留守儿童学校教育问题研究——基于与非留守儿童的比照 [J]．农村经济，2017（8）：115 – 121.

[508] 赵玉奇，余压芳．西南民族村寨文化空间识别技术体系研究 [J]．贵州民族研究，2022（5）：129 – 133.

[509] 郑柏武，林丽芳，钟兆祥．美丽乡村建设背景下农村草根体育组织的发展 [J]．北京体育大学学报，2016（4）：21 – 28.

[510] 郑甘甜，陈池波，陈胜，等．农村人力资本对农业环境全要素生产率影响的实证分析 [J]．统计与决策，2023（8）：57 – 62.

[511] 郑光辉，蒋涤非，陈国磊，等．中国乡村旅游重点村空间分布格局及影响机理研究 [J]．干旱区资源与环境，2020（9）：194 – 201.

[512] 郑文换．民族村寨的衰落：组织排斥、经济边缘化与文化断裂 [J]．广西民族研究，2016（1）：64 – 69.

[513] 郑宇．中国少数民族村寨经济的结构转型与社会约束 [J]．民族研究，2011（5）：23 – 32，108.

[514] 钟宁桦．农村工业化还能走多远？[J]．经济研究，2011（1）：18 – 27.

[515] 钟学进．西南边境地区旅游精准扶贫效率评价及时空分异——以桂西南重点旅游扶贫区 11 县（市、区）为例 [J]．社会科学家，2019（6）：76 – 82.

[516] 钟漪萍，唐林仁，胡平波．农旅融合促进农村产业结构优化升级的机理与实证分析——以全国休闲农业与乡村旅游示范县为例 [J]．中国农村经济，2020（7）：80 – 98.

[517] 钟涨宝，李飞，冯华超．养老保障能力评估对农民养老风险感知的影响及其代际差异——基于 5 省 1573 个样本的实证分析 [J]．人口与经济，2016（6）：72 – 81.

[518] 周兵，李艺，张弓．数字乡村建设赋能乡村振兴的影响机制与空间效应 [J]．中国流通经济，2023（7）：3 – 16.

[519] 周道静，徐姗．"十四五" 时期我国边境地区国土空间发展路径思考 [J]．城市发展研究，2021（10）：34 – 38.

[520] 周苗苗，廖和平，李涛，等．脱贫县乡村发展水平测度及空间格局研究——以重庆市城口县为例 [J]．西南大学学报（自然科学版），2022（5）：23 – 34.

[521] 周民良．"一带一路" 背景下创新体制机制推动兴边富民进程 [J]．

甘肃社会科学, 2016 (1): 67 – 71.

[522] 周榕. 新形势下珠江三角洲城镇化特征及城市规划对策 [D]. 北京: 清华大学, 2004.

[523] 周文. 新型城镇化和乡村振兴背景下的城乡融合发展研究 [J]. 政治经济学评论, 2022 (3): 87 – 101.

[524] 周昭, 刘湘勤. 乡镇工业环境保护中的地方政府行为博弈分析 [J]. 经济问题探索, 2008 (7): 175 – 178.

[525] 朱华丽. 广西沿边重点开发开放试验区高水平对外开放研究 [J]. 桂海论丛, 2021 (5): 119 – 124.

[526] 朱纪广, 侯智星, 李小建, 等. 中国城镇化对乡村振兴的影响效应 [J]. 经济地理, 2022 (3): 200 – 209.

[527] 朱霞, 周阳月, 单卓然. 中国乡村转型与复兴的策略及路径——基于乡村主体性视角 [J]. 城市发展研究, 2015 (8): 38 – 45.

[528] 朱雄关, 姜铖镭, 李淑思. 云南边境地区跨境人口流动对公共卫生安全的影响 [J]. 昭通学院学报, 2022 (4): 38 – 45.

[529] 朱娅, 李明. 乡村振兴的新内源性发展模式探析 [J]. 中共福建省委党校学报, 2019 (6): 124 – 130.

[530] 朱战辉. 农村青年就地城镇化实践机制分析——基于珠三角 D 镇的经验调研 [J]. 中国青年研究, 2019 (4): 75 – 81.

[531] 朱政. "三治融合" 视野下法治乡村建设的实践机理与理想图景——基于湖北宜都试点的讨论 [J]. 云南社会科学, 2021 (2): 77 – 83.

[532] 邹亚锋, 张倩, 饶钰飞, 等. 中国西部省会城市新型城镇化发展水平演化研究 [J]. 干旱区地理, 2023 (4): 636 – 648.

[533] Abulughod J. The urbanization of capital: studies in the history and theory of capitalist urbanization [J]. Economic Development and Cultural Change, 1988, 36 (2): 411 – 415.

[534] Ackleson J. Securing through technology? "Smart borders" after September 11th [J]. Knowledge, Technology & Policy, 2003, 16 (1): 56 – 74.

[535] Apsimon H M, Warren R F. Transboundary air pollution in Europe [J]. Energy Policy, 1996, 24 (7): 631 – 640.

[536] Babulo B, Muys B, Nega F, et al. Household livelihood strategies and forest dependence in the highlands of tigray, Northern Ethiopia [J]. Agriculture System, 2008, 98 (2): 147 – 155.

[537] Barth F. Ethnic groups and boundaries: the social organization of culture difference [M]. Waveland Press, 1998.

[538] Bauer R A. Consumer behavior as risk taking [C]. Chicago: 43rd Conference of the American Marketing Association, 1960.

[539] Bollen J, Brink C. Air pollution policy in Europe: quantifying the interaction with greenhouse gases and climate change policies [J]. Energy Economics, 2014, 46: 202 – 215.

[540] Botterill D, Seixas S R, Hoeffel J L. Tourism and transgression: resort evelopment, crime and the drug economy [J]. Tourism Planning and Development, 2014, 11 (1): 27 – 41.

[541] Buzan B, Woever O. Regions and Powers: the Structure of International Security [M]. Cambridge: Cambridge University Press, 2003.

[542] Chambers R, Conway G. Sustainable rural livelihoods: practical concepts for the 21st century [M]. Brightom: Institute of Development Studies, 1991.

[543] Champion A G, Hugo G. New forms of urbanization: beyond the urban – rural dichotomy [M]. Farnham: Ashgate Pub Ltd, 2004.

[544] Chang C T, Leentvaar J. Risk trading in trans-boundary flood management: case study of the Dutchand German Rhine [J]. Journal of Flood Risk Management, 2008, 1 (3): 133 – 141.

[545] Chenery H B, Robinson S, Syrquin M, et al. Industrialization and growth [M]. New York: Oxford University Press, 1986.

[546] Conroy C, Litvinoff M. The greening of aid: sustainable livelihoods in practice [M]. London: Earthscan Publications, 1988.

[547] Cullingworth B, Nadin V. Town and country planning in the UK [M]. Routledge, 2006.

[548] Doucette J, Müller A R. Exporting the saemaul spirit: south Korea's knowledge sharing program and the 'rendering technical' of Korean development [J]. Geoforum, 2016, 75: 29 – 39.

[549] Edward R C. From description to explanation: using the livelihoods as intimate government (LIG) approach [J]. Applied Geography, 2014, 52 (4): 110 – 122.

[550] Faye Donnelly. In the name of (de) securitization: speaking security to protect migrants, refugees and internally displaced persons? [J]. International Review

of the Red Cross, 2017, 99 (1): 249.

[551] Fraedrich J P, Ferrell O C. The impact of perceived risk and moral philosophy type on ethical decision making in business organizations [J]. Journal of Business Research, 1992, 24 (4): 283 – 295.

[552] Garney D. Sustainable livelihoods approach: progress and possibilities for change [M]. Toronto: Department for International Development (DFID), 2003: 17.

[553] Gelbman A. Border tourism in Israel: conflict, peace, fear and hope [J]. Tourism Geographies, 2008, 10 (2): 193 – 213.

[554] Glavovic B, Boonzaier S. Confronting coastal poverty: building sustainable coastal livelihoods in south Africa [J]. Ocean & Coastal Management, 2007, 50 (1): 1 – 23.

[555] Gregory D, Johnston R, Pratt G, et al. The Dictionary of Human Geography [M]. London: Blackwell, 2009.

[556] Hunt, Gary L, Richard E, Mueller. North American migration: return to skill, border effects, and mobility costs [J]. Review of Ecoonomics and Statistics, 2004, 86 (4): 988 – 1007.

[557] Huysmans J. The European Union and the securitization of migration [J]. JCMS: Journal of Common Market Studies, 2000, 38 (5): 751 – 777.

[558] Hu Z, Qian M, Teng X, et al. The spatiotemporal evolution of ecological security in border areas: a case study of southwest China [J]. Land, 2022, 11 (6): 892.

[559] Kramsch O, Van Houtum H. Bordering Space [M]. Routledge, 2017.

[560] Kulik B, O'Fallon M, Salimath M. Do competitive environments lead to the rise and spread of unethical behavior? parallels from enron [J]. Journal of Business Ethics, 2008, 83 (4): 703 – 723.

[561] Kuznets S, Murphy J T. Modern economic growth: rate, structure, and spread [M]. New Haven: Yale University Press, 1966.

[562] Latham R. Border Formations: Security and Subjectivity at the Border [J]. Citizenship Studies, 2010, 14 (2): 185 – 201.

[563] Liu W, Li J, Ren L J, et al. Exploring livelihood resilience and its impact on livelihood strategy in rural China [J]. Social Indicators Research, 2020, 150 (3): 977 – 998.

[564] Liu Y, Li Y. Revitalize the world's countryside [J]. Nature, 2017, 548 (7667): 275 – 277.

[565] Li Y, Jia L, Wu W, et al. Urbanization for rural sustainability-rethinking China's urbanization strategy [J]. Journal of Cleaner Production, 2018, 178: 580 – 586.

[566] Lucas R E. On the Mechanism of Economic Development [J]. Journal of Monetary Economics, 1988, 22 (1): 3 – 42.

[567] Lyons S, Kuron L. Generational differences in the workplace: a review of the evidence and directions for future research [J]. Journal of Organizational Behavior, 2014, 35 (1): 13 – 157.

[568] Mahdi G P, Shivakoti D S. Livelihood change and livelihood sustainability in the uplands of lembang subwatershed, West Sumatra, Indonesia, in a changing natural resource management context [J]. Redefining Diversity & Dynamics of Natural Resources Management in Asia, 2019, 43 (1): 84 – 99.

[569] Manners I. European [security] Union: bordering and governing a secure Europe in a better world? [J]. Global society, 2013, 27 (3): 398 – 416.

[570] Matthew Longo. A "21st century border"? cooperative border controls in the US and EU After 9/11 [J]. Journal of Borderlands Studies, 2016, 31 (2): 187 – 202.

[571] Mcpheters, Lee R, Stronge, et al. Crime as an environmental externality of tourism: Miami, Florida [J]. Land Economics, 1974, 50 (3): 288.

[572] Morse S, McNamara N, Acholo M. Sustainable livelihood approach: a critique of theory and practice [J]. Springer, 2009, 189: 1 – 68.

[573] Nonaka A, Ono H. Revitalization of rural economies though the restructuring the self-sufficient realm-growth in small-scale rapeseed production in Japan [J]. Japan Agricultural Research Quarterly: JARQ, 2015, 49 (4): 383 – 390.

[574] Nyamwanza A M. Livelihood resilience and adaptive capacity: a critical conceptual review [J]. Journal of Disaster Risk Studies, 2012, 4 (1): 1 – 6.

[575] Perrin S, Bernauer T. International regime formation revisited: explaining ratification behavior with respect to long-range transboundary air pollution agreements in Europe [J]. European Union Politics, 2010, 11 (3): 405 – 426.

[576] Pizam A, Fleischer A. Severity versus frequency of acts of terrorism: which has a larger impact on tourism demand? [J]. Journal of Travel Research, 2002, 40 (3): 337 – 339.

[577] Ranis G, Fei J C. A theory of economic development [J]. American Economic Review, 1961, 51 (4): 533 – 565.

[578] Salter M B. When the exception becomes the rule: borders, sovereignty, and citizenship [J]. Citizenship studies, 2008, 12 (4): 365 – 380.

[579] Simmons B A, Goemans H E. Built on borders: tensions with the institution liberalism (thought it) left behind [J]. International Organization, 2021, 75: 1 – 24.

[580] Sitkin S, Pablo A. Reconceptualizing the determinants of risk behavior [J]. Academy of Management Review, 1992, 17 (1): 9 – 38.

[581] Slovic P, MacGregor D. Perception of risk from automobile safety defects [J]. Accident Analysis and Prevention, 1987, 19 (5): 359 – 373.

[582] Slovic P. Perception of risk [J]. Scienee, 1987, 17: 43 – 54.

[583] Solesbury W. Sustainable livelihoods: a case study of the evolution of DFID policy [M]. London: Overseas Development Institute, 2003.

[584] Speranza C I, Wiesmann U, Rist R. An indicator framework for assessing livelihood resilience in the context of social ecological dynamics [J]. Global Environment Change, 2014, 28 (1): 109 – 119.

[585] Speranza C, Wiesmann U, Rist S. An indicator framework for assessing livelihood resilience in the context of social-ecological dynamics [J]. Global Environmental Change, 2014, 28: 109 – 119.

[586] Thapa B. Tourism in Nepal: Shangri – La's troubled times [J]. C Michael Hall, 2003, 15 (2): 117 – 138.

[587] Thulstrup A W. Livelihood resilience and adaptive capacity: tracing changes in household access to capital in Central Vietnam [J]. World Development, 2015, 74: 352 – 362.

[588] Van Houtum H. The geopolitics of borders and boundaries [J]. Geopolitics, 2005, 10 (4): 672 – 679.

[589] Veeren R J, Lorenz C M. Integrated economic-ecological analysis and evaluation of management strategies on nutrient abatement in the Rhine Basin [J]. Journal of Environmental Management, 2002 (4): 361 – 376.

[590] Wieriks K, Anne S W. Integrated water management for the Rhine River Basin from pollution prevention to ecosystem improvement [J]. Natural Resources Forum, 1997, 21 (2): 147 – 156.

[591] Wildavsky A, Dake K. Theories of risk perception: who fears what and why? [J]. Daedalus, 1990, 119 (4): 41 – 60.

[592] Woods M. Rural geography: processes, responses and experiences in rural restructuring [M]. London: Sage, 2004.

[593] Woods M. Rural [M]. London and New York: Routlege, 2011.

[594] Wu M Y, Pearce P L. Host tourism aspirations as a point of departure for the sustainable livelihoods approach [J]. Journal of Sustainable Tourism, 2014, 22 (3): 440 – 460.

[595] Zhu S, Kong X, Jiang P. Identification of the human-land relationship involved in the urbanization of rural settlements in Wuhan city circle, China [J]. Journal of Rural Studies, 2020, 77: 75 – 83.

[596] Zhu Y. Changing urbanization processes and in situ rural-urban transformation: reflections on China's settlement definitions [M]. New forms of urbanization Routledge, 2017.

[597] Zhu Y. In situ urbanization in rural China: case studies from Fujian province [J]. Development and Change, 2010, 31 (2): 413 – 434.

附　　录

附录一：桂滇边境地区沿边村寨边民就地城镇化意愿调查问卷

尊敬的女士/先生：

您好！我们现在正在进行的这项工作是关于生计风险感知对沿边村寨边民就地城镇化意愿影响的问卷调查，请您协助我们填写这张问卷调查表。我们希望能够了解您的真实看法，并为您的回答严格保密。请您根据自己的真实看法，在合适的唯一选项上打"√"或根据提示填写相关内容。

对您的支持与合作，我们表示衷心的感谢！

一、沿边村寨边民就地城镇化意愿

A. 愿意参与就地城镇化　　　　B. 不愿意参与就地城镇化

二、基本信息

1. 性别：　　　　A. 男　　　　　　B. 女
2. 婚姻状况：　　A. 已婚　　　　　B. 未婚
3. 受教育程度：　A. 小学及以下　　B. 初中
　　　　　　　　C. 高中（中专）　D. 大专及以上
4. 您的出生年份：A. 1975 年以前生　B. 1975 年以后生

三、生计风险感知状况

<table>
<tr><td></td><td colspan="5">非常高———→非常低</td></tr>
<tr><td>5. 自然风险感知</td><td></td><td></td><td></td><td></td><td></td></tr>
<tr><td>（1）您对天气灾害风险的感知程度</td><td>5</td><td>4</td><td>3</td><td>2</td><td>1</td></tr>
<tr><td>（2）您对病虫害风险的感知程度</td><td>5</td><td>4</td><td>3</td><td>2</td><td>1</td></tr>
</table>

6. 市场风险感知

（1）您对生产资料市场风险的感知程度	5	4	3	2	1
（2）您对农产品市场风险的感知程度	5	4	3	2	1
（3）您对劳动力市场风险的感知程度	5	4	3	2	1
（4）您对资金投入风险的感知程度	5	4	3	2	1

7. 体制转换风险感知

（1）您对农村金融贷款风险的感知程度	5	4	3	2	1
（2）您对社会保障风险的感知程度	5	4	3	2	1
（3）您对土地使用风险的感知程度	5	4	3	2	1

附录二：桂滇边境地区沿边村寨边民参与守土固边意愿调查问卷

尊敬的女士/先生：

您好！我们现在正在进行的这项工作是关于桂滇边境地区沿边村寨边民参与守土固边意愿的影响因素问卷调查，请您协助我们填写这张问卷调查表。我们希望能够了解您的真实看法，并为您的回答严格保密。请您根据自己的真实看法，在合适的唯一选项上打"√"或根据提示填写相关内容。

对您的支持与合作，我们表示衷心的感谢！

一、沿边村寨边民就地城镇化意愿

A. 愿意参与就地城镇化　　　　　　B. 不愿意参与就地城镇化

二、沿边村寨边民参与守土固边意愿

A. 愿意参与守土固边　　　　　　　B. 不愿意参与守土固边

三、基本信息

1. 性别：　　　　A. 男　　　　　B. 女
2. 婚姻状况：　　A. 已婚　　　　B. 未婚
3. 受教育程度：　A. 小学及以下　B. 初中
　　　　　　　　C. 高中（中专）D. 大专及以上
4. 您的出生年份：A. 1975 年以前生　B. 1975 年以后生

四、生计恢复力感知

　　　　　　　　　　　　　　　　　　非常满意———→非常不满意

5. 缓冲能力感知
（1）您对健康状况的感知程度　　　　5　　4　　3　　2　　1
（2）您对家庭劳动力的感知程度　　　　5　　4　　3　　2　　1
（3）您对社保参与度的感知程度　　　　5　　4　　3　　2　　1
（4）您对家庭年收入的感知程度　　　　5　　4　　3　　2　　1

（5）您对家庭年储蓄的感知程度　　　　5　4　3　2　1
（6）您对家庭住房条件的感知程度　　　5　4　3　2　1
（7）您对实际耕种面积的感知程度　　　5　4　3　2　1

6. 自组织能力感知
（1）您对邻里信任度的感知程度　　　　5　4　3　2　1
（2）您对融资渠道的感知程度　　　　　5　4　3　2　1
（3）您对政策扶持度的感知程度　　　　5　4　3　2　1
（4）您对社会关系网络的感知程度　　　5　4　3　2　1

7. 学习能力感知
（1）您对技能培训机会的感知程度　　　5　4　3　2　1
（2）您对家庭教育投入的感知程度　　　5　4　3　2　1
（3）您对信息交流频的感知程度　　　　5　4　3　2　1
（4）您对政策熟悉度的感知程度　　　　5　4　3　2　1

五、沿边村寨建设水平感知

非常满意──→非常不满意

8. 基础设施感知
（1）您对交通与物流设施的感知程度　　5　4　3　2　1
（2）您对水电基础设施的感知程度　　　5　4　3　2　1
（3）您对信息通信设施的感知程度　　　5　4　3　2　1
（4）您对环卫设施的感知程度　　　　　5　4　3　2　1

9. 人居环境感知
（1）您对生态环境的感知程度　　　　　5　4　3　2　1
（2）您对生活能源的感知程度　　　　　5　4　3　2　1
（3）您对生活垃圾治理的感知程度　　　5　4　3　2　1
（4）您对厕所改造的感知程度　　　　　5　4　3　2　1

10. 基本公共服务感知
（1）您对义务教育服务的感知程度　　　5　4　3　2　1
（2）您对就业社保服务的感知程度　　　5　4　3　2　1
（3）您对医疗卫生服务的感知程度　　　5　4　3　2　1
（4）您对养老服务的感知程度　　　　　5　4　3　2　1
（5）您对住房保障服务的感知程度　　　5　4　3　2　1
（6）您对文化体育服务的感知程度　　　5　4　3　2　1

（7）您对社会服务的感知程度　　　　　5　　4　　3　　2　　1

11. 村庄治理感知

（1）您对主体能力的感知程度　　　　　5　　4　　3　　2　　1

（2）您对权力结构的感知程度　　　　　5　　4　　3　　2　　1

（3）您对信任关系的感知程度　　　　　5　　4　　3　　2　　1

（4）您对村庄公共资源分配的感知程度　5　　4　　3　　2　　1

（5）您对沟通渠道的感知程度　　　　　5　　4　　3　　2　　1

（6）您对村庄秩序的感知程度　　　　　5　　4　　3　　2　　1

六、"民生三感"满意度

非常满意———→非常不满意

12. 获得感

（1）您对政治参与度的满意程度　　　　5　　4　　3　　2　　1

（2）您对国家边境政策的满意程度　　　5　　4　　3　　2　　1

（3）您对自我价值实现的满意程度　　　5　　4　　3　　2　　1

13. 幸福感

（1）您对出行便利性的满意程度　　　　5　　4　　3　　2　　1

（2）您对社会融入度的满意程度　　　　5　　4　　3　　2　　1

（3）您对家庭社会地位的满意程度　　　5　　4　　3　　2　　1

14. 安全感

（1）您对社会治安状况的满意程度　　　5　　4　　3　　2　　1

（2）您对行政执法水平的满意程度　　　5　　4　　3　　2　　1

（3）您对财产安全性的满意程度　　　　5　　4　　3　　2　　1

（4）您对未来生活预期的满意程度　　　5　　4　　3　　2　　1

后　　记

　　本书是贺州学院经济与管理学院向丽教授主持的国家社会科学基金项目"桂滇边境地区沿边村寨建设对守土固边的影响机制与实施路径研究"（18XMZ009）、广西高等学校千名中青年骨干教师培育计划人文社科类立项课题"西南民族地区乡村振兴与新型城镇化融合发展研究"（2021QGRW063）的研究成果，是集体创作的成果。本书的出版受广西高校人文社科重点研究基地"南岭民族走廊研究院"基金资助。

　　自2018年以来，课题组围绕西部民族地区乡村建设问题进行了大量的研究工作。课题组在走访有关职能部门的基础上，设计了调查问卷和调研提纲，确定了评价指标和评价方法，并开展了多次实地调研。在深入调查研究的基础上，参阅大量文献资料，历时五年，顺利完成国家社科基金项目结项工作，并公开出版专著《桂滇边境地区沿边村寨建设对守土固边的影响机制与实施路径研究》。

　　本书的作者名单如下：向丽（贺州学院经济与管理学院教授）、朱其现（贺州学院党政办教授）、魏红香（贺州学院经济与管理学院教师）、陆倩倩（贺州学院经济与管理学院教师）、费诚（贺州学院经济与管理学院副教授）、唐顺标（贺州学院教育教学质量监控与评估中心高级经济师）。全书由向丽、朱其现拟定思路与大纲，向丽、魏红香进行统稿修订完成。具体分工为：第一章和第二章由向丽、朱其现、陆倩倩完成；第三章至第五章由向丽、魏红香完成；第六章由向丽、费诚完成；第七章由唐顺标完成。

　　课题从立项到实施，以及成书交付出版均得到了贺州学院领导的大力支持与帮助；在课题调研过程中，得到广西壮族自治区和云南省相关职能部门的大力协助和支持，书稿的出版也得到经济科学出版社领导及李晓杰编辑的大力支持，在此表示衷心感谢。同时为参与课题调研的学生们的辛勤付出特致诚挚谢意。书中有关引用资料、图片有些已经标注，但有些一时找不到出处，除一并感谢外烦请有关作者与我们联系。

向　丽

2025年1月